Karl Heinz Götze

Immer Paris

Geschichte und
Gegenwart

Pantheon

Für die vorliegende Ausgabe wurde das Buch
überarbeitet und aktualisiert.

FSC

Mix
Produktgruppe aus vorbildlich
bewirtschafteten Wäldern und
anderen kontrollierten Herkünften

Zert.-Nr. SGS-COC-1940
www.fsc.org
© 1996 Forest Stewardship Council

Verlagsgruppe Random House FSC-DEU-0100
Das für dieses Buch verwendete FSC-zertifizierte Papier *EOS*
liefert Salzer, St. Pölten.

Der Pantheon Verlag ist ein Unternehmen der
Verlagsgruppe Random House GmbH.

Erste Auflage
Juni 2007

Umschlaggestaltung: Jorge Schmidt, München
Fotos: Karl Heinz Götze
Druck und Bindung: GGP Media GmbH, Pößneck
Printed in Germany 2007
ISBN 978-3-570-55027-4

www.pantheon-verlag.de

Für Grete und Florian

Inhalt

Einleitung

»Uns bleibt immer noch Paris«. Humphrey Bogart sagt es auf dem Rollfeld von Casablanca zu Ingrid Bergman, sein letzter Satz zu ihr, bevor seine Liebe davonfliegt und ihm nur der Beginn einer wunderbaren Freundschaft bleibt. Immer Paris. Immer noch und immer wieder muss diese Stadt der großen Sehnsucht einen Namen geben.

Heute ist leichter Hinkommen, für viele jedenfalls, aber das hat die Faszinationskraft der Stadt nicht gebrochen. Frankreich bleibt auch 2007 das beliebteste Reiseland der Welt mit über 75 Millionen Touristen, weit vor Spanien und den Vereinigten Staaten. 100 Milliarden Francs mehr, und 15 Milliarden Euro, als die Franzosen ins Ausland trugen, haben die ausländischen Besucher bereits im Jahr 2000 nach Frankreich gebracht. Nicht in erster Linie die Hochzeitsreisenden und auch nicht die Verliebten, die seit Jahrhunderten unter dem Pont Neuf und der Statue von Henri IV. an der Spitze der Ile de la Cité sitzen, sondern vor allem die Geschäftsreisenden. In Paris haben 38 der 500 weltgrößten Unternehmen ihren Stammsitz. Auf dem Gebiet der Messen und Kongresse ist die Stadt weltweit führend. Nirgends gibt es so viele Hotels, und doch findet man im September und Oktober, wenn nach den großen Ferien das Leben wieder voll einsetzt, in der Innenstadt kaum ein Bett.

Was wir Besucher in Paris eigentlich suchen, immer wieder suchen, lässt sich nicht leicht benennen. Das Paris, das mein Sohn nach der Rückkunft von seiner ersten Klassenreise widerwillig beschrieb, hatte wenig mit meinem Paris zu tun. Aber hat er beschrieben, was er erlebte? Wollte er nicht vielleicht verhindern, dass sein Paris-erfahrener Vater seine persönlichen Erfahrungen vereinnahmte? Das Paris, an das sich meine Tochter zuerst erinnert, wenn sie nach Paris befragt wird, ist das der Verlorenheit in einer Gasse in der Nähe des Centre Beaubourg, wo ihre Eltern sie im Alter von sieben Jahren in der Menschenmenge verloren und sie für eine lange, bange Viertelstunde ohne Adresse, ohne Sprache, ohne Orientierung war. Das Paris, das mir ein im Nordhessischen ansässiger Unternehmer nach einem Wochenendtrip beschrieb, war ein Paris, das, bereinigt und mit Wasserklosett versehen, dem Paris des ausgehenden 19. Jahrhunderts ähnelte. Moulin Rouge, Montmartre und so weiter. Er hatte es so gesehen. Es war so organisiert. Das Paris, das die beiden aus dem Saarland kommenden Boutiquebesitzerinnen, mit denen ich bei meiner letzten Reise von Paris nach Frankfurt im gleichen Abteil saß, für das Ganze nahmen, waren Nähereien im Sentier-Viertel, wo sie billig kunstgealterte Jeans erstanden hatten, die daheim als neuester Pariser Schrei ordentlichen Gewinn versprachen. Ich habe eine Freundin, für die bedeutet Paris die Métro. Für Alain, in Paris geboren, bedeutet Paris Raumnot und Psychopharmaka, denn, so versichert er glaubhaft, alle seine Pariser Bekannten nähmen das Antidepressivum Prozac und hätten kein Gästebett.

Ein gemeinsamer Nenner für die Paris-Erfahrungen

Über den Dächern von Paris

auch nur meiner Familie und meiner Bekannten lässt sich schwerlich finden. Und dabei stammen sie alle aus Deutschland oder aus Frankreich. Fährt man mit der Métro von Châtelet in Richtung Porte de Clignancourt, dann sieht man viele Gesichter, die von anderswo stammen. Keine Chance, sich vorzustellen,was für sie Paris bedeutete, bevor sie herkamen. Verheißung oder Verzweiflung? Oder eines nach dem anderen? Oder eines mit dem andern?

Eine einheitliche, große Erzählung lässt sich aus Paris nicht mehr machen, trotz Eiffelturm, trotz Champs-Élysées und Bastille. Die Erinnerungsorte stehen bereit, aber was sie jeweils auslösen, weiß man nicht. Dazu kommt, dass wir Besucher nur wenig sehen von Paris, obgleich fast alles zugänglich scheint. Zu den Tausenden von Filmen über das Paris, das wir nicht sehen oder nicht gesehen haben, zugänglich in der Videothek des Forum des Halles, sind 2001 mindestens drei bemerkenswerte gekommen. Der Erste von Yves Jeuland heißt *Paris à tout prix*, lief im Fernsehen und in ausgewählten Programmkinos. Sein Gegenstand: die Kampagne der Kandidaten um das Amt des Bürgermeisters von Paris. Er macht nichts anderes, als diese Kandidaten – Séguin, de Panafieu, Balladur, Lang, Delanoë, Tiberi – und ihre Berater mit der Kamera zu begleiten. Von politischen Programmen ist so gut wie nie die Rede, so, als seien sie völlig gleichgültig. Gezeigt werden nur Verhaltensweisen sowie Ausschnitte aus Reden und Telephongesprächen der Kandidaten. Und Räume. Man sieht die vergoldete, spiegelverstärkte Pracht der Zimmer des Bürgermeisteramtes aus dem 16. Jahrhundert, niedergebrannt von der Kommune und triumphierend prunkvoll wieder aufgebaut, man sieht die hohen Säulen des Bürgermeisteramtes des

V. Arrondissements, man sieht die Macht, die sich in Frankreich nicht versteckt, sondern die glänzen will und sich selbst genießt. Nichts, aber auch gar nichts von der Wohnzimmergemütlichkeit mit Schrankwand, kleiner weißer Statue (nur Eingeweihten als Friedrich II. erkennbar) und schwarz-rot-goldener Fahne, vor der Helmut Kohl seine Neujahrsansprachen verwechselbar zu halten pflegte. Vor den großartigen Pariser Kulissen hebt sich dann umso deutlicher die Niedrigkeit der Machtprätendenten ab, ihre geile Fixierung auf Macht und nichts als Macht, ihre Bereitschaft, alles dafür zu tun, um sie zu behalten oder zu erlangen. Müde Zyniker, Begeisterung heuchelnd; Verräter und Verratene immer zugleich, Volkstribunen ohne Volk und ohne Überzeugung, links wie rechts. Jacques Lang, Sozialist, der sich eine Zeit lang als Kandidat präsentierte, ehe er sich als Minister nach oben davonschlich, nicht besser als Tiberi, von Chirac großgezogen und später fallen gelassen. Am schlimmsten die Politikberater hinter den Kulissen, die nicht spielen müssen, sondern spielen lassen. Einzig Delanoë zeigt Spuren von Menschlichkeit in seinen Reaktionen. Vielleicht haben ihn die Pariser auch deshalb gewählt. Wie lange hält sich Menschlichkeit in einem solchen Bereich?

Das Paris der politischen Macht jedenfalls sehen wir Besucher nicht, nur die steinernen Zeugnisse vergangener Macht. Wir sehen auch nicht, wie die Pariser Bourgeoisie lebt. Wo die traditionelle Großbourgeoisie wohnt, im Westen der Stadt, ist es langweilig auf den Straßen. Nichts hat sie lieber als ruhige Straßen. Aber wir sehen auch wenig vom Leben der mittleren und gehobenen Angestellten, einer Schicht, die 1954 19 Prozent der Pariser Bevölkerung ausmachte, heute um die 60 Prozent. Das Paris der Arbeiter ist nahezu verschwunden. Vielmehr: Die Industriearbeit ist nahezu verschwunden. Aus den Werkstätten werden Lofts wie an der Bastille oder Kneipen wie um die Métro Oberkampf. Es bleiben Photos. Wir sehen keine Kindergärten und keine Schulen von innen, weder die brillanten noch diejenigen, wo latente Gewalt zum Alltag gehört. Das Leben der Pariser, die nicht im Tourismussektor arbeiten, sehen wir vor allem in der Métro.

Aber auch da sehen wir so vieles nicht, wie Nicolas Klotz in einem aller Sozialromantik fernen Film mit Namen »Paria« zeigt. Seine Kamera nähert sich vorsichtig denen, die einmal »clochards« hießen und heute SDF (sans domicile fixe). An jeder Métrostation laufen wir an ihnen vorbei, diesen Gestrandeten der großen Stadt, diesen Unterweltlern, dreckig und aufgedunsen vom Alkohol. Der Film erzählt, wie einfach man hineingeraten kann in diese Welt: Einem Mopedkurier wird sein Moped gestohlen. Kein Geld heißt Wohnungskündigung. Ohne festen Wohnsitz. Dafür ist ein Bus der Stadt Paris da, der allnächtlich die SDF aufliest und in eine Einrichtung am Stadtrand bei Nanterre fährt, wo sie geduscht und medizinisch versorgt werden bis zur Entlassung am nächsten Tag. Paris by night. Stadtreinigung. Dabei geben sich die Sozialarbeiter und Mediziner alle Mühe, die restliche Würde derer zu respektieren, denen sie anderswo genommen wurde. Sogar die des sprachlosen, bärtigen, wunden Fleischbergs, dessen entzündete Füße seit Monaten in den gleichen lumpigen Schuhen stecken. Nein, man sieht als Besucher nicht viel von Paris.

Paria durfte so wenig mit großem Publikumserfolg rechnen wie *Paris à tout prix*. Anders *Die fabelhafte Welt der Amélie*, mit 8,2 Millionen Besuchern der erfolgreichste französische Film des Jahres 2001. Amélie Pou-

14

lain ist ein unwiderstehliches, modernes Märchen darüber, wie dem Menschen zum Glück verholfen werden kann. Amélie ist Kellnerin in einem Café am Montmartre und weiß trotz der international verrufenen Lage ihres Arbeitsplatzes und trotz ihres hinreißenden Aussehens als Mittzwanzigerin immer noch nicht, was Liebe ist. Aber als sie am Tag von Lady Dianas Tod ein Kästchen mit fremdem Spielzeug findet, da verlässt sie ihre Fensehecke und schließt eine Wette mit dem Leben: Wenn der unterdes ergraute ursprüngliche Besitzer des Spielzeugs sich über den anonym zugestellten Fund freut, dann will sie auch anderen Menschen helfen. Er freut sich. Und so werden künftig in der Nachbarschaft dieser modernen Jeanne d'Arc die Verzagten beglückt, die Schüchternen ermutigt, die Liebschaften gestiftet, die Bösen bestraft – das aber nur ein bisschen. Wer gibt, dem wird gegeben. Amélie findet nach einer Schnitzeljagd durch Geisterbahnen, Pornoshops und öffentliche Photoautomaten schließlich ihren Nino und gibt ihm keusch den ersten Kuss.

Nirgendwo anders als in Paris hätte diese heile Welt angesiedelt werden können, diese Welt des Glücks mit den kleinen Dingen, diese Welt der Liebe ohne Falsch. Hollywoodmärchen sind anders. Das Paris, das auf der Leinwand erscheint, hat mit der Pariser Tradition der einfachen Leute, der »petits gens«, zu tun: das Karussell am Fuße der Butte Montmartre, das Café in der Rue Lepic, der Markt in der Rue Mouffetard, die Kieselsteine, die Amélie auf dem Wasser des Canal Saint-Martin hüpfen lässt ... Alles geklaut und nachgespielt – und nachkoloriert, wie Puristen eingewendet haben. Das ist, so können sie leicht beweisen, das Paris, das man aus Filmen von René Clair, Marcel Carné oder Jean Renoir kennt, aber als genau kalkuliertes Remake. Und trotzdem hat der Film Millionen Zuschauern Glück vermittelt, vielleicht sogar, man wird es nie wissen, Jacques Chirac im Elysée-Palast, der sich eine Spezialvorführung arrangieren ließ. Freilich lässt sich das Glück, das Amélie bringt, so wenig festhalten wie alles Glück. Die vielen Touristen, die nun auch das Café des Deux Moulins in der Rue Lepic besuchen, wo Amélies Arbeitsplatz war und wo die von ihr sanft verkuppelten Liebenden es auf der Toilette trieben, dass die Gläser hinter der Bar klirrten, finden eine geschmacklos-schöne populäre französische Bar, die Tabakwaren feilbietet, mit falschem Art déco, mit roten Plastikbanketten, imitierten Thonetstühlen, Gauloise-Aschenbechern, mit dem Schild, das den Beaujolais nouveau ankündigt und eine Speisekarte mit Heringen für fünf und einem Linsengericht für billige zehn Euro. Nur, man sieht es an den enttäuschten Gesichtern, im Film war es schöner. Außerdem ist Amélie nicht da, und nicht das Glück. Eine Sehenswürdigkeit auf Montmartre mehr, wenn auch nicht die wichtigste. Aber die Decke, unter der sich ein Ventilator dreht wie in »Casablanca«, ist blau gestrichen, und man kann sich vorstellen, dass es hier wieder einmal vorbeikommt, das Glück, das immer irgendwo ist, in Paris.

Wir Besucher sehen so vieles nicht, was ist in Paris, aber wir sehen auch so vieles, was wir nicht sehen, was unsere Phantasie ergänzt nach Mustern, deren Herkunft wir längst vergessen haben, ja die wir als vorgeprägte Muster gar nicht mehr erkennen können. Keine Stadt ist so viel beschrieben, reflektiert und gefilmt worden wie Paris. Von Karlheinz Stierle haben wir ein enorm belesenes, methodisch reflektiertes Buch, *Der Mythos von Paris* (1993), das auf tausend Seiten den Paris-

Darstellungen zwischen Merciers immer noch lesenswertem *La Tableau de Paris*, über Balzacs gigantischen Paris-Romanzyklus *La Comédie humaine*, über Hugo, Poe, Vigny, Nerval bis hin zu Baudelaires Paris-Lyrik nachspürt. Baudelaire bildet einen Höhepunkt und zugleich den Anfang einer unschätzbaren Menge neuerer Darstellungen von Paris nicht nur in französischer Sprache, sondern in allen Literatursprachen der Welt. Auf dem Feld der Stadtgeschichte, der Stadtsoziologie, der Urbanistik ist die Masse dessen, was gewusst werden kann, noch erdrückender. Jedes Haus dieser Stadt scheint beschrieben, jeder Kanaldeckel gehoben, jeder Pflasterstein gewendet. Wer sich die Menge des Gewussten über Paris, ohne sich in Bibliotheken oder Bibliographien zu verirren, sinnlich vor Augen führen möchte, der gehe in die Buchhandlung am östlichen Ende der Rue des Rosiers, wo neben dem Stadtarchiv eine große Buchhandlung liegt, die nur Parisiana führt. Der Reichtum an Schriften über die Stadt, nur die neueren gerechnet, hat etwas Atemberaubendes.

Im Reichtum der Darstellungen lassen sich manchmal sehr einfache semantische Muster erkennen, die die Wahrnehmung des Vielfältigen leiten. Sie sind, wie auch nicht, national gebrochen. Die deutschen Paris-Reisenden vor der Revolution waren unterwegs in Sachen Wissenschaft oder suchten auf Kavalierstour in Paris gesellschaftlichen Schliff zu erlangen. Mit dieser Revolution wurde die französische Hauptstadt dann zu dem Ort, wo die gelehrten deutschen Bildungsreisenden mit Begeisterung oder Abscheu die Wirklichkeit zu ihren im Kleinwinkligen ersonnenen großen Gedanken suchten. Aus den grauen Steinen von Paris suchte man die Zeichen der Gegenwart und der Zukunft zu lesen. Hier war das Leben so dicht, so zeit- und hautnah, wie man es in Rom nicht finden konnte, hier war die moderne Zeit, aber nicht nur ihre Prosa, wie in London, sondern ihre weltgeschichtlichen Hoffnungen, ihre Poesie und ihre Politik. So sind die Berichte der deutschen Paris-Reisenden der ersten nachrevolutionären Zeit denn fast alle universell und geschichtsphilosophisch angelegt, das heißt: Man erfährt im Gegensatz etwa zu Merciers *Tableau de Paris* herzlich wenig über die Bevölkerung und darüber, wie sie lebt, wenn sie nicht gerade Revolution macht. Paris ist den deutschen Besuchern entweder Hauptstadt der Politik, der Kultur und der Mode oder Hauptstadt der Barbarei und des Schreckens. Heine war der Meister dieser Paris-Darstellung, die alle beobachteten Einzelheiten immer auf eine geschichtsphilosophische Zentralperspektive bezog, auf die politische und soziale Revolution. Bei ihm bleibt diese Form der Darstellung reizvoll, weil die Einzelheiten ihre Leichtigkeit behalten und nicht zu ebenso schwerwiegenden wie beliebigen Exempeln herabgewürdigt werden. Aber die vielen Korrespondenten, die ihm nachschreiben, halten die Balance nicht immer. Und vom Parisbild der rund 60 000 Deutschen, die es schon vor 1848 aus wirtschaftlichen oder politischen Gründen nach Paris verschlagen hat, wissen wir wenig.

Den deutschen Paris-Reisenden nach 1848 ist der geschichtsphilosophisch unterfütterte Optimismus, der schon bei Heine nur gebrochen existiert, abhanden gekommen, aber das Interesse der deutschen Leser an neuen Parisiana ging nicht verloren. Paris faszinierte mehr denn je als Hauptstadt des Luxus und der Moden und wurde zugleich zum modernen Babylon, zum Schreckbild von Unordnung und sittlicher Verkommenheit, ein Lusthaus, von dem man in den deutschen Gartenlauben gern schaudernd las. Erst spät – im Vergleich zur französischen Literatur – und nicht zufällig bei einem zweisprachigen Autor wird Paris in Rilkes *Malte Laurids Brigge* zum Gegenstand eines deutschen Romans, zum Raum, in dem sich die Verlorenheit, Verstörtheit, die Ich-Beschädigung des Protagonisten zum epochalen Zeichen weitet. Mit Rilkes »Malte« emanzipiert sich ein zumeist autobiographisch unterfütterter Strang der deutschen Paris-Literatur von der Publizistik und erneuert sich in den Tagebüchern von Kafka und Jünger, in den Romanen von Peter Weiss, Handke, Nizan, in den Gedichten von Brinkmann. Eine Sonderstellung nimmt in diesem Zusammenhang die Paris-Literatur des Exils ein, die, aufs Ganze gesehen, Frankreich umso hartnäckiger eine universelle Kulturmission zuschrieb, je mehr sie unter dem schwierigen Exilalltag und den Schikanen der Behörden zu leiden hatte. Eine Sonderstellung in der Sonderstellung kommt zweifellos Walter Benjamins unvollendetem Passagen-Werk zu, jenem singulären Versuch, eine Archäologie der Moderne zu schreiben, die wie Marx alles aus einem Punkt herzuleiten versucht, aus dem Charakter der Ware, sich dabei aber nicht aufs Ökonomische konzentriert, sondern den Habitus (Der Flaneur), die Warenhäuser, die Geschichte und vor allem die Literatur (Baudelaire) einzubeziehen versucht. Der Ort, der ihm sein Material zutrug, war Paris, konnte für sein Unterfangen nur Paris sein.

Spätestens in den zwanziger Jahren des 20. Jahrhunderts löst sich das bildungsbürgerliche, publizistisch vermittelte Paris-Bild vom wissenschaftlichen einerseits, vom (hoch-)literarischen andererseits, obgleich die Übergänge noch fließend bleiben, waren doch Tucholsky und Joseph Roth Paris-Korrespondenten großer deutscher Zeitungen. Die einflussreichste deutsche

Frankreich- und damit auch Paris-Deutung des 20. Jahrhunderts legte zweifellos Friedrich Sieburg 1929 mit seinem sprichwörtlich gewordenen *Gott in Frankreich* vor. Die Grundthese ist einfach: Frankreich sei ein lebenswertes, liebenswertes Land, dessen Ökonomie, Politik und Lebensstil aber an Effektivität den deutschen hoffnungslos unterlegen und deshalb zum Untergang verurteilt seien. »Warum ich über Frankreich schreibe? […] weil ich schwach genug bin, mich in einem altmodischen und unordentlichen Paradies lieber aufzuhalten als in einer blitzblanken und trostlosen Musterwelt.« Und so weiter, immer wieder.

Sieburg hat es verstanden, den deutschen Blick auf Frankreich und seine Hauptstadt wieder auf einen Punkt zu fokussieren, wie es vorher nur Heine gelungen war. Nur sind seine Erfahrungsgrundlagen nicht die Revolutionen, nur ist seine Fortschrittsidee nicht die Hegelsche, die den Fortschritt im Geiste der Freiheit meint, und längst nicht die frühsozialistische des Saint-Simonismus. Sein Erfahrungshintergrund ist der Sieg Preußens von 1871 und der enorme wirtschaftliche Aufschwung Deutschlands in der zweiten Hälfte des 19. Jahrhunderts, das zum ersten Mal in der Geschichte Frankreich militärisch und ökonomisch überflügelte, eine Situation, an die die Weimarer Republik in ihren kurzen Prosperitätsjahren von 1924 bis 1928, in denen Sieburgs Buch entstand, anzuknüpfen schien, während Frankreich trotz des Sieges von 1918 stagnierte. Und da seinerzeit das völkerpsychologisch unterfütterte Modell des ewigen Gegensatzes zwischen Deutschland und Frankreich die Köpfe beherrschte, hatte die Entgegensetzung vom schönen, aber zum historischen Untergang verurteilten Frankreich zum hässlichen, aber effektiven Deutschland die Plausibilität für sich, eine Plausi-

*Das Meeresfrüchte-Restaurant Bofinger,
die wohl schönste Pariser Brasserie*

bilität, die sich gerade deshalb noch erhöhte, weil Sieburg eben kein Frankreich-Hasser war, sondern ein Kenner und Liebhaber des Landes. So hatte sein Buch sogar in Frankreich Erfolg, wo es die nationale Selbsteinschätzung des Bürgertums der dreißiger Jahre durchaus traf.

Nach 1945 lebte Sieburgs Paradigma weiter, wenn auch nicht öffentlich affirmiert, denn Sieburg hatte sich als Berater der deutschen Botschaft in Paris kompromittiert, und das Denken im angeblich ewigen Gegensatz zwischen Deutschland und Frankreich verlor ebenso an politischer Akzeptanz wie an intellektueller Attraktivität. Es lebte weiter, weil es einen Teil der Wirklichkeit durchaus traf. Man lese nur die *Pariser Lehrjahre 1951-1954* von Nicolaus Sombart. Sombart, erzogen im wohlhabenden, kosmopolitischen Berliner Professorenmilieu der Zwischenkriegszeit, flieht die politische und vor allem gesellschaftliche Enge Wirtschaftswunderdeutschlands und findet in Paris reichlich, was in Deutschland damals nicht zu haben war: Gesellschaft und das Denken darüber. Nein, das Deutschland der fünfziger Jahre gab Sieburg nicht Unrecht. Und war nicht der von deutschen Frankreich-Beobachtern immer wieder konstatierte, aber in Frankreich nicht überall leicht eingestandene Verlust der Weltmachtstellung Frankreichs ebenso ein Argument für Sieburgs These wie der späte Verfall der französischen Arbeiterkultur, deren Fortbestehen in den fünfziger und sechziger Jahren die frankophile deutsche Linke für ein Zeichen politischen Avantgardismus nahm? Das freundliche – oder hämische – Lächeln über die politischen Autonomieansprüche der von Deutschen gern ironisch »Grande Nation« genannten Franzosen einerseits, eine geradezu euphorische, erfahrungsresistente

Liebe zur französischen Lebensart andererseits, das sind die Hauptelemente unserer Frankreich-Wahrnehmung bis heute. Französische Spitzentechnologie passt da schlecht ins Bild und wird unter Hinweis auf den französischen Umgang mit der Atomenergie gern unter pauschalen Umweltschädigungsverdacht gestellt.

Wie langlebig Sieburgs Modell vom altmodischen, aber darum wunderbaren Paradies Frankreich ist, gerade auch dort, wo es um seine Herkunft nicht mehr weiß, lässt sich anhand eines Werbebildes zeigen, das mehr über unsere Paris-Deutungen weiß als wir selbst. Geworben werden soll für einen Ford-Fiesta, ein Auto, dessen Vorzüge Sparsamkeit, solide Verarbeitung und Langlebigkeit sind. Aber es ist, wie jeder weiß und auch der Werbetext zugibt, keine »tolle Kiste«. Damit nun dieses Auto die Aura bekommt, die ihm fehlt, die Aura des Spritzigen, Leichtsinnigen, die Aura des Schönen, muss es sich in einer alten, ein wenig heruntergekommenen, aber doch vornehm geschichtsgesättigten Straße im Pariser Marais photographieren lassen: »Paris, oh, là, là! Auf Schritt und Tritt die Begegnung mit schillernder Vergangenheit. Nicht weniger schillernd als das Treiben auf den Boulevards von heute. Aber so billig wie möglich.« Zwar stehen zwei weitere Autos im Hintergrund des Photos, aber sie machen dem roten Ford keine Konkurrenz. Man sieht sie kaum in ihrem dunklen Grau und Blau. Und dann sind es Uraltmodelle. So der Citroën-Transporter mit der Wellblechoptik. Originell, aber von gestern. So etwas wie der 2 CV. So etwas wie Frankreich. Da macht der Fiesta aus Deutschland denn doch einen solideren Eindruck.

Im Vordergrund des Bildes marschiert Frankreich auf, so wie wir es zu kennen glauben. Zunächst der Bistro-Kellner mit einer ganzen Flasche Rotwein und Ballonggläsern. Die Zahl der französischen Bistros geht dramatisch zurück, der Rotweinkonsum auch, aber ohne allezeit Rotwein ist es nicht Frankreich. Die starken Zigaretten mit Maispapier, deren Reste der Kellner im Mund hat, muss man unterdes suchen. Übrigens ist seine lange weiße Schürze ziemlich fleckig (im Gegensatz zum Lack des deutschen Autos). Die Feststellung, in Frankreich sei es »dreckiger« als in Deutschland, gehört zu den traditionellen Topoi deutscher Paris-Berichterstattung und zum Vorurteilsgepäck nicht nur schwäbischer Paris-Reisegruppen. Hier erscheint er aber geradezu umgewertet, von der Art: In Frankreich muss nicht immer alles so schrecklich sauber sein wie bei uns. Neben dem Kellner der Aristokrat mit Perücke und Schnallenschuhen. Aber lächelnd. Französische Aristokraten sind freundlich. Dann ein Radrennfahrer. Franzosen sind die Radrennfahrer, auch wenn Jan Ullrich – so lange ist es noch gar nicht her – die Tour de France gewinnt und jeden Sonntag mehr Deutsche für die Fitness ins Pedal treten. Daneben eine Frau, halbnackt wie alle Frauen auf diesem Bild. Halbnackt, schwarz bis auf die Unterwäsche, exotisch wie Josephine Baker. Und dann die Bananen. Oh, là, là! Der junge Mann daneben mit der Hand auf dem Kotflügel – man könnte ihn für einen Kölner Fiesta-Besitzer halten, der sich mit Schubert-Brille und Architektenfliege als Pariser Intellektueller verkleidet hat – schaut freilich lieber der Freiheit auf die blanke Brust. Marianne steht nicht, wie bei Delacroix, auf den Barrikaden, sie steht, wie der gallische Hahn, auf dem Ford-Fiesta, vor dem auch Maurice Chevalier den Strohhut zieht, nicht aber der finstere Blaubart mit Bowlerhut. Vor der Polizei ist dem jungen Deutschen nicht bange. Der Polizist ist freundlich und weiß, dass der Strafzettel, den er schreibt, nie einkassiert werden wird. Die Überzeugung von der Liebenswürdigkeit der französischen Beamten im Gegensatz zur preußischen Enge und Strenge gehört zu den gehätschelten Vorurteilen deutscher Frankreich-Fahrer. Der Hund ist natürlich »Struppi« aus dem belgischen Comic-Klassiker *Tintin*. Ein Schäferhund würde nicht passen. Irma La Douce kommt nicht heran an das Vorbild von Shirley MacLaine, aber man glaubt sofort, dass sie genauso nett ist zu ihren Kunden. Nett ist auch, man weiß es, Quasimodo, hier ohne Esmeralda. Napoleon hat längst vergessen, dass es einmal gegen die Preußen ging und spricht jovial mit der Straßenreinigung, die natürlich nicht arbeitet, wie es die Franzosen gern tun. Der hochrädrige Karren jedenfalls bringt niemanden mehr aufs Schafott, wenn er auch gegenüber der Kiste aus Deutschland altmodisch wirkt. Wein, Weib, Chanson, Freiheit, nette Polizisten und ein bisschen aristokratische Größe – in der Rue de Moussy lässt sich's leben, wenngleich man sich zur Fortbewegung doch eher dem sparsamen kleinen roten Auto anvertrauen sollte.

Man kann dieses Muster belächeln, wirksam ist es nach wie vor, mögen die Historiker und Soziologen noch so viele Beweise für die Annäherung der deutschen und der französischen Gesellschaft herbeitragen, mag Deutschland noch so erfolgreich bemüht sein, zu einer Nation westlichen Typs zu werden. Und es wirkt keineswegs nur in der Populärkultur: Im Vereinigungsroman *Ein weites Feld* des Nobelpreisträgers Günter Grass entkommt Fonty, der Protagonist, dem deutschen Schlamassel, in dem auf immer »Buchenwald neben Weimar liegt«, durch Auswanderung in ein vormodernes Frankreich, das in den Cevennen angesiedelt wird.

Das vorliegende Buch suchte kein vormodernes Paris und fand dort kein »unordentliches und unordentliches Paradies«, so wenig übrigens wie in Deutschland eine »Musterwelt«. Sieburgs Antithesen taugen nicht mehr viel zum Erfassen der Pariser Wirklichkeit von heute. Frankreich hat sich auf vielen Gebieten erfolgreich modernisiert, mag man das nun im Urlaub suchen oder nicht. Und um Stagnation zu finden, muss ein Deutscher heute gewiss nicht mehr den Rhein überqueren, »Anekdote(n) zur Senkung der Arbeitsmoral«, wie sie Heinrich Böll in den fünfziger Jahren aus Frankreich mitbrachte und seinen Landsleuten als Lehre empfahl, werden in Deutschland nicht mehr dringend gebraucht. Der Gegensatz von deutscher Sparsamkeit und Solidität einerseits und dem französischen »Oh, là, là!«-Leben andererseits ist historisch obsolet wie die verbreitete Weisheit, der Deutsche lebe, um zu arbeiten, während der Franzose arbeite, um zu leben.

Die alten Deutungsmuster stimmen nicht mehr, und niemand, der ernst genommen werden will, versucht sich an großflächigen neuen, wohl wissend, dass die sich allemal vor der Vielfalt der Einzelwahrnehmungen blamieren. Und dennoch besteht das Bedürfnis danach fort. Ja, was findet man in Paris, was man in keiner deutschen Großstadt findet? Das Warenangebot ist es nicht, das hat sich europäisch nivelliert. Das Angebot an Kunst? Die Zeiten, in denen Peter Weiss den Erzähler der *Ästhetik des Widerstands* mit Recht sagen lassen konnte, »Das Neue kam, wie immer, aus Paris«, sind vorbei. Künstlerische Avantgarde, von politischer zu schweigen, gibt es auch anderswo. Oder sind es die Teppichmuster der Historie, die man in Paris auf Schritt und Tritt wiedererkennt, reicher, vielfältiger als irgendwo sonst auf der Welt? Paris als Museum europäischer Vergangenheit? Aber ich liebe an dieser Großstadt doch gerade, dass sie sich bewegt, dass sie nicht erdrückt ist von ihrer Geschichte.

Wo Paris am dichtesten ist: die Métro

Trotzdem sei eine Antwort versucht: Das, was ich in Paris finde und nirgendwo in Deutschland, das ist jedenfalls die Selbstverständlichkeit, mit der dort das Neue ins Alte gearbeitet wird. Das Neue gibt es ebenso wie in Deutschland, aber es kommt nicht im Bunde mit den Furien des Verschwindens daher, die die Vergangenheiten entweder dem Bulldozer weihen, um sie durch Marmor-Stahl-Neuheiten zu ersetzen, oder aber sie ins tadellos Museale zu erheben und damit dem Alltag entziehen. Es sei gesprochen vom Alltag der Städte. Von dem Haus zum Beispiel, in dem dieses Buch entstand. Es stammt aus dem 18. Jahrhundert, hat ein imponierendes schweres Holztor von drei Metern Höhe und drei Metern Breite, verzogen im Laufe der Jahrhunderte und dennoch funktionierend. An ein paar Stellen ist die Farbe abgestoßen, so dass man die vielen darunter liegenden Schichten sieht – niemand stößt sich daran, niemand stört sich daran. Das Tor öffnet sich nur, wenn man den Code kennt – die Pariser Concierges sind eine fast ausgestorbene Einrichtung. Man tritt in eine imposante Halle mit abgelaufenen hellen Steinfußböden, die alles hat, was in Deutschland der Eingang eines herrschaftlichen Hauses bräuchte. Wären da nur nicht die neuen Stromleitungen, die in bunten Plastikfutteralen stecken und darauf warten, verputzt zu werden. Sie warteten ein Buch lang vor breiten, offenen Schlitzen. Vielleicht warteten sie gar nicht. Kein deutscher Besitzer eines solchen Hauses hätte sie so lange unverputzt gelassen, keiner die frische Übertünchung des Flures versäumt. Die Steintreppen abgelaufen von den Sohlen mehrerer Jahrhunderte, der Holzlauf des Treppengeländers nachgeformt von Tausenden von Händen. Der Schacht für die Gasrohre stammt, wie ein gusseiserner Deckel ausweist, aus dem Jahre 1905. Hinter der Wohnungstür eine herrschaftliche Wohnung, sparsam ausgestattet mit Intarsienmöbeln aus dem 18. Jahrhundert. Die Sessel sind durchgesessen, die Möbel in der Küche von IKEA und nicht von Bulthaup, im Bad ein meterlang klaffender Riss im grauen Ölanstrich der Wände. In der deutschen Kleinstadt, aus der ich stamme, gibt es keine einzige Wohnung, die so schön ist wie diese, da bin ich sicher. Aber fast alle diese Kleinstädter würden diese Wohnung für dringend renovierungsbedürftig halten. In Sieburgs tiefen Spuren kann das gedeutet werden als Zeichen eines wunderbaren Frankreich, wo der »Wagen der Zeit aufgerissene Polster hat«, als »Ungeneigtheit, sich von seiner Vergangenheit zu lösen«, oder gar als »zurückgeblieben«. Wir wissen aber unterdes, wie die deutsche »Fahrt ins neue Zeitalter« aussah, in deren Dynamik sich Sieburg 1929 wähnte. Es war eine Fahrt in die bislang größte weltgeschichtliche Auslöschungsaktion. Und nach dem Auslöschen wurde die Auslöschung ausgelöscht. In Frankfurt am Main verschwand nach dem Zweiten Weltkrieg mehr Bausubstanz als während der Bombennächte. Rasend schnell verfällt alles der Furie des Verschwindens. Bei so viel Auslöschungs-, Reinwaschungs- und Übertünchungswut wird selbst das falsch, was ausgespart bleibt, sei es an Erinnerung, sei es an Bausubstanz. Keine Beule darf im spiegelnden Lack der Autos bleiben, kein Rost darf sich ansetzen, keinen Stoß darf die Stoßstange bekommen. Da wird ausgebeult und abgeschmirgelt und der Versicherung eingereicht. Oder recycelt. Oder entkernt.

Auch in Paris haben die Sandstrahler Arbeit, auch in Paris wächst Stahl und Granit. Aber die Stadt wird nicht davon bestimmt, und auch nicht ihre Menschen. Nehmen wir ein anderes Beispiel, beliebig unter so vielen, auf die man in Paris täglich irgendwo treffen kann. Ein Besuch im Collège de France, im Labor eines international anerkannten Molekularchemikers. Die Institution reicht in die Zeit von Franz I. zurück, ins 16. Jahrhundert. Der Eingangsbereich, ein Teil der Vorlesungsräume und Labors wurden kürzlich renoviert. Hervé This' Labor befindet sich in einem unrenovierten Flügel. Überall offen liegende Rohrlabyrinthe, ein ächzender Fahrstuhl, nichts Bauliches in Sicht, was nicht mindestens fünfzig Jahre alt wäre. Im Labor selbst präsentiert sich dem ersten Blick ein unbeschreibliches Durcheinander. Dem zweiten auch. Der grüne Anstrich verblasst, alte Schränke, denen Glasscheiben fehlen, die anderen ungeputzt seit Jahrzehnten. Die Schalterkästen machen einen feuerpolizeilich bedenklichen Eindruck. Alle Beschriftungen von Hand, von verschiedenen Händen. Wasserhähne von der Art, wie sie ein Kind zeichnet. Keine Spur von Ergometrie, von High-

Tech-Stahl. Verstaubte Kartons, alte Hefte, vergessene Papierstapel. Kaum Edelstahl, wenig Chrom, viel Holz ganz verschiedener Art. Aber nicht aus Nostalgie, sondern einfach, weil solche Schränke oder Tische früher aus Holz waren und ihren Dienst noch tun. An den Wänden Photos ohne Rahmen, deren Ecken sich nach vorne biegen, eine Schiefertafel mit Formeln. Hervé This experimentiert mit Nahrungsmitteln. Sie stehen in ihren Packungen aus dem Supermarkt herum: Sonnenblumenöl, Gewürze, Schokolade, Mehl. Dazu einfachste Küchengeräte: eine Fritteuse, Emailletöpfe mit Blumenmustern wie vor dreißig Jahren in der Wohngemeinschaft, Messer mit Plastikgriffen, billiges Küchenpapier, Pappbecher. Dazwischen die technischen Geräte des Chemikers: Waagen, Säuremesser, Thermometer, Pipetten, Glashalter, Gefäße aller Größen und Formen, Gummistopfen, Schweißerbrillen, ein Monitor, ein tragbarer Computer, Flaschen lang und rund und konisch und bauchig, mit großer Öffnung oder mit kleiner… Eine Mischung von vernachlässigter Küche auf dem Land, geheimnisvollem Goldmacherlabor und Chemiebaukasten. Hervé This ist der führende Wissenschaftler auf seinem Gebiet, Verfasser von acht Büchern, eloquent, fernseherfahren, liebenswürdig, sorgfältig gekleidet. Er hat nicht den geringsten Grund gesehen, sich wegen des verstaubten Zustands seines Labors zu entschuldigen oder gar den Staat zu verklagen, dass er verdienten Wissenschaftlern zu wenig Geld zur Verfügung stellen würde. Als er merkt, dass mich die Räumlichkeiten interessieren, zeigt er mir ein Nachbarlabor, ähnlich aussehend, in dem ein Nobelpreisträger gearbeitet hat. Und noch eines. Da stehen unbeachtet im Schrank kleine Fläschchen mit Beschriftungen von Hand: »Sehen Sie, das ist die Handschrift von Henri, dem Präparator von Pasteur.« Die gleiche Erfahrung kann man im Verlagshaus von Gallimard machen, im Erziehungsministerium, immer wieder im Detail und selbst im Großen und Ganzen mit den Monumentalbauten der Ära Mitterrand: In Paris wird das Neue ins Alte gearbeitet, die Spuren des Vergangenen bleiben sichtbar, aber als Spuren eines Vergangenen, nicht als Beschädigungen oder Exponate. Maurice Halbwachs hat uns gezeigt, wie die Stadt durch ihre Solidität, ihre Fortdauer ihre Bewohner und ihre Besucher versichern kann. Gerade in unserer Zeit, in der sich die Ortsbindung von Arbeit und Gemeinschaft auflösten, der flexible Mensch verlangt ist und die Kosten dieser Flexibilität, wie Richard Senett gezeigt hat, vom Einzelnen getragen werden müssen, können Städte, die in Raum und Zeit orientieren, leichter Glücksgefühle auslösen als chaotische Megalopolen, die alle Spuren von Raum und Zeit tilgen. Das Bedürfnis danach schelte regressiv, wer will. Regressiv ist es nur, wo es die Übersicht im Kleinen sucht, am Rande der Geschichte. Da stand Paris selten. Regressiv ist es dann, wenn es das Neue nicht mehr wahrnimmt. Regressiv ist darum Ernst Jüngers Formulierung, er bewege sich in Paris »wie in einem alt vertrauten Garten, der nun verödet liegt und in dem man dennoch Weg und Steg erkennt«, davon ganz abgesehen, dass die Ödnis, von der er spricht, von den Stiefeln der Soldaten kam, zu denen er gehörte. Aber Paris ist kein Garten, wenngleich vertraut. Paris ist Großstadt, Hauptstadt und will es sein. Die deutschen Städte der Gegenwart wollen sich hingegen entweder klein oder amerikanisch in jenem »pull-down-and-build-over-again-spirit«, von dem Walt Whitman schon 1845 spricht.

Das vorliegende Buch stellt sich also der Frage, die

hinter dem Titel »Immer Paris« steckt. Aber es ist kein Essay, der eine These über deutsches und französisches Traditionsverhältnis erhärten will. Spaziergänge haben eine Offenheit gegenüber dem Zufälligen, die die Abhandlung gerade vermeiden muss. Und Spaziergänge waren tatsächlich der Ausgangspunkt der einzelnen Kapitel, freilich nicht nur die während ihrer Abfassung, sondern Spaziergänge über beinahe vierzig Jahre. Die Offenheit gegenüber dem Zufälligen will freilich nicht verleugnen, dass da gelesen, nachgelesen, befragt, überprüft wurde. Voraussetzungsloses Erkennen der Stadt ist eine – ästhetisch bisweilen fruchtbare – Illusion. Wer davon noch überzeugt werden möchte, lese den Beschreibungsversuch des Pariser Straßenlebens, wie es sich Georges Perec am 15. Mai 1973 bei gutem Wetter abends um sieben auf einer Kaffeehausterrasse an der Kreuzung Rue du Bac/Boulevard Saint-Germain darbot. Zwischen der Illusion der vollkommenen Offenheit und Voraussetzungslosigkeit des Stadterkennens und dem wahrnehmungsskeptischen »Man sieht nur, was man weiß« bewegt sich der Spaziergänger mittendurch. Er besteht auf seiner Lust an sinnlicher Wahrnehmung wie auf der an historischer Reflexion. Dass beide sich auf je spezifische Weise täuschen können, Erstere mehr auf der Oberfläche, Zweitere mehr in der Tiefe, ist bekannt und wird auch hier nicht immer zu vermeiden sein. Ein Wissenschaftsbuch freilich kann so nicht entstehen, aber daran herrscht ja auch kein Mangel. Kein Mangel herrscht auf dem deutschen Markt auch an Reiseführern aller Art. Ihnen soll keine Konkurrenz gemacht werden. Paris ist mehr als eine Summe knapp beschriebener Sehenswürdigkeiten und Shoppingadressen. Aber man kann den einzelnen Kapiteln dieses Buches durchaus nachgehen, am besten auf eigenen

Der Treffpunkt der Verliebten: die Spitze der Ile de la Cité

Wegen und mit eigenen Erfahrungen, auf die das Gesehene in einem anderen Winkel auftrifft.

Die Kapitel dieses Buches sind nicht zwingend. Andere könnten dazukommen. So ist zum Beispiel kaum vom Louvre die Rede und kaum von Notre-Dame. La Défense im Westen fehlt wie Disney-Land im Osten. Jeder, der »sein« Paris hat, wird etwas von seinem Paris vermissen. Dennoch ist die Auswahl nicht beliebig, weder sozial noch politisch. Paris intra muros unterliegt zwar seit Jahrzehnten dem Effekt der Verbürgerlichung, der »Gentryfizierung«, hat sich dabei aber doch eine enorme soziale Vielfalt erhalten, die sich auch in den politischen Optionen niederschlägt: Die traditionellen Wohngegenden des Pariser Bürgertums liegen im westlichen Zentrum und im Westen der Stadt (I., II., VI. und VII. Arrondissement im Zentrum, VIII., IX., XV., XVI. und XVII. Arrondissement im Westen). Auf dem linken Ufer im V., XIII. West, XIV. und XV. Südlich sind viele Haushalte angesiedelt, die ihren sozialen Aufstieg vor allem dem Bildungswesen verdanken, also viele hohe Beamte, Forscher, Professoren. Der ganze Osten war seit der Industrialisierung das Paris der Arbeiter (X., XI., XII., XIII. Ost, XVII. Nord, XVIII. Osten, XIX. und XX. Arrondissement). Die Handwerker, Kleinhändler, Kleinunternehmer aller Art sind vor allem im I., II., III. und IV. Arrondissement angesiedelt, häufig in großbürgerlicher Nachbarschaft. Der Quadratmeterpreis der Wohnungen bildet einen recht sicheren Indikator für die soziale Reputation der jeweiligen Arrondissements. Er reicht von circa 4 000 Euro im XVIII., XIX. und XX. Arrondissement bis zu knapp 6 500 Euro im V., VIII. und XVI. Arrondissement. An der Spitze liegen seit einigen Jahren das VI. um Saint-Germain-des-Prés und der noble Faubourg Saint-Germain mit circa 7 500 Euro, wobei besonders gesuchte Lagen auch schon mal 9 000 Euro kosten können. Grob gesagt: Die von außen oder von unten Kommenden siedeln sich im Osten, dem ärmeren Teil, und im Norden an, die sich viel schneller transformieren als das Zentrum und der Westen.

Unsere Darstellung beginnt mit dem Blick auf die Champs-Élysées, die mehr als alle anderen Viertel mit dem Wort »Paris« identifiziert werden. Wie präsentiert sich heute der urbane Ort politischer Machtdemonstration und des Luxus, der Moden? Darauf im nächsten Kapitel: Spaziergänge durch Barbès, durch das Viertel der Goutte d'Or, das Viertel der afrikanischen Einwanderer, das Viertel, in dem man gern alle Übel der französischen Hauptstadt konzentriert sieht. Von den Touristen gemieden, grenzt es an Montmartre, eines der meistbesuchten Pariser Viertel, das sich ganz dem Tourismus verschrieben hat. Ganz? Nein, gewiss nicht, wie sich denn überhaupt zeigen wird, dass das touristische Paris gleichsam Enklaven in einer Stadt bildet, die sich ansonsten um Touristen nicht allzu sehr schert. Paris ist trotz des Eiffelturms, der nicht fehlen darf und nicht fehlen soll, keine Stadt wie Venedig oder gar Pompeji.

Besondere Aufmerksamkeit gilt dem Pariser Osten, denn in seinem Osten bewegt sich Paris am raschesten. Zunächst dem Marais, dem wieder eine zentrale urbane Funktion zukommt, dann der Bastille, dem traditionellen Ausgangspunkt der Pariser Revolten, wo der Prozess der Verwandlung von Werkstätten und Arme-Leute-Wohnungen in schicke Lofts und teure Studios weit vorangeschritten ist, schließlich dem »fernen Osten« von Paris, Bercy, wo Erlebnisparks, Freizeitindustrie und neue Ökonomie dort entstanden, wo früher Lagerhäuser waren. Besonders interessant aber ist das XIII. Arrondissement um die neue Bibliothèque Nationale de France: Dort liegt die letzte große Baustelle von Paris, ein riesiges Areal, durch Gleisüberbauung gewonnen, politisch, ökonomisch und urbanistisch umstritten. Ein historischer Spaziergang in der Zukunft.

Am Ende stehen zwei Spaziergänge durch das V. und das VI. Arrondissement, durch den Mythos »Rive Gauche«, durch das Paris der Wissenschaft und das der Künste, verantwortlich seit je dafür, dass Paris nicht nur als prosaische, moderne Großstadt gilt, sondern zugleich als Hauptstadt der Schönheit und des Geistes. Auf dem Weg kommen Gedanken auf, was Pariser, was französisches Denken uns heute sein kann.

Die Champs-Élysées.
Ein Traum des Luxus und
der Moden

Die Champs-Élysées sind ein »must« für alle Paris-Besucher. Alle gehen irgendwann hin. Auch die, die schon wissen, dass sie die Straße nicht so recht mögen. Die Straße, den Boulevard, die Avenue, wie sie mit amtlichem Namen heißt.

Einer meiner letzten Besuche dort war an einem sonnigen Freitag im September. Zwischen der Place de la Concorde und dem Rond-Point schlenderte, nein bummelte, nein schob sich eine nicht abreißende Menschenmenge unter zwei schattigen Baumreihen durch den unteren, parkartigen Teil der Champs-Élysées. Wenn man sich dort auf die Zehenspitzen stellte, sah man auf der nördlichen, sonnenbeschienenen Seite den Bürgersteig hinauf bis zum Horizont, also bis zum Arc de Triomphe, kilometerweit nur ein einziges wogendes Meer von Köpfen. Das Bild des Meeres ist gewiss nicht neu für die Beschreibung des Boulevards, aber es gibt kein besseres. Im ungleichen Rhythmus der Schritte wiegen sich Wellen aus Menschenköpfen das Trottoir hinauf und hinab, das so breit ist, dass es in anderen Städten (oder auch in anderen Stadtteilen von Paris) eine stattliche Straße mit zwei geräumigen Fußgängersteigen ausmachen würde. Unablässige Bewegung ist eines der Geheimnisse der Champs-Élysées, Bewegung, die paradoxerweise von den Menschen erst gemacht wird, die hier nach ihr suchen.

Die Evokation des Bildes vom Meer entsteht freilich auch durch die Perspektive. Die Avenue der Champs-Élysées zieht sich schnurgerade in sanfter Steigung hinauf zum Arc de Triomphe, wie das Meer zum Horizont zu steigen scheint. Das Draufblicken wirkt teleskopisch: Wir nehmen die Menschen wie die Autos zweidimensional wahr, weil die Perspektive die Zwischenräume aufsaugt. Die Photographen von Ansichtskarten machen sich das in immer wieder wirksamer, millionenfach nachgeknipster Weise zu Nutze, wenn sie in der Dämmerung von der Tuilerienseite der Place de la Concorde her mit einem extremen Teleobjektiv auf die Mittelachse der Champs-Élysées fokussieren: Die Räume zwischen den vierspurig auf- und abwärts fahrenden Autos verschwinden auf dem Bild, es entstehen acht ununterbrochene Lichterspuren hinauf zum greifbar nah erscheinenden Triumphbogen, vier weiße (von den Scheinwerfern) und vier rote (von den Rücklichtern). Die gleiche Festbeleuchtung seit Jahrzehnten. Nur die gelben Scheinwerfer, an denen man früher die französischen Autos erkannte, sind verschwunden. Und mit Standlicht dürfen die Franzosen, die sich früher nächtens auf den Lichterglanz ihrer Hauptstadt verließen, nach Anbruch der Dunkelheit auch nicht mehr fahren. Europa hat's verboten.

Der Faszinationskraft der Perspektive von der Place de la Concorde hinauf zum Etoile kann sich auch ein Verächter der Pariser Prachtstraße kaum entziehen, aber sie erklärt gewiss nicht hinreichend, warum Tag um Tag Hunderttausende über diese Avenue ziehen, manche den ganzen Tag lang, auf und ab. Unter ihnen bilden jedenfalls die Bewohner des Viertels, des

VIII. Arrondissements von Paris, nur einen kleinen Teil. Dieses Viertel, weltweit Inbegriff von Paris, verliert dramatisch an Einwohnern. 1891 wohnten hier über Hunderttausend Menschen. 1968 waren es noch 68 000, bei der letzten allgemeinen Volkszählung von 1999 verblieben gerade noch 39 000. Die Champs-Élysées sind die Hauptachse eines Geschäftsviertels, in dem 225 000 Personen arbeiten, aber in dem in absehbarer Zeit wohl nur noch Nachtwächter wohnen werden. Für die, die sich das Wohnen hier leisten könnten, ist es zu laut. Sie sind weiter nach Westen gezogen, ins XVI. Arrondissement oder nach Neuilly. Für die, vor deren Lärm sie fliehen und die gerne hier wohnen würden, ist es zu teuer. Weder die Manager aus den hier ansässigen Firmen noch die Tellerwäscher der Schnellrestaurants wohnen vor Ort. Übrig bleibt ein Viertel der Büros und der Luxuswaren. Die Champs-Élysées, damit betraut, Paris zu symbolisieren, haben keinen Wohnraum mehr für die Pariser.

Es wäre freilich ein kulturkritischer Kurzschluss, die Faszination der Champs-Élysées allein damit zu erklären, dass hier Luxuswaren von Menschen bestaunt werden, die sie sich nicht leisten können. Die Präsenz von Luxusartikeln, insbesondere von Produkten der Haute Couture, ist eine notwendige, aber gewiss keine hinreichende Bedingung für die Attraktionskraft eines Boulevards. Der Beweis ist einfach: Man braucht vom Rond-Point der Champs den Blick nur nach links in die stattliche Avenue Montaigne schweifen zu lassen, südlich, zur Seine hin. Hier haben alle großen Modehäuser der Welt ihre Boutique. Yves Saint-Laurent, Christian Dior … Ein großer Name reiht sich an den anderen. Dies ist trotz Mailand und New York immer noch die Welthauptstraße der Mode. Aber die Straße ist wenig bevölkert, zu manchen Zeiten geradezu unbelebt. Die Käufer(innen) fahren vor, kaufen ein und fahren im kleinen Stadtwagen, im Mini oder im Twingo, wieder heim in die Beaux Quartiers, die »Schönen Viertel«, wie Louis Aragon die Wohngegenden der Reichen in Neuilly, Passy oder Auteuil genannt hat. Das reicht aber nicht für einen wirklichen Boulevard. *Der* Boulevard, das sind nun einmal die Champs-Élysées, nicht die Straßen im südlich angrenzenden »Goldenen Dreieck«, dessen andere Seiten von der Avenue Montaigne und der Avenue George V. gebildet werden.

Die Champs Élysées sind ein Spätling unter den großen Boulevards der Welt, die im 19. Jahrhundert entstanden und mit ihm ihre Apotheose erlebten. Der Boulevard war der Ort, wo Stadt und Moderne zusammentrafen. Er löste den Hof ab, den Ort adeliger Repräsentation. Auf dem Boulevard feierte das Bürgertum sich selbst. Zumeist auf den geschleiften ehemaligen Stadtmauern errichtet, entstand eine Einkaufs- und Selbstdarstellungsmeile, ein Schaufenster, das kein Ende nehmen wollte und in dessen Fenstern man sich spiegelte. Dem bürgerlichen Prinzip entsprechend, ist der Boulevard im Gegensatz zum Hof allen ohne Standesvorbehalt zugänglich. Unter die wohlhäbigen Bürger im schwarzen Tuch, unter die Damen mit züchtig-weißen Kleidern und kleinen Sonnenschirmen mischten sich die Randständigen der Bürgerwelt, die Bohème, wie man das Völkchen aus Grisetten und Künstlern und Schaustellern und Bettlern und Dieben damals nannte, wenn man nicht auf Marx' rabiate Formulierung vom »Lumpenproletariat« zurückgriff. Der frühe Sozialismus attackierte die Lebenslüge des bürgerlichen Egalitätsdiskurses: Jeder hatte Zugang zum Boulevard, aber den Proletariern fehlte die Zeit, dort zu promenieren, und das Geld, dort einzukaufen. Der Glanz der Boulevards überblendete das Elend der nahen Arbeiterviertel, seine Fassaden bedeckten gnädig die Risse der Gesellschaft und mussten deshalb immer reicher, immer falscher dekoriert werden. Die Festmusik übertönte das Stampfen der Maschinen, das organisierte Lachen in den Boulevardtheatern erstickte die Seufzer des Arbeitsalltags.

Die Lüge, die der Boulevard vergessen machen wollte, ändert nichts daran, dass er auch authentische Ausdrucksform eines neuen Lebensgefühls war, weit hinausreichend über den selbstgefälligen Triumph des Bürgerstolzes, der endlich auch eine urbane Form gefunden hatte, mit der dem Adel auf seinem ureigensten Gebiet, dem der Repräsentation, Konkurrenz gemacht und dabei noch Geld verdient werden konnte. Auf dem Boulevard wird auch früh die Beschleunigung öffentlich sichtbar, in die der Industriekapitalismus die Welt versetzen sollte, Beschleunigung, von der schon Marx' und Engels' Kommunistisches Manifest wusste und die erst heute den ganzen Globus in rasende, kaum kontrollierte Fahrt zu versetzen vermag. Auf dem Boulevard klumpen sich zum ersten Male Menschen zu Massen, ohne einem Gott oder dem Diktat der Lohnarbeit unterstellt zu sein. In der Menge entsteht, paradox genug, eine neue Form von Einsamkeit des Individuums, anonym und unheilbar getrennt von den anderen. Ein Mittel gegen die neue Einsamkeit ist das brausende Leben auf dem Boulevard – auch dies ein Paradox. Das Leben auf dem Boulevard ist kein langer, ruhiger Fluss, sondern eine Abfolge von Stößen, von Schocks, von blitzartigen Begegnungen mit der Schönheit wie mit der Hässlichkeit, mit der Armut wie mit dem Reichtum.

Seit Poes *Der Mann in der Menge*, seit Heine, seit Balzac, seit Baudelaire vor allem wissen wir um das Le-

40

bensgefühl, die Lebensgefühle, die der Boulevard hervortreibt und die zum Signum eines neuen, bang begrüßten oder hochfahrend abgelehnten Weltzeitalters werden. Von ihnen und ihren Nachdenkern bis hin zu Benjamin, Hessel oder Kracauer wissen wir auch, dass der Boulevard nicht nur Verwirklichung bürgerlicher Bedürfnisse, sondern auch der Ort ästhetischer Opposition gegen bürgerliche Trivialität ist. Noch der Flaneur, der sich geschärften Sinnes ziellos in der Menge treiben lässt, leistet Opposition gegen die Scheidung des Lebens in Arbeit unter dem Diktat der Effektivität und freie Zeit unter dem Signum der Zerstreuung, leistet Opposition gegen eine Welt der puren Nützlichkeit, gegen die Banalität des Alltags, gegen eine Demokratie, die nur noch Gleichmacherei sein will.

Der Boulevard als Schaufenster- und Selbstdarstellungsmeile entstand zuerst in London, aber die Lebensformen, Lebensstile und Lebenserfahrungen, von denen die Rede war, entfaltete er erst in Paris, im Paris der Julimonarchie und des Second Empire, in das der Baron Haussmann seine Schneisen schlagen ließ. Als Präfekt des Départements Seine und de facto Oberbürgermeister von Paris, obwohl es diesen von der Revolution bis Chirac nicht gab, modellierte er die Hauptstadt des 19. Jahrhunderts und gab ihr eine urbane Gestalt, die sich im Wesentlichen bis heute erhalten hat. »Le Boulevard« war aber zu Haussmanns Zeiten nicht, noch nicht, die Avenue der Champs-Élysées, sondern eine halbkreisförmige Abfolge von elf Straßen, die an der Madeleine begann und fast fünf Kilometer später an der Place de la Bastille endete. Der Anfang an der Madeleine ist immer noch ein Ort des Luxus: Vor allem sind hier die Zentralen der großen Pariser Feinkosthäuser wie Fauchon und Hédiart angesiedelt, aber auch Luxusrestaurants oder der Edelschneider Gucci. Das Ende am riesigen Bastilleplatz, wo einstmals das Gefängnis stand, mit dessen Erstürmung die Französische Revolution begann und wo heute der immense Klotz der Volksoper einen Schlusspunkt setzt, hat zumindest symbolisch die Kraft, einen Boulevard zu markieren. Was aber dazwischen liegt, ist heute, von wenigen Passagen abgesehen, mehr eine Autoschneise als eine Luxusmeile zum Flanieren. Die Waren haben sich dort in die großen Kaufhäuser zurückgezogen und die Kunden ebenfalls.

Das Erbe *des* Haussmannschen Boulevards traten die Champs-Élysées an, vielleicht die einzige europäische Straße, die sich mit Fug noch Boulevard nennen dürfte. Noch im 17. Jahrhundert war dort, wo sie heute verläuft, ein großes, zum Teil sumpfiges Waldgebiet, das bis zu den Tuileriengärten reichte. Gegen 1670 bekam Le Nôtre, der Gartenarchitekt von Versailles, den Auftrag, die Tuileriengärten in die Wildnis hinein zu verlängern. Er tat es nach seinen Vorstellungen, das heißt, er verlängerte die schnurgerade Achse vom Louvre über das 1871 abgebrannte Tuilerienschloss und seine Gärten durch eine von Ulmen gesäumte Allee nach Westen. Er folgte damit einer Tendenz, die seit dem Bau von Versailles bis heute nicht nur eine geographische und urbanistische Bedeutung hat, sondern auch eine soziale: Wer reich ist und wer reich wird, siedelt sich im Pariser Westen an, in Richtung auf den Hof sozusagen. Das bürgerliche Zeitalter hat diese Tendenz nicht umgekehrt, sondern ausgeweitet. Unter Haussmann wurde der Westen aufgewertet, und noch heute wohnt ein großer Teil der traditionellen Pariser Bourgeoisie in den Arrondissements und Kommunen am Rande des Bois de Boulogne.

Die Straße der Nation: die Champs-Élysées

Freilich vollzog sich dieser Prozess über Jahrhun-
derte. Als die Pariser Marktweiber am 5. Oktober 1789
vom Pariser Zentrum aus mit ihren Forderungen nach
Versailles zogen und spätestens damit den vierten
Stand, die Frauen und die soziale Frage in die politische
Revolution von 1789 einschrieben, da nahmen sie ihren
Weg über eine Straße ohne Asphalt, ohne Beleuchtung,
gesäumt nur von einem knappen Dutzend Häuser. Na-

türlich gab es oben auf dem Hügel auch den Arc de Triomphe noch nicht, dessen Bau Napoleon nach der Schlacht von Austerlitz 1805 zum Ruhm der Grande Armée anordnete, dessen Vollendung er aber nicht mehr erleben sollte. Es war auch Napoleon, der zuerst begriff, dass die Champs-Élysées sich besser als jede andere Straße von Paris dazu eigneten, Macht zur Schau zu stellen. 1810 ließ er Marie-Louise, die neue Kaiserin, über die Champs-Élysées nach Paris einziehen. Seine Gegner begriffen schnell. 1814 marschierten die siegreichen Truppen Preußens, Österreichs und Russlands vor dem Zaren, dem preußischen König und dem österreichischen Oberbefehlshaber über die Champs-Élysées nach Paris ein, wobei sie übrigens reichlich Flurschäden anrichteten. Aber der tote Napoleon nahm Rache. 1840 wurde sein Sarg triumphierend durch den vier Jahre zuvor fertig gestellten Arc de Triomphe gezogen und dann die ganzen Champs hinunter bis zur endgültigen Aufbahrung im Dôme des Invalides. 1871 konnte es der eben im Spiegelsaal von Versailles gekrönte Kaiser des Deutschen Reiches nicht lassen, am 1. März mit sechshundert Offizieren die von den Franzosen demonstrativ verlassenen, leeren Champs-Élysées hinunterzumarschieren. Am 14. Juli 1919 zogen dann wieder die siegreichen französischen Truppen durch den Arc de Triomphe, unter dem 1920 das Grabmahl des Unbekannten Soldaten errichtet wurde, bis heute einer der symbolisch wichtigsten Orte der Republik. Auch Hitler mochte nach dem Sieg von 1940 auf einen Gang über die Champs-Élysées nicht verzichten, aber er wusste, dass nur die Überlegenheit der Wehrmacht und nicht die Zustimmung der Mehrheit des französischen Volkes ihm diesen Zug erlaubte, und so absolvierte er ihn zur Zeit der Diebe: am frühen Morgen. Während der Okkupation marschierte täglich Punkt zwölf eine Kompanie, der Chef zu Pferde, die Avenue der Champs-Élysées hinunter – bis dann am 26. August 1944 Charles de Gaulle im befreiten Paris am Grab des Unbekannten Soldaten niederkniete und anschließend im Triumph die Avenue hinunterging. Es war nicht nur eine der Gesten nationaler Größe, auf die er sich so gut verstand, sondern auch ein Volksfest, weil es nicht nur um die Demonstration von Macht ging, sondern zuallererst um die Befreiung.

Die Bedeutung der Machtrepräsentation bleibt den Champs-Élysées eingeprägt. Hier finden sich Größe, Glanz und Ordnung – und welche Macht wäre gegen diese Versuchung gefeit? Freilich ist die Macht, die hier zu Hause ist, trotz des Hangs aller Präsidenten der Fünften Republik zu demonstrativer Pompentfaltung denn doch republikanische Macht. Als der Sarg Victor Hugos, populärster französischer Dichter seiner Zeit und glühender Republikaner, am 31. Mai 1885 unter dem Arc de Triomphe aufgestellt wurde, da erwiesen Hunderttausende dem Verstorbenen ihre Reverenz. Auch Sartres Beerdigung war eine politische Demonstration, die eine geschichtliche Periode mit ihrem Vordenker begrub, aber sie fand nicht mehr auf den Champs-Élysées statt. Sartre hätte es sich verbeten.

Den Champs-Élysées von heute bleibt nicht mehr allzu viel von der Funktion öffentlicher Repräsentation. Natürlich die Truppenparade am 14. Juli. Als ich sie zum ersten Male sah, bereitete sie mir im Gegensatz zu den populären Feiern auf den Straßen ein seltsames Missbehagen. Ich teilte das Misstrauen meiner im deutschen Nachkrieg geborenen Generation gegen alles Militär, gegen alle Lust an Machtdemonstration, an Gleichschritt und Uniformität. Dass das Defilée für junge Franzosen etwas anderes bedeutete, war mir kaum im Kopf und schon gar nicht mit meinen Gefühlen nachvollziehbar. Die Studenten und Studentinnen der staatlichen Eliteschule Ecole Polytechnique, die sich bei der Gelegenheit in Uniform, mit Dreispitz auf dem Kopf und Degen an der Seite unter das Militär reihten, kamen mir vor wie Menschen, die den Geist – brillanten zumal – an die Macht verkauften. Die Polytechniciens marschieren auch heute noch mit, den Dreispitz immer noch auf dem Kopf. Unterdes kenne ich einige von ihnen. Keiner ist Militarist. Exzellente Techniker, ein wenig zu sehr davon überzeugt, dass die Probleme der Welt schon gelöst wären, wenn sich mehr Menschen dazu bequemen könnten, schnell und logisch zu denken. »Ich bin mitmarschiert, wie ich bei Familienfeiern mitmache, den Kleidungscode und den Ritus einhalte bis hin zu den Beerdigungen, obgleich ich natürlich nicht gläubig bin.« Das Erbe ihrer Schule, die einst eine Ausbildungsstätte für Heeresoffiziere war, abzulehnen, kommt ihnen nicht in den Sinn. Man kann ja immer noch auf den Sperrmüll bringen, was nicht mehr brauchbar ist. Ein beneidenswert gelassenes Traditionsverhältnis.

Die politische Klasse hält es praktisch kaum anders. Im Land, das das Volksheer erfunden und damit zeitweilig nicht nur die Feinde der Revolution abgeschreckt, sondern halb Europa erobert hat, ist der letzte Wehrpflichtige längst eingerückt. Ohne Konsultation der Verbündeten hat Frankreich die Wehrpflicht abgeschafft und die Armee in eine hoch spezialisierte Profitruppe zu verwandeln begonnen. Wer will die noch vom Straßenrand aus bejubeln, wenn sie von Auslandsmissionen zurückkehrt, von denen niemand weiß, ob denn der Sieg nicht zugleich eine Niederlage bedeutet?

46

Den Champs-Élysées bleiben die Silvesterabende, an denen die Feuerwerkskörper zum Himmel geschossen werden, ohne dass die Schaulustigen noch wissen, dass die Feuerwerke einst im 17. Jahrhundert dazu bestimmt waren, fremden Beobachtern Respekt vor der Feuerkraft der eigenen Kanoniere einzuflößen. Und es bleibt ihnen die Schlussetappe der Tour de France. Aber dann ist alles schon entschieden. Der Gesamtsieger steht fest, und gestrampelt wird nur noch um den letzten Etappensieg. Die Frankreich-Rundfahrt der Radrennfahrer ist immer noch das wichtigste Ereignis in der einstmals französischsten aller Sportarten. Aber es siegen keine Nationalteams, sondern international zusammengesetzte Firmenmannschaften. An der Spitze lagen in den letzten Jahren Amerikaner (mehrmals), ein Italiener, ein Deutscher, ein Spanier (mehrmals auch er). Nein, eine Stätte nationaler Repräsentation sind die Champs-Élysées nur noch höchst selten.

Aber die Avenue war immer schon auch etwas anderes als die Champs de Mars, allein dafür bestimmt, Truppen aufmarschieren zu lassen. Im 17. Jahrhundert schon war sie der österliche Wallfahrtsweg zur Abtei von Longchamp, eine Wallfahrt, die in Wahrheit viel von dem Osterspaziergang hatte, den der Frankfurter Bürger Johann Wolfgang von Goethe zur Gerbermühle unternahm und im *Faust* unsterblich machte. Die schönen Sonntage des 19. Jahrhunderts bedurften keiner christlichen Vorwände mehr, um die Pferdewagen ins Grüne zu locken, auf denen livrierte Kutscher die festtäglich herausgeputzten Herrschaften in ein luxuriöses Freizeitvergnügen fuhren. Die französischen Autoren des 19. Jahrhunderts, die von den Champs-Élysées berichten, interessieren sich denn auch meist mehr für die Frage, hinter welchem Busch unvermutet Gilberte mit dem Tennisschläger auftaucht, als für die Haupt- und Staatsereignisse in der Straßenmitte.

Die Kutscher, Gouvernanten, Kindermädchen und andere Puppenspieler, derer die bürgerliche Herrschaft bedurfte, um im Freien der Élyséeischen Felder Freizeit zu genießen, lassen den Wunsch nach exklusiv-herrschaftlicher Nutzung des Waldviertels im Pariser Westen gar nicht erst aufkommen. Er bestand, ohne Zweifel. Dass der exklusivste Pariser Club, der Jockey-Club, die clubeigenen Tribünen an der Rennbahn von Longchamp immer noch in einen Sektor für Mitglieder – die männlichen Geschlechts sein müssen – und einen anderen für »Damen« beziehungsweise »Angehörige« trennt, spricht da eine deutliche Sprache. Dass der weit weniger exklusive Racing-Club immer noch einen beträchtlichen Teil des Bois de Boulogne für seine Mitglieder privatisiert, macht den zugrunde liegenden Wunsch noch sinnfälliger. Das Begehren nach Exklusivität muss abprallen an einer Avenue, die geometrisch streng organisiert ist, aber zu groß und zu offen, um den Zugang effektiv zu regeln.

Wo im bürgerlichen Zeitalter Nachfrage ist, da gibt es auch Angebot, gibt es also auch Schänken für die wartenden Kutscher, Tanzplätze, Gaukler, Dompteure, Akrobaten, Karussells – Jahrmarkt eben, sehnsuchtsvoll beäugt von den Knaben im Matrosenanzug und den Demoiselles im knöchellangen weißen Kleid. Die Theater, die im unteren Teil der Avenue der Champs-Élysées entstanden, brauchten Schauspieler, die bei Gelegenheit auch auf der Straße sangen, auf eigene Rechnung. Die ehrwürdigen Herren brauchten Prostituierte. Die Not schuf reichlich Angebot auch für diese Nachfrage. Toulouse-Lautrec, der fühlte, dass die Zeit seines Montmartre zu Ende ging und der sich seit dem Herbst 1893 den Vergnügungsstätten um die Champs-Élysées zuwandte, hat die Frauen, die das Angebot zu dieser Nachfrage waren, würdig in ihrem schreienden Elend gemalt.

Die wichtigsten Vergnügungen, mit denen sich das 20. Jahrhundert von seinen Katastrophen abzulenken versuchte, haben später auf den Champs-Élysées sofort Platz gefunden: das Auto und das Kino. Ein Kino gab es in den fünfziger Jahren auch in der Kleinstadt, in der ich meine Jugend verbrachte. Die Filme waren drei Jahre alt; die Plakate, farbig schon, die für sie warben, übermaßen nicht das Din-A-2-Format. Anstehen musste man nicht. Auf den Champs-Élysées hingegen lockten die Kinos mit meterhohen Plakaten für sechs eben erschienene Filme zugleich. Man musste in langer Reihe anstehen, die durch dicke rote Kordeln, an goldbelegten mobilen Säulen befestigt, sicher geleitet wurde. Das Prinzip gibt es noch heute. Franzosen stehen nur bei zwei Gelegenheiten ohne Murren an: beim Zigarettenkauf außerhalb der normalen Geschäftszeiten und vor dem Kino.

Man kann die Champs-Élysées lesen als aristokratische Gartenanlage, als bürgerlichen Boulevard, als Schauplatz demonstrativer politischer Machtentfaltung, als Rummelplatz, als luxuriöse Geschäftsstraße, als Verkehrsader. Aber was von der Geschichte und von den Funktionen, die in sie eingeschrieben sind, wird heute wahrgenommen? Verbindliches lässt sich darüber kaum sagen. Am Ende gibt es so viele Wahrnehmungsformen der Champs-Élysées, wie sie Besucher haben. Aber daran, wie sie sich heute darbieten und wie sie heute genutzt werden, lassen sich doch Vermutungen schließen, was sie heute sind. Gehen wir den Weg hinauf von der Place de la Concorde und sammeln wir Vermutungen.

Eine erste Vermutung ist kaum abzuweisen: Wer auf der Place de la Concorde steht und zum Arc de Triomphe hinaufsieht, wird den Eindruck von Größe, von einer Weite haben, die in europäischen Großstadtlandschaften einmalig ist. Ungewohnte Größe pflegt touristische Neugier anzuziehen, aber man verursacht denen, die sie nicht gewöhnt sind, unvermeidlich Unbehagen. Robert Musil wusste davon. Unter den Internatszöglingen seines »Törleß«, von ihren dunklen Wünschen in enge Kammern gedrängt, gibt es nur einen, der Weiträumigkeit aushält, ja geradezu braucht: ein Fürstensohn, der einzige Schüler aus der Hocharistokratie, der immer, so empfindet es Törleß, ein großes Volumen imaginären Raumes vor sich her schiebt, weil er im Schloss aufgewachsen ist. Dass die Beobachtung noch gültig ist, kann man in den großen Eingangshallen der Grandhotels leicht studieren. Kaum jemand setzt sich in die dort fast immer vorhandenen, optisch zentralen Sessel. Man durchquert die Halle und sucht sich eine »gemütliche« Ecke. »Gemütlich« ist – wie »Heimat« – eines der Worte, die sich ins Französische nicht übersetzen lassen. Gemütlich ist die Place de la Concorde gewiss nicht. Aber sie erscheint auch nicht überdimensioniert, nicht wie leerer Größenwahn, sondern wie lebendige Größe. Nichts ist schwerer für eine Stadt, als solche Größe zu verlebendigen. Ins Zentrum von Jena hatte die DDR-Führung unter dem Zeiss-Hochhaus einen riesigen Platz für repräsentative Aufmärsche schlagen lassen – und damit ungewollt ein urbanes Sinnbild hohler, menschenfeindlicher, lebloser Macht geschaffen, die kein Betonskelett vor dem Verfall retten konnte.

Die Größe ist belebt, vor allem durch Autos. An beiden Enden der Champs-Élysées gibt es enorme Verkehrskreisel, deren automobile Durchquerung den meisten Gästen der Stadt Albträume macht. Hier herrscht – jedenfalls auf den ersten Blick – ein Chaos, dem man nicht durch Vorsicht, sondern nur durch beherztes Sich-mittreiben-Lassen entkommt: keine Ampel, keine markierten Spuren, jeder sucht sich auf eigene Faust seinen Weg. Auch wenn man an einem frühen Sommermorgen den Platz einmal fast autofrei findet, stellt sich ein Gefühl der Leere nicht ein, sondern nur eines der Weite, denn man weiß, dass dies ein Ausnahmefall ist, dass der Verkehr hier bald wieder rollen wird. Der Moment, in dem man den Atem anhält, ist keiner der Leblosigkeit.

Das Gefühl, sich im Chaos zu befinden, kann sich beim einzelnen Autofahrer für Momente einstellen, beim Betrachter nicht, denn die Orte des Chaos sind optisch sicher eingebettet in eine strenge Perspektivik. Ihre Hauptachse läuft von Peis Pyramide im Louvrehof über den kleinen Triumphbogen in die Tuileriengärten, den Concorde-Platz und die Champs-Élysées hinauf bis zum Arc de Triomphe. Da ist die Begrenzung durch die beiden Bögen, aber durch den Arc de Triomphe hindurch auch der Blick ins Unendliche des Himmels. Natürlich, so weiß man, ist dahinter auch noch Paris und etwa das fünf Métrostationen entfernte Hochhausviertel La Défense um den gigantischen Bogen von Speckelsens Arche – aber man sieht es nicht, wenn man am Concorde-Platz steht, man sieht nur Himmel. Wie wichtig den Mächtigen Frankreichs zwischen Napoleon und Mitterrand die Perspektive der Champs-Élysées war, lässt sich an Mitterrands Umgang mit dem »Arche«-Bauprojekt leicht ablesen. Der riesige Bogen in Form eines hohlen Würfels sollte die zentrale Achse nach Westen fortsetzen, den Arc de Triomphe zitieren und überbieten, ohne ihm Konkurrenz zu machen.

Mit einer urbanen, aber zutiefst politisch verstandenen Geste sollte verhindert werden, dass Paris sich einfach in die Vorstädte verläuft, dass die Metropole zum Rande hin nur noch kleinteiliger Zersiedlung in privaten Wohnbesitz oder dem Hochhausgigantismus privater Konzerne Raum gibt. Zugleich aber sollte dieser neue, eckige Bogen die traditionelle Perspektive der Champs-Élysées nicht schneiden. So etwas kann man mit Architekturmodellen sehr genau darstellen. Aber Mitterrand war die Frage so wichtig, dass er im Maßstab 1:1 sehen wollte, ob sich durch den neuen Bau die Perspektive verändern würde. Also wurde eigens ein gigantisches Holzmodell der oberen Querseite der neuen Arche angefertigt und mit über hundert Meter hinausreichenden Kränen in den Himmel gehalten, während Mitterrand mit seinem Hofstaat die Champs-Élysées hinaufging und sich versicherte, dass das Neue dem Alten keinen städtebaulichen Strich durchs Überkommene machte. Es machte nicht. Es konnte gebaut werden, wenn auch mit immer neuen Schwierigkeiten.

Die Querachse, die über die Place de la Concorde verläuft, ist weniger weitläufig, aber streng symmetrisch. Nach Süden verengt sich der Platz auf die gleichnamige Brücke zu, an deren Kopfende sich die Säulenkapitelle des Palais Bourbon erheben, in dem die Assemblée Nationale, das französische Parlament, seinen Ort hat. Nach Norden mündet er in die Rue Royale, die von der Madeleine abgeschlossen wird, ein klassizistischer Bau, unter Napoleon als Ruhmestempel der Grande Armée konzipiert und schließlich doch als Kirche genutzt. Symmetrie ist allgegenwärtig, auch auf dem Platz selbst: Die beiden monumentalen, gleichfalls säulenverzierten Gebäude am Eingang der Rue Royale, heute das Hotel Crillon und das Marine-Ministerium, beachten das Symmetriegebot ebenso wie die beiden Brunnen, die beiden Pferdestatuen von Marly am Eingang der Champs-Élysées und die großen Frauenstatuen, von denen kaum einer mehr weiß, dass sie die großen französischen Städte symbolisieren: Brest, Rouen, Lille, Straßburg, Lyon, Marseille, Bordeaux, Nantes. Der zentrale Obelisk, den Louis-Philippe 1831 als Geschenk von Ägypten erhielt, stammt aus dem Tempel von Ramses II. in Luxor. Auch wenn man das nicht weiß, wenn man sich nicht mehr vorstellen kann, dass der Transport Jahre dauerte und bei der Aufstellung, einer ingenieur-technischen Großtat der damaligen Zeit, 200 000 Schaulustige zugegen waren, so wird doch auch dem Unkundigen deutlich, dass hier symmetrische Ordnung herrscht, die sich über ägyptische, griechische und römische Zitate architektonisch an die Blütezeiten der Menschheit anschließen will.

Wer das Symbolische, das hier versteinert wurde, historisch aufzuschließen versteht, dem werden noch viele andere Linien sichtbar: Die Opposition zwischen Republik (Assemblée Nationale) und Kirche (Madeleine), zwischen Pariser Zentrum und französischer Peripherie, zwischen Kolonialmacht und Kolonien, zwischen aristokratischer Machtentfaltung und revolutionärem Terror: Wo sich die Statue erhebt, die Lille repräsentiert, da stand die Guillotine, unter der 1793 Ludwig XVI. und Marie-Antoinette enthauptet wurden, bevor dort auch die blutigen Köpfe Dantons und Robespierres in den Korb fielen.

An imperialen Gesten fehlt es dem Platz wirklich nicht, von dem die Champs-Élysées ausgehen, aber ich bezweifle, dass viele seiner heutigen Besucher ihn noch so wahrnehmen, wie Peter Weiss den Erzähler seiner *Ästhetik des Widerstands* den Ort und seine Perspektive

wahrnehmen lässt, als Triumph imperialer Machtvoll-
kommenheit. Empfunden werden hier wohl eher die
Schönheit, die Symmetrie, die historische Sättigung.
Der Grund dürfte sein, dass die Avenue den Besucher
einlädt, anlockt, statt ihn (sichtbar) auszuschließen. Ein
Teil der architektonischen Macht geht imaginär auf den
Besucher über, statt ihn zu überwältigen. Er ist auf den
Champs-Élysées gern gesehen und nicht, wie etwa auf
der Place Vendôme, ein Parvenü.

Der erste Teil der Champs-Élysées vermittelt noch
ein wenig von dem Sonntagsausflugsgefühl, das hier
die Bürger des 19. Jahrhunderts gehabt haben müssen.
Neben der Fahrbahn beiderseits eine Reihe Platanen,
ein breiter, bequemer, asphaltierter Fußgängerweg,
dann jeweils wieder zwei Baumreihen und daran an-
grenzend sorgfältig gepflegte Parkanlagen mit Spazier-
wegen, in die Pavillons eingelassen sind, die als Theater (Horvath wurde hier von einem Ast erschlagen)
oder Nobelrestaurants genutzt werden. Spielplätze und
Marionettentheater vermitteln Bilder behüteter Kind-
heit, Bänke laden zum Verweilen ein, kein Müll
schmutzt auf den Kieswegen. Die grün gestrichenen
Getränke- und Fastfoodbuden sehen aus, als stünden
sie seit der Belle Epoque hier, und selbst die öffentlichen Toiletten spielen das Spiel mit: Nirgendwo eine
dieser automatischen, engen, fensterlosen, selbstrei-
nigenden Hygienezellen aus Beton, die hundertfach
in Paris die kleine Not ebenso bedürftiger wie angesichts dieser Ungetüme banger Passanten verhöhnen,
sondern saubere, herkömmliche Toiletten, grün gestrichen auch sie. Man würde sich nicht wundern, hier
auch eines der seit 25 Jahren gänzlich aus dem Pariser
Stadtbild verschwundenen runden Pissoirs zu finden,
wo Männer stehend hinter den unteren Teil der Beine

aussparenden Sichtblenden ihre Notdurft verrichteten.

Der Eindruck beständiger Bürgerlichkeit, den der grüne Teil der Champs-Élysées macht, ist alles andere als naturwüchsig. Strenge Bauvorschriften noch für den kleinsten Kiosk, strenge Nutzungsvorschriften für den Park, strenge Überwachung durch Polizeipatrouillen und verstärkter Einsatz von Reinigungskommandos wirken jedem Ansatz von urbanem Wildwuchs entgegen, der woanders wie selbstverständlich geduldet wird. Die Champs-Élysées sind auch tabu für Straßenmusikanten und Pflastermaler, für Gaukler und Kartenleger, die in Paris vielerorts ihr Publikum wie ihr Einkommen suchen. Nirgendwo finden sich Tags. Was sich so natürlich gibt, ist Resultat einer museumspflegerischen Anstrengung.

Am nördlichen Rand der Grünanlagen liegen, vornehm zurückgezogen, zwei gut geschützte Hauptstandorte politischer Macht in Paris: die amerikanische Botschaft und der Elysée-Palast, Amtssitz des französischen Präsidenten. Man muss es wissen, um sie zu erkennen. Sonst signalisieren nur die permanent bereitstehenden Sperrgitter und die erhöhte Polizeipräsenz die Bedeutung der Gebäude. Die Polizisten bedeuten den Passanten nachdrücklich, dass es hier nichts zu sehen gibt; dafür habe man die Champs-Élysées. Macht will Diskretion oder Inszenierung.

Südlich der Avenue ziehen sich die Grünanlagen bis zur Seine. Sie werden dominiert vom Grand Palais und dem gegenüberliegenden Petit Palais, die man für die Weltausstellung im Jahr 1900 gebaut hatte. Wie der Eiffelturm sind es im Kern moderne Eisen-Glas-Konstruktionen, denen aber verspielte Steinfassaden vorgeblendet wurden, um sie dem historisierenden Zeitge-

schmack erträglich zu machen. Man hat darin ein Sinnbild der architektonischen Verlogenheit der Champs-
Élysées insgesamt sehen wollen, ein Vorwurf, der so
unbegründet nicht ist, aber, wenn er denn gelten soll,
dem Jugendstil insgesamt nicht zu ersparen wäre: Auch
die rankenden Métroeingänge Guimards, eines unserer
liebsten Bilder von Paris, versuchen angestrengt, den
Schrecken vor den neu gewonnenen technischen Mög-
lichkeiten ängstlich ins Natürlich-Florale zurückzulei-
ten. Der Grand Palais nahm einige der größten Pariser
Gemäldeausstellungen der letzten zwanzig Jahre auf.
Daneben bot er übrigens lange auch dem größten der
Pariser Germanistischen Institute ein Dach. Die Univer-
sitätseinrichtungen im Inneren nahmen sich architektonisch, gemessen an der äußeren Eleganz des Gebäudes,
durchaus bescheiden, ja geradezu improvisiert aus,
manche von den fensterlosen Hörsälen kontrastierten
seltsam mit der imposanten Glaskuppel des Gebäudes.
Wirklich gestört hat das kaum jemanden. In Paris ist
man daran gewöhnt, dass sich die Gegenwart in historischen Gebäuden einrichtet, und sei es auch proviso-
risch. Dem Ruf schadet das nicht. Im Gegenteil. Die
Gymnasien, die in alten Gebäuden untergebracht sind,
gelten meist mehr als die neu erbauten, und ebenso ver-
hält es sich mit den Universitäten. Das Alte beglaubigt
das Neue, statt sich vor ihm zu schämen.

So recht zum Boulevard werden die Champs-Élysées
erst am Rond-Point, dem wohl gepflegtesten der in ganz
Frankreich so beliebten Verkehrskreisel: Die Autos und
die Métroeingänge verschwinden streckenweise hinter
üppigen, ausladenden Grünanlagen, die breiten Straßen, die hier zusammenlaufen, sind von Bäumen gesäumt, die Häuser strahlen Reichtum aus. Eigentlich
heißt der Rond-Point heute nach Marcel Dassault, dem

ebenso erfolgreichen wie autoritären Flugzeugbauer. Aber kein Pariser nennt ihn »Place Marcel Dassault«. Auch der Platz um den Arc de Triomphe heißt nach wie vor »Etoile« und nicht »Charles de Gaulle«, und wenn man nach dem »Centre George Pompidou« fragt, dann darf man sich der Rückfrage sicher sein: »Zum Centre Beaubourg wollen Sie?« Stadtlandschaften sind sicherere Orientierungspunkte als Namenspatrone.

Dass die Champs-Élysées einmal Wohnstraße der Reichen war, ist nirgends so gut erfahrbar wie am Rond-Point. An der Ecke zur Avenue Montaigne steht immer noch das Hôtel der Gräfin de Lehon, daneben das ihres Liebhabers, des Grafen de Morny. Prousts Welt. Die adeligen Palais kaufte später Dassault, der hier seinen Geschäftssitz ansiedelte, bald auch die Redaktion einer von ihm übernommenen Zeitschrift. Der französische Fußballverband organisierte hier während der Weltmeisterschaft 1998 seine Empfänge. Das Stadion, in dem Frankreich die Weltmeisterschaft gewann, liegt draußen in Saint-Denis, aber der französische Glanz sucht immer noch die Nähe der Pariser Prachtstraße.

Um den Glanz dieser Prachtstraße stand es am Anfang der siebziger Jahre schlecht, weil sie Opfer ihres eigenen Erfolges wurde. Der Mechanismus ist auch von anderswo bekannt: Eine Lage ist gefragt. Eine Adresse an den Champs-Élysées unter dem Markennamen auf der Plastiktüte hat Werbewirkung, weil sie den billigen Pullover, der sich darin verbirgt, nachhaltig veredelt. So steigen die Ladenmieten. Die Luxusanbieter ziehen sich zurück, weil die Scheine der exklusiven Kundschaft am Ende weniger einbringen als die Münzen der Kaufhauskundschaft. Es ist so wie immer: Wo die Massen Zugang zum Exklusiven endlich gewonnen haben, ent-

puppt sich das Exklusive als entwertet. Die Werbepla-
kate wurden immer größer, die Firmenlogos leuchteten
immer schriller, der Müll aus den Fast-Food-Stationen
häufte sich immer höher, der Verkehr wurde immer
dichter, und die parkenden Autos drängten die Fußgänger beiseite. So beschloss man eine aufwendige Sa-
nierungsaktion. Man reglementierte die Werbeflächen;
man eliminierte die beiden Seitenalleen und schlug
sie den Bürgersteigen zu, während die vorher dort parkenden Autos in die Tiefgaragen verbannt wurden;
man pflanzte neue Bäume und vereinheitlichte das urbane Mobiliar, das sich nun durchgehend nach den
Entwürfen von Stararchitekt Jean-Michel Wilmotte
richten muss. Mut durfte dieser nicht entwickeln: Die
neuen Laternen, Papierkörbe, Bänke, Kioske tun so, als
stammten sie noch aus der Belle Epoque.

Die Bäume, im Sommer begrünt und im Winter be-
leuchtet mit Lichtergirlanden, die sich längst nicht mehr
an die Weihnachtszeit halten, geben den auf 22 Meter
verbreiterten Bürgersteigen nicht nur Weitläufigkeit,
sondern verhindern auch den Blick aufs Ganze der
Häuserfronten. So merkt man kaum, dass sie mit wenigen Ausnahmen recht banal sind, historisierende Impo-
nierfassaden zumeist. Der Blick fällt von Anfang an
dahin, wohin er fallen soll, auf die Schaufenster: Nr. 36,
GAP, eine amerikanische Bekleidungskette, daneben,
Nr. 44, Zara, eine spanische Bekleidungskette, weiter
oben Naf-Naf, Planet Hollywood und Morgan, gleichfalls Schaufenster internationaler Klamottenkonzerne.
Das Lifting der Avenue hat die Edelcouturiers nicht zu-
rücklocken können. Dann der Automobilhersteller Citroën, der ebenso wie Mercedes und Renault (auf der
anderen Seite) noch eine Niederlassung hier hat. Freilich drücken sich hier nicht mehr träumende Familien-

väter mit ihren Söhnen die Nasen an riesigen Glasscheiben platt, hinter denen unerreichbare Luxuswagen standen, wie das in den fünfziger und beginnenden sechziger Jahren war. Das Auto ist kein Luxusgegenstand mehr. Und so strömen die Menschen denn auch ohne die Scheu, die Luxusgeschäfte und Luxushotels bei nicht Zugehörigen gewöhnlich auslösen, hinein in die Automobilniederlassungen, deren Austellungsräume längst nicht mehr die Höhe von Kathedralen haben. Das Auto ist profanisiert. So kann Citroën mit einem lustigen Flusspferd werben, als ginge es hier um Kinderschokolade, und Mercedes ausgerechnet mit einem exklusiven Geländerad, das tatsächlich mehr Aufmerksamkeit erregt als die verwechselbaren Automobile. Die Herren der Flugzeuge, die eine Zeit lang die Träume auf sich zogen, die mit einer Adresse auf den Champs-Élysées beglaubigt wurden, haben hier gar nichts mehr zu gewinnen, und so sind ihre Firmensitze rar geworden.

Die Träume waren auf dieser Avenue über ein halbes Jahrhundert aus Blech und Zelluloid. Große Kinos gibt es nach wie vor auf den Champs-Élysées, Gaumont, UGC und einige andere. Die Filme sind zumeist amerikanische Massenware. Die Hoffnung, hier nach glänzenden Uraufführungen Stars aus der Nähe zu sehen, ist ans Fernsehen delegiert worden. Das exklusivste der verbliebenen Café/Restaurants auf den Champs-Élysées, das Fouquet's, wurde in letzter Sekunde durch die öffentliche Intervention prominenter Film- und Fernsehgrößen vor dem Verkauf und der Schließung bewahrt. In den bronzenen Boden seines Eingangsbereichs sind die Namen der Regisseure und Hauptdarsteller eingeprägt, die jährlich den wichtigsten französischen Filmpreis, den César, gewonnen haben. Ein Hauch von Hollywood, mehr nicht, wenn auch der neue Staatspräsident Nicolas Sarkozy hier am Wahlabend seinen Sieg gefeiert hat. Das Fouquet's ist jetzt ein »Monument historique« und als Denkmal geschützt. Das Alte muss hier mumifiziert werden, damit es überlebt.

Der Laden, der auf den Champs-Élysées die meisten Kunden haben dürfte, ist der Virgin-Megastore, ein Plattenladen in einer ehemaligen Bank, eingefügt in ein Gebäude aus den dreißiger Jahren. Hier ist der Pomp aus Marmor und roten Teppichen, der sich hinter diesen Fassaden verbirgt, für einmal öffentlich zugänglich – bis Mitternacht. Was Virgin für Tonträger, ist die FNAC für Bücher und Hi-Fi-Anlagen. Die FNAC ist seit kurzem auch auf den Champs-Élysées angesiedelt, wird aber deutlich weniger frequentiert als der Mega-Plattenladen. Musik hören alle, die die Champs-Élysées besuchen, Bücher, französische zumal, liest nur eine Minderheit.

Zwischen Virgin und FNAC steht ein Haus, das voll und ganz dem entspricht, was man sich unter den Champs-Élysées während der Belle Epoque vorstellen will: repräsentativ und verspielt, voller Ornamente, Arabesken, geschmückt mit filigranen Ranken aus kunstvoll gebogenem Schmiedeeisen. »Vuitton 1914« ist an einem Sims eingraviert. Vuitton, der französische Edelkürschner, hatte freilich in der Zeit der sichtbaren Vulgarisierung sein Geschäft auf den Champs-Élysées aufgegeben und sich in der Avenue Montaigne angesiedelt. Seit kurzem erst ist er in ein Gebäude Ecke Avenue George V. zurückgekehrt. In dem Haus mit der Signatur »Vuitton 1914« hat der Parfumhersteller Guerlain seit Jahrzehnten seinen Sitz. Hier scheint die Gleichsetzung von Tradition, Exklusivität des Markennamens und Exklusivität der Adresse einmal zu stimmen. Freilich ist es eine Ausnahme. Die Regel bestimmen auch hier gigantische Parfümerien wie die Ketten Sephora (mit einem weit zur Straße geöffneten, immensen Kaufhaus der Düfte) oder, weiter oben, Marionnaud. Wer hier Geschäfte machen will, muss in Mega-Dimensionen kalkulieren, selbst wenn es sich um Brillen handelt (Afflelou zum Beispiel).

Die FNAC ist in einem Gebäude untergebracht, das immer noch nach dem Luxushotel Claridge heißt. Es war hier das letzte seiner Art und hat längst aufgegeben. Der Luxus hat sich in die Nebenstraßen zurückgezogen. Das Plaza Athenée, im Besitz einer Holding aus Brunei, liegt in der Avenue Montaigne, das George V. in der gleichnamigen Straße. Sie gehören zu den sechs, sieben Luxushotels von Paris, deren Namen in der ganzen Welt bekannt sind. Ihre Kunden scheuen die Promiskuität der Hauptavenue, sie suchen geschützten, mit wirklichen und vor allem mit symbolischen Grenzen (Wagenknecht, Drehtür, Portier, luxuriöse, weitläufige Eingangshalle) eingefriedeten Raum. Die Hotelkette Marriott hingegen hat nicht den Ruf von Einmaligkeit und Exklusivität. Um ihn für ihre weltweiten Filialen zu borgen, hat sie sich jüngst im Guerlain-Haus angesiedelt. Für ihre Kunden macht eine Adresse auf den Champs-Élysées noch was her. Wirklichen Luxus gibt es auf den Champs-Élysées nur noch vereinzelt. Die Schuhgeschäfte von Jourdan und vor allem von Weston, mit der französische Herren aus besseren Kreisen gern dezent ihren Geschmack und ihre Wohlhäbigkeit zeigen, gehören dazu.

Die Champs-Élysées sind aber auch ein vom Luxus verlassener Ort mit großer Vergangenheit, der heutige Massenware nobilitiert, was sich auf anderer Ebene im Lido studieren lässt, dem wohl tristesten, gewiss aber am wenigsten erotischen Etablissement des ganzen Arrondissements. Hier wird garantiert clean und jugendfrei in täglich zwei Vorstellungen vor circa 500 000 Zuschauern pro Jahr Paris als Stadt der verführerischen Frauen und der erotischen Libertinage inszeniert. Woher dieser Ruf kommt, weiß niemand so genau. Aus der heutigen Wirklichkeit gewiss nicht. Die Sitten sind in Paris nicht lockerer als in London oder Hamburg. Irgendwann im 17. Jahrhundert, als die Frauen der Aristokratie – und nur sie – hier eine im Abendland beispiellose Freiheit genossen, muss er entstanden und dann über die Huren des Palais Royal, über die Cancan-Tänzerinnen des Moulin Rouge, von denen Professor Unrat und seine Kollegen in der Ferne träumten, über Irma la Douce bis auf die meist schon etwas älteren Herrschaften beiderlei Geschlechts wie aller Länder getragen worden sein, die hier zwischen 125 und 150 Euro für eine sterile Show bezahlen, deren Höhepunkt darin besteht, dass barbusige Plastikschönheiten große Straußenfedern mit den Pobacken schütteln. Dazu gibt es ein Menü, das aus gutem Grund im Halbdunkel serviert wird, entweder mit »Chäbblis« oder »Champain«. Verantwortlich dafür zeichnet Paul Bocuse, der weltweit immer noch berühmteste Küchenchef, der schon vor mehr als dreißig Jahren seinen Ruf als Neuerer kaum verdiente, damals aber jedenfalls noch ab und zu am Herd stand. Ein tief verwurzelter Mythos und ein großer Markenname – so funktionieren die Champs-Élysées, gleich, was dann auf den Teller kommt. Oder auf den Ladentisch.

Von dieser Regel sind selbst die Luxusläden der Modeschöpfer im »Goldenen Dreieck« nicht ganz ausgenommen, deren Insignien (und Preise) doch die Exklusivität versprechen, die die Champs-Élysées nicht halten. In Wahrheit leben diese Läden nicht davon, dass

*Wo die Guillotine stand: Place de la Concorde mit Blick
auf die Madeleine*

frisch verliebte amerikanische Millionäre ihre pretty
women hier mit einem Modellkleid von Dior oder
Saint-Laurent beglücken. Haute Couture im engeren
Sinne macht bei allen bekannten Modehäusern nur
noch einige Promille des Gesamtumsatzes aus. Der Rest
ist Prêt-à-porter-Mode, bei der Häuser wie Ralph Lau-

ren, Calvin Klein, Gucci, Prada, Escada, Armani oder
Versace den Franzosen den Rang abgelaufen haben; außerdem das Markenparfum und vor allem die Lizenz-
gebühren aus dem Imagetransfer: Krawatten, Schals,
Handschuhe, Handtaschen, Brillen, Uhren, Schreib-
werkzeuge, Feuerzeuge, deren Wert durch den Aufdruck von Siglen großer Couturiers wundersam gestei-
gert wird. Auch wer noch unter eigener Regie produ-
ziert wie Gaultier oder Montana, lässt zumeist in Italien
herstellen. Die Markennamen überragen alles, auch die
Tragbarkeit der Modekreation. Was auf den Laufstegen
zweimal im Jahr gezeigt wird, hat mit praktischen oder
repäsentativen Bedürfnissen der Kundinnen, die sich so
etwas leisten könnten, kaum mehr etwas zu tun. Man
zielt auf den Schockeffekt, der den Namen des Desig-
ners und vor allem den des Hauses, das ihn angestellt
hat, in den Magazinen auftauchen lässt, die zu jeder
Saison 2 500 Modejournalisten und Photographen nach
Paris schicken. Auf diese Weise sind Rüpel wie John
Galliano oder Alexander McQueen an die Spitze von
Häusern wie Dior und Givenchy gelangt. Die gehören
natürlich nicht mehr den Herren Dior, Givenchy oder
ihren Erben, sondern sind Teil der Finanzgruppe Louis
Vuitton-Moët-Hennessy (LVMH), die von Bernard
Arnault geleitet wird, der ursprünglich aus dem Fertig-
hausbau kommt. Die LVMH-Gruppe besitzt auch ex-
klusive Champagnermarken wie Pommery und Veuve
Cliquot sowie mit dem Weingut Château Yquem den
teuersten Weißwein der Welt. Fast sieben Milliarden
Euro setzt sie im Jahr um. Der Aktienanteil von zwanzig
Prozent am italienischen Modehaus Gucci, den Arnault
1999 für neun Milliarden Francs gekauft hat, konnte
er zwei Jahre später mit fünf Milliarden Francs Gewinn an François Pinault weiterverkaufen, der zwei

große Kaufhausketten sein Eigen nennt. Angesichts solcher Zahlen sind die Modeboutiquen mit den klingenden Haute-Couture-Namen in der Avenue Montaigne nichts als höchst bescheidene und steuerlich absetzbare Aushängeschilder mächtiger Luxuskonzerne, die uns versichern, dass Dior noch Dior ist und in Paris einen Laden hat.

Die Mode gehört zu Frankreich wie die Champs-Élysées zu Paris. Auf keinem anderen Gebiet, die Küche vielleicht ausgenommen, war sich Frankreich so lange seiner Sonderstellung so sicher wie auf diesem Gebiet. Der Erfolg ausländischer Marken auf einer der ureigensten französischen Domänen hat die französischen Edelschneider einer Konkurrenz ausgesetzt, gegen die der Hinweis auf vergangene Verdienste wenig verschlug. Böse Zungen und böse Federn (unter anderem in *Le Monde*) verglichen die Modestars der französischen Vergangenheit mit entfernten Sternen, die schon erloschen sind, uns aber immer noch leuchten. Die Globalisierung der Konkurrenz betrifft aber nicht nur die ökonomische Seite, sondern auch die kreative. Der am höchsten gehandelte Modeschöpfer der Gegenwart ist mit Tom Ford ein Amerikaner, die Saint Martin's School in London, das Fashion Institute of Technology in New York oder selbst die Modehochschule von Antwerpen gelten als innovativer als die französischen, die, starr und zünftig organisiert nach dem Prinzip nationalen Wettbewerbs, sich nach außen öffnen und ihre Studenten auf Wanderschaft schicken müssen. Wie die französischen Hohen Schulen auf allen Gebieten.

Luxus, Mode, Schönheit – das ungefähr dürfte im Zentrum des Begehrens der Besucher der Champs-Élysées stehen, der französischen wie der ausländischen. Was

sie vor allem dort antreffen, sind – andere Besucher, die
Luxus, Mode und Schönheit suchen. Viele andere Besucher. So viele, dass sie als andere gar nicht mehr
wahrgenommen werden können. Das, was für Baudelaire noch das Signum des historisch Neuen trug, die
anonyme, flüchtige Begegnung auf dem Boulevard, ist
zu einer Selbstverständlichkeit geworden, die um den
Preis der Abstumpfung alles Schockartige verloren hat.
Es ist uns kaum mehr vorstellbar, dass bis zum Ende
des 19. Jahrhunderts – von Kriegszeiten abgesehen – die
große Mehrheit der Menschen lebenslang keinem Unbekannten begegnete. Für deutsche Großstädte galt das
noch länger als für Paris. Das »vorbei, verweht, nie wieder« aus Tucholskys Gedicht »Augen in der Großstadt«
artikuliert eine Erfahrung, die in Deutschland erst im
20. Jahrhundert zu machen war.

Sie ist die Erfahrung eines Flaneurs, dieser jenseits von Wünschen, Fürchten und Hoffen ganz zum
Schauen gewordenen Figur des Fin de siècle und der
ersten Zwischenkriegszeit, die Distanz hält zu Menschen und Waren und Sinnangeboten. An diesem sonnigen Septemberfreitag, von dem die Rede schon war,
hätte ein Flaneur keine Chance gehabt. Die Offenheit
für Sinneseindrücke, die er braucht, wäre nach ein paar
Schritten verstopft worden von überwältigend vielen
Eindrücken. Die kleine Distanz, die er auch in der
Menge braucht, wäre immer wieder eingezogen worden, bevor das zufällige Hinschauen ein Objekt, ein Ereignis hätte aufnehmen können. Die Geschwindigkeit,
die Flüchtigkeit, die Massenhaftigkeit, die der Flaneur
auf den Boulevards als Zeichen einer neuen Zeit beobachten kann, während er sich selbst langsam und als
Einzelner fortbewegt, schleifen den heutigen Beobach-
ter unvermeidlich in ihrem Tempo mit. Was er regist-

riert, ist kein Unikat mehr, so wenig wie irgendeine Ware hier noch Unikat ist. Vor zwanzig Jahren noch konnte man hier Dinge erstehen, die erst eine Saison später auf der Leopoldstraße, der Goethestraße oder der Kö zu haben waren, zwölf Monate später in Wanne-Eickel und eine weitere Ewigkeit später in Kelze. Heute kann man Avantgardemode im Moment ihrer Präsentation überall auf der Welt auf dem Bildschirm sehen, den Schnitt am nächsten Tag aus dem Internet abrufen und eine geklonte Version einen Monat später in Wanne-Eickel kaufen. So wie die photographierenden Touristen auf den Champs-Élysées ihre – natürlich enttäuschenden – Digitalbilder sofort ansehen können. Dass sie später beim Dia-Abend niemand wird sehen mögen, ist ein anderes Problem ästhetischer Natur, das technologische Innovationen zwar zu bewegen, nicht aber zu lösen verstehen. Jedenfalls wäre es um ein Geringes möglich, die Champs-Élysées-Optik eines – sagen wir, der Entfernung wegen – neuseeländischen Besuchers simultan in die entfernteste Ecke der runden Erde zu übertragen. Warum, warum nur würde es dort niemand simultan sehen wollen?

Es gibt in Paris ein klassisches Rezept gegen das Fortgespültwerden in der Woge der Passanten: Man setzt sich auf die Terrasse eines Cafés. Sie sind zum Beobachten geschaffen, ausgerichtet auf die Straße, in Etagen gestaffelt wie der Zuschauerraum eines Theaters. Hält man auf den Champs-Élysées nach einem solchen klassischen Café Ausschau, hat man auf der Avenue, die als Inbegriff französischer Lebensart gilt, größte Mühe, ein normales Café zu finden, das bekanntlich auch als Inbegriff französischer Lebensart gilt. Eigentlich entspricht nur das Fouquet's einigermaßen der Erwartung. Aber auch da ist die Terrasse abgegrenzt, wenn auch mit hübschen grünen Büschen. Nirgendwo gehen Caféterrasse und Straße ineinander über. Es ist, als müssten sich die Cafés gegen den Strom der Passanten eindeichen. Außerdem kostet der kleine Kaffee im Fouquet's fünf Euro. Ich setze mich schließlich in den Glaskasten, den die Restaurantkette Bistro Romain auf den Bürgersteig bauen durfte. Die Aussicht ist exzellent, zumal die Verengung des Passantenflusses, die meine gläserne Aussichtsposition bewirkt, das Geschehen auf dem Bürgersteig verlangsamt.

Dass ich ein Café suchte und schließlich ein durchgehend geöffnetes Restaurant fand, ist nicht zufällig. Nicht nur deshalb, weil die Zahl der Cafés und Bistros in Frankreich immer weiter abnimmt. Nein, hier sind die Mieten zu teuer, um mit Gästen, die sich an einem Kaffee (und koste er fünf Euro) oder einem Glas Rotwein stundenlang festhalten, ein Geschäft machen zu können. Geschäfte macht man hingegen mit Schnellrestauration. Die Champs-Élysées sind heute das Paradies der Schnellimbisse und Fast-Food-Restos, die man mit harten Bauauflagen dazu gezwungen hat, nicht allzu sehr wie Schnellimbisse und Fast-Food-Restos auszusehen. Am Sandwich-Café, an einem Quick, einem Brioche Dorée, an einem McDo (mit bemerkenswert kleiner Leuchtreklame im ehemaligen Claridge), einem Paul und noch einem Quick bin ich vorübergegangen, bevor ich hier im Bistro Romain einkehrte – alles Ketten mit straffer Organisation, standardisiertem Look und standardisiertem Angebot, von 8 bis 24 Uhr geöffnet. Weiter oben setzt sich die Reihe der Ketten fort, auf der anderen Straßenseite ist sie nicht ganz so dicht.

Die Champs-Élysées zeigen mit der Häufung der Fast-Food-Ketten, die keineswegs nur von Ausländern in Anspruch genommen werden, auf besonders krasse Weise eine Revolution im französischen Alltag an: Noch vor zehn, fünfzehn Jahren galt die Regel, dass ein einigermaßen anständiger Mensch drei Mal zu festgelegten Zeiten isst und sonst nicht: zum Frühstück ein Milchkaffee mit Baguette oder Croissant, mittags und abends ein dreigängiges Menü, eingenommen entweder zu Hause, in der Kantine oder im Restaurant. Das galt für alle Schichten, wenn auch nicht in allen Schichten das Gleiche auf den Tisch kam. Millionen Touristen haben sich darüber gewundert und darüber geärgert, dass es in Frankreich als unschicklich, ja unmöglich galt, zu Mittag im Restaurant nur eine Vorspeise zu bestellen. Am Nachmittag einen kleinen Hunger zu stillen, war schwierig. Ein Automat mit gesalzenen Erdnüssen und ein Ständer mit hartgekochten Eiern blieb über lange Zeit das einzige Zugeständnis, das man in den Cafés der gastronomischen Regellosigkeit machte.

Zwanzig Jahre haben genügt, um eine in ihrer Grundstruktur Jahrhunderte alte Ordnung der Nahrungsaufnahme auch in den französischen Städten zusammenbrechen zu lassen. Könnte man einen der Habitués der Boulevards des 19. Jahrhunderts von den Toten erwecken und nach seinen Eindrücken von den heutigen Champs-Élysées fragen, so würde er wohl zuerst darüber staunen, dass da Tausende die Bürgersteige auf- und abgehen, während sie sich dicke Fleischklopse oder ganze Baguettes in den Mund schieben und dazu – damit es rutscht – mit Strohhalmen süßes Gesöff aus Plastikbechern saugen. Keine Lust duldet mehr Aufschub, kaum eine Tätigkeit verlangt mehr nach Intimität.

Staunen würde er wohl auch über die ungeheure optische Vielfalt, die ihm die Champs-Élysées an unserem

Glaskasten vorbeitreiben würde: Eine Gruppe von Jugendlichen mit Sneakers, Sporthosen, bunten T-Shirts, verkehrt herum aufgesetzten Baseballkappen. Eine weitere mit Jeans, deren Hosenboden auf Kniehöhe hängt; Japaner mit Strohhut; eine alte Frau am Stock; Familien mit Rucksack, knielangen Hosen und offenen Sandalen aus dem Material, aus dem man heute auch Hundeleinen macht; Schwarzafrikaner mit blond gefärbten Haarspitzen und eisenbeschlagenen Dockerschuhen; ein Mittfünfziger im Tennisdress ohne Tennisschläger; ein Vierzigjähriger mit haarigen Unterschenkeln auf Rollschuhen, Baseballkappe und einem Telephon am Ohr; Touristen, die widerstrebende Koffer auf Rollen hinter sich herziehen; ältere Herren mit dem Gesicht pensionierter Finanzbeamter in Safariwesten; Touristen mit nacktem Oberkörper, Goldkettchen und blauen Badeschlappen; eine füllige, weiß lachende Afrikanerin, die sich ihren Säugling vor den Bauch gebunden hat; elegante Asiatinnen mit weißen Leinenkleidern und roten Schuhen; Männer mit Kopftüchern, aber keiner mit Hut; ein schicker Schwuler mit Legionärsschnitt und Hollandrad; furchtsam geballte Reisegruppen sächsischer Rentner, die sich fragen, warum sie damals hinter der Mauer ausgerechnet von den Champs-Élysées geträumt haben …

Es geht zu schnell, um die Zeichen zu entziffern, die die Passanten aussenden, viel zu schnell, um sich Biografien auszudenken, die zu ihnen passen könnten. Man kann allenfalls diejenigen verorten, deren kulturellen Code man aus der Nähe erfahren hat, deutsche Studienräte etwa mit weißen Socken in den Sandalen und einem Reiseführer in der Hand. Worüber hätte mein Wiedergänger aus dem Fin de siècle wohl am meisten gestaunt? Vielleicht über die Vielfarbigkeit der Gesichter. Weiß, braun, gelb in allen Abstufungen. Kein Eskimo, kein Indianer allerdings (vielleicht habe ich sie übersehen). Die Liegenschaften an den Champs-Élysées mögen weitgehend in weißer Hand sein, die Straße ist es nicht. Der Tourismus einerseits und die Zuwanderung aus Asien, Nord- und Schwarzafrika andererseits haben zusammen dazu geführt, dass Menschen, die vor hundert Jahren als so exotisch empfunden wurden, dass man sie gegen Geld ausstellte, keinen neugierigen Blick mehr auf sich ziehen.

Von der Vielfarbigkeit auf eine multikulturelle Mischung zu schließen, wäre freilich gewagt. Bei aller vestimentären Vielfalt fällt auf, dass keine der afrikanischen Frauen hier die bunten Kleider, die Wax, trägt, die viele von ihnen im Viertel der Goutte d'Or oder in Belleville tragen. Man sieht keine Nordafrikaner im Burnus, keine schwarz verschleierte Iranerin, keine Araberin mit dem Tschador. All das gibt es tausendfach in Paris, aber hier nicht. Wer allein auf die Champs-Élysées geht, ist kein Fundamentalist. Man kann es auch so sehen: Diese Avenue kauft allen ihren Schneid ab, selbst jenem Schwarzen mit den eleganten, kraftvoll federnden Schritten, dem man zutraut, dass er aus dem Stand zwei Meter hoch springen könnte.

Dennoch ist die Vielfalt der Kleidungsstücke und Kleidungsstile nicht nur Schein. Unter diesen zigtausenden von Menschen ist keiner so gekleidet wie ein anderer. Trotz textiler Massenfabrikation – oder vielleicht wegen ihr – hat sich geradezu explosionsartig eine Vielfalt entwickelt, die noch in der ersten Jahrhunderthälfte undenkbar war, als man entweder in den Blaumann oder den Straßenanzug mit weißem Hemd und Schlips geboren wurde. Was vorher nur Gott oder der Natur gelang, jedem Menschen ein anderes Aussehen zu geben, das schaffen heute die Individuen mit ihrer Kleidung selbst. Da zumindest gelingt die Individualisierung. Ob's der Schönheit zuträglich ist, darf gefragt werden. Aber was ist schön unter den Bedingungen solch machtvoller Selbstschöpfung?

Wer Bourdieus Klassiker über die »kleinen Unterschiede« gelesen hat, der wird einwenden, dass die Individualisierung nur Schein sei, weil sie unausweichlich kulturellen Codes unterliegt, die die Scheidung in Dominierte und Dominierende, in Arme und Reiche, in Vorstädter und Haupstädter subtil restituiere. Der Einwand übersieht, dass das System kultureller Zeichen nur in seiner Gesamtheit überblickbar bleibt, solange es nicht extrem ausdifferenziert ist. Ist es das, werden im Allgemeinen nur noch die Zeichen gelesen und verstanden, die innerhalb des eigenen Systems funktionieren oder von unmittelbar benachbarten abgrenzen. Der Weston-Käufer verwechselt seine Schuhe nicht mit den billigen Nachbauten, die eine geklebte, statt einer genähten Sohle haben. Seine Frau kann Prada-Sportschuhe auch ohne den roten Streifen von André-Sonderangeboten unterscheiden. Aber sie wissen schon nicht mehr, was es bedeutet, dass ihre Tochter die einschlägigen Läden nach alten Adidas-Turnschuhen mit grünen Streifen absucht, wo ihr doch hunderte von neuen Modellen zur bequemen Auswahl stehen. Was sollten sie denn über die Bedeutung eines Nokia-Handys in Gennevilliers oder eines blauen Trikots mit der Nummer 9 in Clignancourt wissen? Auf den Champs-Élysées stoßen so viel Zeichensysteme zusammen, dass keiner mehr alle verstehen kann.

Die Champs-Élysées kommerzialisieren einen Mythos, sie täuschen, wo sich nur mit Ertrag täuschen lässt, aber sie wären tot, wenn da nicht doch mehr wäre als nur Täuschung. Das Volk, sagt Tucholsky, ist dumm, aber gerissen. Es gilt wohl für das Volk aller Völker, die hier vertreten sind. Aufschlussreich ist der Versuch, die Internationalisierung und die Individuierung, die hier statt haben, zu verstehen. Ihren auffälligsten Zug bringt die Sonne an den Tag, vor allem wenn sie ordentlich wärmt: die Ablehnung von Kleidungszwängen, von Unbequemlichkeit. Sandalen, und seien sie aus Hundeleinen, von Nike oder nicht, sind praktisch und bequem. Turnschuhe sind bequemer als Straßenschuhe, und seien sie von Weston. Wer die Unbequemlichkeit auf sich nimmt, ihre Schnürsenkel zu binden, gilt unter Jugendlichen als »out«. Sind Badeschlappen nicht billig und pflegeleicht? Warum sollen Männerbeine, nur weil sie behaart sind, im Sommer das Licht scheuen? Ist weit im Schritt nicht bequemer als eng im Schritt? Sind Safariwesten nicht praktisch für's Kleingeld und die Filmpatronen? Sind Plastikrucksäcke nicht leichter zu tragen als Aktentaschen von Hermes? Tun es ungebügelte Unterhemden nicht ebenso gut wie gestärkte Kragen? Lassen sich Koffer auf Rollen nicht leichter transportieren? Kommt man, wenn man es denn beherrscht, auf Rollen nicht schneller voran als auf den schnellsten Sohlen? Wer sagt, dass man Tenniskleidung nur auf dem Tenniscourt und Fußballertrikots nur auf dem grünen Rasen und Sporthosen mit seitlichen Druckköpfen über den drei Streifen nur beim Hochsprung tragen sollte?

Der Kleidungsstil der Erwachsenen wird dabei immer mehr von den Jugendlichen bestimmt. Sind Radlerhosen nicht auch für Großmütter bequem? Schützen Baseballkappen nicht ergraute Häupter ebenso wirkungsvoll wie jugendliche Glatzen? Ich habe über anderthalb Stunden in meinem Glaskasten eben mal acht (!) Männer im korrekten Anzug mit Schlips und Kragen registriert, 17 mit dem, was meine Mutter früher »ordentliche« Schuhe nannte. Zum Winter hin mag sich das Bild modifizieren, aber jedenfalls bilden sie heute eine kleine, radikale Minderheit auf den Champs-Élysées, wo die schwarzen Türhüter mit ihren grauen Anzügen und sorgfältig geknüpften Krawattenknoten die wohl am besten gekleidete von den sichtbaren Berufsgruppen sein dürften.

Bei den Frauen sieht es kaum anders aus, wenn sie denn überhaupt anders gekleidet sind als die Männer. Die Verwischung der Geschlechtergrenzen, mit der Yves Saint-Laurent vor zwanzig Jahren noch Furore machen konnte, ist allgemein geworden. Turnschuhe sind geschlechtslos. Die Pariserin im Tailleur von Chanel gibt es nicht mehr, hier jedenfalls nicht. Jene Frauen, die so lange für ihren Ruf litten, unvergleichlich elegant zu sein, sieht man heute kaum noch. Der feminine Heroismus, der darin besteht, in modischer, aber ebenso unbequemer wie unzweckmäßiger Kleidung vor die Augen der Welt zu treten, verliert sich. Immerhin: Die spitzen, zur Ferse hin offenen Schuhe auf Pfennigabsätzen, die in diesem Sommer Mode sind, sublimieren die gängigen offenen Badeschlappen zu einem ästhetischen Ereignis; die kleinen, elegant geschwenkten Handtäschchen bilden einen koketten Kontrapunkt zum Rucksack. Die durchsichtigen Überkleider, durch die man doch nichts sieht, wissen noch etwas vom subtilen Spiel des verhüllenden Zeigens und zeigenden Verhüllens. Aber das Wissen geht verloren und damit das Spiel. Die Bäuche, die man in diesem Sommer zeigen (und sehen) muss, wissen von nichts. Die Jeans enden einen Daumen breit über dem Schamhaar, dann ein Unterhosenbund, auf dem, als diese Mode begann, »Calvin Klein«

74

stehen musste, wo es jetzt aber auch ein rosa geblümter Liebestöter von Tati tut, dann kommt Bauch, der keiner sein darf, und erst viel, viel später ein Unterhemd, aus dem breite, angegraute Büstenhalterträger herausführen – »das trägt man auf den Champs-Élysées in diesem Jahr«, werden die deutschen Schülerinnen auf Klassenfahrt, die hier ihr Eis lutschen, ihren Freundinnen zu Haus erzählen. »Wie bei uns.« Ja, wie bei uns in Osterholz-Scharmbeck. Der flüchtige, erotisch hoch aufgeladene Moment, der sich unverhofft ergab, wenn die nackte Taille einer Verkäuferin, die sich nach der Tasche im obersten Regal reckte, für einen Moment unter dem Pullover zum Vorschein kam, die erotische Phantasie, die noch das intensivste Gespräch zwischen Mann und Weib durchkreuzte, wenn ein schmaler Spitzenträger sich wie zufällig unter einer Bluse zeigte, bevor er mit einer hundertfach geübten Geste gespielter Scham zurückgeschoben wurde – derlei erotische Subtilitäten gelten nicht mehr viel gegenüber den nackten Tatsachen. So hat sich Heine die Emanzipation des Fleisches wohl kaum vorgestellt.

Der Prozess der Zivilisation, wie ihn Norbert Elias beschreibt, ein Prozess, in dem sich die Schamgrenzen immer weiter verfeinern und verengen, scheint sich umgekehrt zu haben, auch hier. Das unterste wird zuoberst gekehrt und ist doch nur eine Unterhose. Wie Frankreich auf kulinarischem Gebiet über zwanzig Jahre der Fast-Food-Kultur Widerstand leistete, um ihr schließlich doch anheim zu fallen, so sind dort jüngst auch lange Zeit sorgfältig gehütete Grenzen der Intimität gefallen. Ein Zeichen dafür war der überraschende Fernseherfolg von »Loft-Story«, der französischen Variante der holländischen Reality-Show, bei der Fernsehkameras rund um die Uhr sorgfältig ausgewählte, miteinander eingesperrte Kandidaten bei der Selbstentblößung und Selbsteliminierung beobachten. Die »Tyrannei der Intimität«, die Richard Sennet schon 1976 für die USA konstatierte, verbreitet sich auch in dem Land, dem die Welt den gesetzlichen Schutz der Intimität verdankt. Wer darin noch ein Merkmal der Emanzipation sehen will, denkt nach einem historisch längst überholten Schema: Wenn früher die adelige Oberschicht selbstbewusst und öffentlich ein libertäres Leben führte, während das Bürgertum und das Volk den Schutz der Intimsphäre reklamierten, so zeigt heute das Volk die Unterwäsche, und die Oberschicht sucht sich hinter dem Paravent zu verbergen.

Übrigens bedeutet der massive Exhibitionismus keineswegs, was er doch unzweideutig auszudrücken scheint, so wenig wie das »Baise-moi« auf den T-Shirts beim Wort zu nehmen ist. Man braucht nur einen Augenblick zu lang mit dem Schimmer des Begehrens auf einen nackten Bauch zu schauen, dann wird der Hosenbund (erfolglos) nach oben gefingert, das T-Shirt gerichtet, werden die Arme über der Brust gekreuzt. »Das hat meine Emilia nicht wollen«, sagt Mutter Galotti, und ihre exhibitionistischen späten Töchter wollen es, wenn es hart auf hart zu gehen scheint, immer noch nicht gewollt haben wollen. Die so demonstrativ preisgegebene Intimität wird defensiv zurückverlangt, notfalls über die Frauenbeauftragte. Gerade die Machtlosen haben auch die Macht preisgegeben, die ihnen eine Jugend lang wenigstens die Natur verlieh, die Macht der Verführung.

Jemand, der sich noch in den Konfirmationsanzug zwängen musste, um fünfzehnjährig im Kasseler Theater Millers *Tod eines Handlungsreisenden* zu sehen, wird angesichts der gigantischen vestimentären Deregulierung, die sich hier zusammen mit der Deregulierung der Essgewohnheiten zeigt, nicht eilfertig in kulturkritische Bocksgesänge ausbrechen. Er wird sich freilich fragen, ob die realen Gewinne an Bequemlichkeit und Individualisierung nicht letztlich teuer bezahlt werden. Nicht von denjenigen, die hier in den Ferien Strandleben spielen, statt sich der zweifelhaften Mühe zu unterziehen, den Strand unter dem Pflaster zu suchen. Sie lassen sich zu Hause leicht wieder von der Ordnung zur Ordnung rufen, in der sie längst einen Platz haben. Aber von den Jugendlichen aller Hautfarben, die hier sind, weil sie anderswo keinen Platz haben, an dem sie sein möchten. Und keinen in Aussicht. Sie empfinden hier eine Freiheit nicht nur von Kleidungsnormen, die sie suchen und die ihnen doch nur vorenthält, was sie, hin- und hergeworfen von einer Woge transnationaler Mobilität, in der sie nur Treibholz sind, am dringendsten brauchen: Orientierungsangebote, die Fähigkeit, Wünsche auch über den nächsten Schnellimbiss hinaus aufzuschieben, und vor allem die Fähigkeit, sich selbst nach eigenen Kriterien Grenzen zu setzten. Schlipse helfen dabei nicht, Konventionen schon. Die aber sind in all ihrer Fragwürdigkeit vor allem bei denen noch intakt, die sie am wenigsten nötig haben: bei den Jugendlichen aus dem Pariser Bürgertum. Man sieht sie hier kaum. Sie haben zu dieser Zeit anderes zu tun. Sie kommen allenfalls nachts mit der Platincard hierher und nehmen strichweise auch optisch wieder in Besitz, was ihnen historisch gehört. Im Bound, im Cabaret, im Libre Sens, in der Buddha Bar, in der renovierten Bar des Plaza Athenée trifft man sie, gern auch zum Apéritif im Atelier Renault – damit wird ein Name in Besitz genommen, der früher einmal nicht nur eine Automarke, sondern eine Hochburg der französischen Arbeiterbewegung bezeichnete. Aber das ist schon eine Zeit lang her. Da produzierte Renault noch ein paar Kilometer von hier entfernt auf der nun geräumten Ile Seguin. Ein Museum für zeitgenössische Kunst soll jetzt dort entstehen.

Ohne Kenntnis von Grenzen kann man sie nicht unterlaufen und nicht verschieben, sondern am Ende nur erleiden. Selbst die ästhetische Innovation, die in der vestimentären Individuierung steckt, wird belanglos, wenn alles gleich gültig ist, gleichgültig. Der Dandy der Pariser Boulevards des 19. Jahrhunderts kennt die Regeln seiner Gesellschaft, und er kennt besser als die anderen die Regeln der Gesellschaft, die da kommen wird. Seine anstrengende Selbstinszenierung arbeitet ihr hoffnungslos entgegen. Die ästhetische Inszenierung der jugendlichen Clans auf den Champs-Élysées von heute, wenn sie nicht einfach nur Unterwerfung unter einen Clan ist, nutzt eine Freiheit, die gar nicht um sich weiß. Gratis ist sie trotzdem nicht. Warum sollte gerade die hier gratis sein, wo doch alles etwas kostet?

Die Champs-Élysées laden ein zum Sich-Verlieren und führen dann oben, am Etoile, auch wieder hinaus aus dem Dschungel der Markennamen, aus der Verwechselbarkeit überhaupt. Am Triumphbogen, der Autos wegen nur unterirdisch erreichbar. Zwölf Avenuen laufen hier, Haussmann immer noch zu Willen, in einem einmaligen Stern zusammen. Aber Gesten des Triumphs haben es schwer in unserer Zeit. »Ein Glück, dass ich hier nicht selbst fahren muß«, sagt die Dame neben mir zu ihrer Nachbarin. »Die Aussicht vom Eiffelturm war besser, man steht höher«, lautete die unwidersprochene Antwort. »Eine halbe Stunde ist doch ein bisschen zu lang für dieses Ding. Für Lady Di bleiben uns nur zehn Minuten.« Lady Di hat sich, wenn sie denn je etwas entscheiden durfte, für ein Nachleben in Paris entschieden. Ihre letzte Fahrt ging durch einen Tunnel an der Alma-Brücke und endete am dreizehnten der unterirdischen Pfeiler, in jeder Weise ungeeignet als Erinnerungsort. Zu ihrem Erinnerungsort wurde jene gülden glänzende Flamme *über* dem Tunnel, auf der Place d'Alma, die die Zeitung *Herald Tribune* 1987 anlässlich ihres hundertjährigen Erscheinens in Frankreich der Stadt Paris stiftete. Sie soll eine originalgetreue Nachbildung der Flamme der New Yorker Freiheitsstatue sein und tragt den Namen der »Flamme der Freiheit«. Jeden Tag werden dort ohne alle Zeremonie Kränze niedergelegt. Oder Blumen, auch einzelne, auch aus Stoff. »Diana for her love to humanity«. Wer will, der kann auch lesen, dass sie an dieser Liebe gestorben ist, gemeuchelt von Minenherstellern. Die Menschen, die ergriffen vor dem Denkmal stehen, das nicht als ihr Denkmal gedacht war, kommen meist mit Bussen und haben vorher die Champs-Élysées besichtigt, den Arc de Triomphe und das Grab des Unbekannten Sodaten. Sie wissen nicht, dass die Place de l'Alma an der südlichen Spitze des Goldenen Dreiecks aus Champs-Élysées, Avenue Montaigne und Avenue George V. liegt.

La Goutte d'Or.
Ort aller Probleme von Paris?

Keiner meiner Pariser Freunde kennt die Goutte d'Or, keiner wohnt dort. Obwohl die Mieten noch relativ günstig sind. Aber gehört haben sie alle davon.

»Da gab es doch '71, als ein junger Araber dort von einem Concierge getötet wurde, das Antirassismus-Manifest, das Deleuze, Foucault, Genet, Leiris, Merleau-Ponty, Montand, Sartre und viele andere unterschrieben haben. Alle sind sie tot. Aber die tödlichen Schüsse auf junge Immigranten, die sind häufiger geworden.« »Eine junge Deutsche, Katharina von Bülow, hat damals ein Buch darüber geschrieben.« »Da spielt doch *L'Assommoir* von Zola, erinnerst du dich nicht?« »Es gibt ein Buch von Tournier darüber, die Geschichte eines naiven algerischen Einwanderers, der dort Fuß zu fassen sucht. Gelesen habe ich es nicht.« »Die Editions de la Différence haben noch vor der Renovierung des Viertels einen kleinen, leisen Band mit Texten über die Goutte d'Or herausgebracht. Ehret heißt die Autorin, Marie-Florence Ehret.« »Kennst du nicht Carnés *Portes de la nuit*, das spielt um die Métrostation Barbès-Rochechouart. Das war damals noch ein Arbeiterviertel.« »Du musst dir *Mémoires d'Immigrés* von Yamina Benguigui ansehen, der lief neulich auch im Fernsehen.«

Ich kannte nichts von alledem. Wenn man erst als

Erwachsener in ein fremdes Land kommt, dann fehlt immer etwas. Zudem ist die Goutte d'Or nicht die Pariser Seite, die Deutschland zugewendet ist, obgleich sie nicht weit von der Gare de l'Est und nicht weit von der Gare du Nord liegt. Im letzten *Merian*-Heft ist eine Reportage über die Goutte d'Or, die kannte ich. »Angst im Nacken, Hass vor Augen«, heißt ihr Titel. Der Reporter hat die Polizei begleitet, die »Police Urbaine de Proximité«, die »Nachbarschaftspolizei«, die zum Teil aus kurzfristig geschulten, meist farbigen Bewohnern des Viertels selbst besteht. Von der Angst der Polizei ist die Rede, von billigen Bordellen, von Rauschgiftsüchtigen, von »heißen Zonen«, wo »Bandenkriege wüten«. Gruselgeschichten, gewiss nicht erfunden. Aber was für den einen ein Ort des Gruselns ist, kann für den anderen ein Ort der Sehnsucht sein.

In Afrika ist die Goutte d'Or bekannter als in Deutschland. In Marokko und Tunesien, in Algerien, in Mali und im Senegal ist sie als »Barbès« bekannter als die Champs-Élysées. Den Afrikanern gilt sie als Synonym für Paris, den Parisern als Synonym für Afrika intra muros. Dass dort Tati liegt, das Billigkaufhaus, weiß jeder. Und die Eglise Saint-Bernard, 1996 Ort des Kirchenexils der »sans papiers«, der illegalen Einwanderer, denen Abschiebung droht. Aber sonst? Keine Reiseführer-würdige Sehenswürdigkeit in einem ganzen Pariser Stadtviertel, kein Museum. Nur Peter Brooks unsubventioniertes Theater »Bouffes du Nord« ist nicht weit.

»Da treten sich doch jetzt die Kamerateams auf die Füße, seit das XVIII. Arrondissement Kommunalwahlkampfarena ist.« Es ist in der Tat ein hübscher Treppenwitz der Pariser Politik, dass ausgerechnet dieses Viertel in den Mittelpunkt der Auseinandersetzungen zwischen

Rechts und Links um das Pariser Bürgermeisteramt rutschte. Es ging um öffentliche (Un-)Sicherheit, um einen Brennpunkt aller Probleme von Paris.

Schon Clemenceau war hier Bürgermeister (es gibt in Paris die Bürgermeister der zwanzig Arrondissements und den Bürgermeister für die ganze Stadt). Jospin hatte hier seinen Wahlkreis, später Alain Juppé, der glücklose erste Ministerpräsident Chiracs. Dann wurde der Sozialist Daniel Vaillant hier Bürgermeister. Später war er als Innenminister für die innere Sicherheit zuständig. Der 2001 gewählte Pariser Bürgermeister Delanoë vertrat lange Zeit als Stadtrat das Quartier. Philippe Séguin, der Kandidat der Gaullisten, Absolvent der Eliteschule ENA und Bürgermeister der lothringischen Stadt Épinal, vom Scheitel bis zur Sohle kultivierter französischer Provinzbourgeois, forderte hier die Sozialisten heraus, wenn auch nur zaghaft, als Dritter seiner Liste, schlecht versteckt hinter einem ehrgeizigen jungen Mädchen im korrekten Kostüm – zwei Kandidaten, die so gut hierher passten wie ein arbeitsloser Araber als Bürgermeister nach Neuilly. Trotzdem, die Entscheidung war gut überlegt, denn man wollte das Thema der Straßenkriminalität in den Vordergrund stellen, ein Thema, bei dem die Linke in Verlegenheit ist und mit dem die Gaullisten 2002 den Präsidentschaftswahlkampf gewannen.

Insbesondere die Jugendkriminalität ist in den letzten Jahren in Frankreich deutlich gestiegen. Im Jahr 1991 waren 13 Prozent der Verhafteten minderjährig, im Jahr 2000 waren es 21 Prozent, genau: 175 256 von insgesamt 834 549. 46 Prozent der Überfälle mit Gewaltanwendung wurden von Minderjährigen begangen. Insgesamt ist die Zahl der in Frankreich begangenen Verbrechen von 1999 bis 2000 um beträchtliche 5,72 Prozent gestie-

gen. Das macht vielerorts Angst und bereitet vor allem
diffuse Angstgefühle, die einen Ort als Anhaltspunkt
brauchen. Dafür bietet sich in Paris die Goutte d'Or an,
schon seit dem 19. Jahrhundert eine dunkle Ecke der
Ville des Lumières, eine Ecke, wo man sich durchschla-
gen musste, und zwar ohne, ja gegen die Polizei, wo es
einen Alkoholschwarzmarkt gab, dann in den sechziger
Jahren die Ausbreitung der Prostitution, später des Dro-
genhandels und offenen Drogenkonsums, auch der
Hehlerei auf offener Straße. Vuitton, Lacoste, Rolex, gestohlen oder imitiert, alles für hundert Francs in der
Rue de Panama unter den Augen der CRS, der Bereit-
schaftspolizei. So stand es in der Zeitung. Es stand auch
in der Zeitung, dass sich im Viertel eine Bürgerinitiative
mit dem Namen »Recht auf Ruhe« gegründet habe, die
rechtsradikale und rassistische Mitglieder ablehne, aber
jene Bewohner organisiere, die einfach die Nase voll
hätten von Betrunkenen, Drogensüchtigen, Hehlern in
den Hauseingängen, von nicht genehmigten Märkten,
die die Straßen verstopfen, von Gewalttätigkeiten und
dem Geruch von Urin an den Hausecken.

»Hast du keine Angst, dorthin zu fahren?« Doch, ein
wenig Angst hatte ich schon, obwohl ich jetzt auch das
Buch von Marie-Florence Ehret kannte, voller Zärtlich-
keit für ihr Viertel, dabei gar nicht naiv-sozialroman-
tisch. Und Zolas wunderbaren Roman sowie den lang-
weiligen von Tournier. Benguiguis Film ist ein leises
Meisterwerk, das ihrer arabischen Elterngeneration ein
wenig von der Würde zurückgibt, die sie in Frankreich
verlor. Marcel Carnés Film kam mir vor wie von ganz
weit, Spur einer längst vergangenen Welt. Dabei ist er
von 1945. Aber in Frankreich bestand diese Welt der
kleinen Leute, bestand die Arbeiterkultur bis weit in die

fünfziger Jahre hinein, während sie in Deutschland
schon 1933 gewaltsam ihr Ende fand und von diesem
Ende nie wieder zu einem neuen Anfang gelangte. Ja,
ich hatte schon ein Unbehagen. Ich erwartete ein
Ghetto, so etwas wie Harlem, das alte Harlem, bevor
sich Clinton dort ansiedeln konnte. Vor allem aber kam
es mir seltsam unangemessen vor, ein Viertel besichtigen zu wollen, das nichts zum Besichtigen anbietet; zu
flanieren, wo Flanerie unbekannt ist. Im Elend kann
man nicht flanieren. Es ist das falsche Tempo.

Keiner der Touristen in der Métro stieg mit mir an
der Station Barbès-Rochechouart aus. Sie warteten auf
die beiden nächsten: Anvers und Pigalle. Dabei ist Barbès-Rochechouart viel schöner, denn dort kreuzen sich
eine unterirdische und eine oberirdische Linie. Métro
auf Eisenstelzen, das Quietschen der einfahrenden
Gummiräder, das Klicken der automatischen Türen,
der Blick über die grauen Blechdächer – intensiver ist
Paris kaum zu haben.

Orientierung über das Viertel, das ich erkunden
wollte, ist freilich von der Métrobrücke aus nicht zu erlangen. Das Viertel ist unübersichtlich auch aus der
Übersicht. Das hat in Paris etwas zu bedeuten, wo nicht
nur der Westen über Kilometer hinweg übersichtlich,
geometrisch, klar, geordnet erscheint. Übersicht über
das Viertel hier gibt es nur auf der Karte. Da freilich liegen die Dinge einfach: Das Goutte d'Or-Viertel bildet
einen Teil des XVIII. Arrondissements im Norden von
Paris. Es wird im Süden begrenzt vom Boulevard de la
Chapelle, im Westen vom Boulevard Barbès, im Osten
vom breiten Dickicht der Eisenbahngleise, die zur Gare
du Nord führen. Im Norden reicht es, administrativ gesehen, bis an den Boulevard Périphérique, die neue
Stadtmauer aus Autobahn. Praktisch hört es im Norden

aber schon an der Rue Doudeauville, spätestens an der Rue Ordener auf. Was dann folgt, sind wieder weite Gleisanlagen. Das Viertel, in dem sich alle Übel von Paris finden sollen, ist somit etwa so groß wie die Fläche des Louvre, einschließlich der Innenhöfe. Der freilich ist übersichtlich …

»Goutte d'Or«, deutsch »Goldtröpfchen«, soll das Viertel nach einem Weißwein heißen, der früher einmal hier angebaut wurde und gewiss ein Säuerling war. Das ist der amtliche Name. Man sagt aber auch »Barbès«, nach dem westlich begrenzenden Boulevard. Weil im südlichen, renovierten Teil des Viertels vor allem Araber wohnen, im nördlichen, weitgehend noch nicht renovierten Teil Schwarzafrikaner, heißt jetzt manchmal auch nur noch der südliche, von der Rue de la Goutte d'Or durchzogene Teil noch »Goutte d'Or«, der nördliche hingegen nach der benachbarten Métrostation »Château Rouge«. Die leichte Konfusion, die angesichts der verschiedenen Namen des Viertels aufkommen will, verweist auf seine Bewohner. Wenige werden hier so genannt, wie sie getauft worden sind. Und wenige sind getauft.

Das Viertel entstand mit der Industrialisierung. 1851 hatte es 11 000 Einwohner, 1901 waren es fast 50 000. 1990 wurden noch 28 000 gezählt, aber hier sind Volkszählungen nicht sehr aussagekräftig. Die Zuwanderer kamen in immer neuen Wellen. Zuerst diejenigen, die aus dem Zentrum von Paris vertrieben wurden, dann die Franzosen aus der Provinz, die Belgier, die Polen, die Italiener und Spanier. Nach der Befreiung Frankreichs waren es vor allem die Algerier aus dem damals noch zu Frankreich gehörenden Land, die sich in den kleinen Hotels einmieteten, zuerst die Männer allein, für eine Saison, dann schließlich für ein Jahr, das ein

Leben wurde. Nach der Befreiung Algeriens folgten noch mehr Algerier, doppelt frei und doch nicht. Die siebziger Jahre brachten die Schwarzafrikaner, vor allem aus den ehemaligen französischen Kolonien Westafrikas, aus dem Senegal, aus Kamerun, aus Nigeria und von der Elfenbeinküste. Am Ende der neunziger Jahre kamen Einwanderungswellen aus Ghana und Sri Lanka, eine andere von den französischen Antillen, Wellen, die aus Menschen bestanden und hier strandeten, vor allem hier, wo schon andere vorher eine Bresche gefunden hatten in einer Befestigung, die nach außen immer höher wird. Und wenn die Bresche nur aus einem Fetzen Papier mit einem Namen bestand und einem Straßennamen hier in der Goutte d'Or.

Das Erste, was frappiert, wenn man aus der Métro kommt, sind die vielen Menschen auf engem Raum. Wenn man an den Métrostationen Concorde, Franklin D. Roosevelt, Etoile oder Trocadéro aus der Métro tritt, dann erschrickt man vor der Weite, die dort systematisch ausgebreitet wird. Hier hingegen befindet sich alles in heftiger Bewegung auf engem Raum, ein sicheres Zeichen, dass Paris hier nicht wohlhäbig ist. In Paris kostet Raum so viel, dass nur die wirklich Reichen satt davon haben. Wie die reichen Stadtviertel. Wie die Grandhotels. Weiträumigkeit bedeutet hier Luxus. An der Station Barbès-Rochechouart gibt es keinen Luxus. Dafür treten gegrillte Maiskolben, in Eimern mit Eiswasser gekühlte Getränke und Zeitungen in arabischer Schrift den Passanten direkt in den Weg. Ein Händler bietet verschweißbare Plastikhüllen für französische Personalausweise an. Am Etoile fände er keine Käufer, hier schon. Jedes Stadtviertel hat eben seine Kostbarkeiten.

So ziemlich alles, was man außer einem Personalausweis sonst noch braucht, findet man gegenüber, bei

Öffnung ins neue Jahrtausend?
Das Hochhausviertel um den Arc de la Défense
in einem anderen Viertel der Stadt

Tati. Tati ist ein Kaufhaus, eine Kaufhauskette mittlerweile. Man trifft Tati unterdes auch im noblen Paris und in der Provinz, aber hier, Ecke Boulevard de Rochechouart/Boulevard Barbès, liegt der Punkt, von dem alles ausging. Dabei ist Tati selbst hier kein »richtiges« Kaufhaus, sondern eine Art Markt, der sich über mehrere hundert Meter hineingefressen hat ins Untergeschoss von vielen kleinen Geschäftshäusern am Boulevard Rochechouart und in zahlreichen Nebenstraßen. Tati für Männer, für Frauen, für Knaben, für Duftwasser, für Süßigkeiten, für Kosmetika, für Hochzeitsbedarf. Überall Tati, überall die Tüten mit dem rosa-weißen Karomuster, nicht unähnlich dem schwarz-weißen des klassischen Chanel-Kostüms. Zwei Pariser Klassiker. Der rosa-weiße soll besonders haltbar und deshalb unter den Obdachlosen von Paris geschätzt sein.

Tati gibt es seit 1948. Jules Ouaki eröffnete damals hier in einer Gegend, die bis dahin so etwas noch nicht gesehen hatte, auf fünfzig Quadratmetern einen Selbstbedienungsladen für Textilien. »Tita« wollte er es eigentlich nennen, der Kosename seiner Mutter. Aber Tita gab es schon im Handelsregister. Also Tati. Es kam schon damals hier nicht so auf den Taufschein an. Aber auf den Erfolg, und daran fehlte es nicht.

Das Prinzip der Kaufhausbetreiber ist: Man möchte den Kunden vergessen machen, dass er in einem Kaufhaus ist, Teil einer Kette von Ketten, gewöhnlicher Kunde gewöhnlicher Waren. Die Waren müssen verlockend mit den Augen klimpern und behaupten, sie seien einmalig; für jedermann verfügbar, müssen sie so tun, als hätten sie sich nur für den Einen aufgehoben. Sie werden inszeniert, generieren eine eigene Ästhetik und vielerlei Berufe, die diese Warenästhetik ins Werk setzen. Nicht so bei Tati, wirklich nicht. Da werden Paletten mit bestoßenen Kartons voller Unterhosen hereingefahren, mit einem großen weißen Preisschild umstandslos ausgezeichnet und verkauft, bis der Karton leer ist. Daneben, eng daneben, andere Unterhosen. Oder Trainingshosen. Oder Boxershorts von Fliegengewicht bis Schwergewicht. Keine Verführung, nirgends. Es ist ehrlich wie in einem billigen Bordell: Verführung geht extra und ist hier nicht zu haben. Verführung kostet Anstrengung und Zeit. In der Damenabteilung ist es nicht anders, nur mit Spitze für die feineren Modelle. Die Töpfe nah bei fühlen sich solide an und kosten fast nichts. Der vollwertige Timer, reichlich Einlagen inclusive, kostet fünf Euro, wofür man bei Filofax nur eine schmale Lage linierter Nachfüllblätter verlangen kann. Zehn Bleistifte guter Qualität und schreibfreundlicher Härte kosten fünfzig Cent. Wenn man sorgfältig ist, einen guten Spitzer hat und Papier aufzutreiben weiß, dann reicht das vom dritten Lebensjahr bis ins Collège. Ein Füller, den ich ausprobieren durfte und der dabei fleckenlos schrieb, kostete zwei Euro. Bei Vuitton, ungefähr fünf Kilometer südwestlich von hier in der Rue de Montaigne, gibt es ein in helles, handgenähtes Schweinsleder eingehülltes Modell für eintausend und ein paar hundert. Aber niemand, der sonst in der Rue Montaigne kauft, war bei Tati zu sehen. Derlei Vermischung ist eher deutsch, vorzugsweise schwäbisch. Ein Daimlerfahrer, der beim verbilligten Fabrikabverkauf in Metzingen ein Hugo-Boss-Modell vom letzten Jahr für die Hälfte ersteht, das kann dort ein sparsamer Facharbeiter mit anspruchsvoller Freundin sein oder der Manager eines Weltkonzerns, der auch privat auf die Kosten achtet.

Der einzige Daimlerfahrer in Sichtweite von Tati ist an diesem Nachmittag ein Black mit grauen Haaren, der, wenn man dem Nummernschild Vertrauen schenkt, eingekauft hatte für den Weiterverkauf im französischen Norden. (»Black« ist übrigens im Französischen kein Schimpfwort. Überhaupt hat man für das Heuchlerische der »political correctness« in Frankreich ein feines Gefühl.) Nein, Tati ist kein Kaufhaus für feine Leute und will es auch nicht sein. Aber es ist auch alles andere als ein Umschlagplatz für minderwertige Ware. Die Menschen, die hier kaufen, müssen darauf achten, dass sie etwas bekommen für ihr Geld. Der Eindruck von Ärmlichkeit drängt sich nur dort auf, wo Billigluxus angeboten wird. »Ich kann auf alles verzichten, außer auf Luxus«, hat der ein paar Métrostationen südlich in einem kleinen, heute sehr luxuriösen Hotel nahe der Pariser Kunsthochschule gestorbene Oscar Wilde gesagt. Das, was er damit meinte, ist außer einem französischen Pass so ziemlich das Einzige, was bei Tati nicht zu finden ist.

Tati geht auf der Straße weiter, wo Wühltische den halben Bürgersteig einnehmen. Die Bürgersteige sind eng. Und am Bordstein stehen Verkäufer, die Polohemden mit dem Krokodil für ein Fünftel des normalen Ladenpreises anbieten. »Dürfen die das?«, fragt vor mir eine Rucksacktouristin ihren Begleiter. Die Frage, ob man diese Ware fünffach teurer verkaufen dürfe, kam ihr nicht. Sie ist aus der Mode.

All das, was es auch bei Tati nicht gibt, das bieten Marabouts und deren Jünger auf kleinen bedruckten Handzetteln an. Monsieur Oumar, »Großes Medium, Seher, Heiler«, verspricht Liebe, Glück, Arbeit, Examina, Schutz, die Treue der geliebten Person. Er heilt auch Impotenz, löst familiäre Krisen, hilft beim Entzug von Alkohol und Tabak. Professor Souare Karamba (er nennt sich wirklich so, ich habe seine Karte noch) hilft ebenfalls bei der Lösung dieser Probleme. Die Menschen haben in allen Stadtvierteln und auf allen Kontinenten offenbar die gleichen. Oder nicht ganz: »Wenn Ihre Freundin sie verlassen hat, wird sie zurückkommen und hinter Ihnen herlaufen wie eine Hündin hinter ihrem Herrn.« Es werden nicht nur Examina versprochen, Herr Karamba ist auch spezialisiert auf die übernatürliche Hilfe beim Ablegen der Führerscheinprüfung. Die Resultate werden für sofort, spätestens in einer Woche versprochen. Teilzahlung ist möglich. Offenbar laufen hier häufig Freundinnen weg, denn auch Monsieur Salif (»Schnelligkeit, Wirksamkeit, hundertprozentiger Erfolg in 48 Stunden«) garantiert, dass er sie zurückholen kann und sie dann gleichfalls wie eine Hündin hinter ihrem Herrchen herlaufen werden. Sein Französisch lässt darauf schließen, dass er noch nicht lange im Land ist. Monsieur Sakho – nicht Sarko –, laut Eigenwerbung »großer Spezialist in Okkultismus, internationales Ansehen, Ernsthaftigkeit, Effizienz, Diskretion … löst alle Probleme: Verstärkt oder macht Gefühle der Hochachtung, der Liebe Ihnen gegenüber, garantiert sozialen Erfolg, eheliche Treue, Verkaufserfolg bei den Kunden, Fröhlichkeit, Glück, Erfolg auf allen Feldern, Führerschein, gut bezahlte Arbeit.« Auch hier ist Teilzahlung möglich und sogar schriftliche Problemlösung, wozu allerdings ein Photo, das Geburtsdatum und ein frankierter Umschlag zugesendet werden sollten. 14, rue Marcadet, lautet die Adresse. Sie wohnen alle hier im Viertel. Ich nehme mir vor, einen Wunderheiler aufzusuchen. Wer braucht nicht Ruhm, Ehre und die Liebe der Frauen? Außerdem wäre es eine Gelegenheit, in die Hinterzimmer dieses Stadtteils zu kommen, die sonst verschlossen sind. Am Ende habe ich es vergessen. Vielleicht war es mir unheimlich. Ich wollte mich weder mokieren über das Elend, das hier Hilfe sucht und wieder einmal nur Übervorteilung findet, noch wollte ich daran glauben. Dazwischen ist wenig Platz.

Den Boulevard Barbès hinauf folgt auf Tati ein monumentales Bankgebäude, seltsam unpassend in dieser Gegend. Dann die reich verzierte Fassade eines immens großen Mietshauses aus der Zeit der Jahrhundertwende. Hinter der Fassade ist nichts. Vielmehr: Es entstehen dort mit städtischer und staatlicher Hilfe 56 neue Wohnungen für Bewohner von Häusern, die in der nördlichen Goutte d'Or abgerissen werden sollen. Und seit 2002 steht hier ein riesiger Virgin-Megastore, fast halb so groß wie der auf den Champs-Élysées. Überhaupt ist die Musik der Stolz des Viertels. Im französischen Szeneblatt *Les Inrockuptibles* erscheinen regelmäßig

Artikel über Barbès. Hier ist für einmal Vermischung
gern gesehen, Vermischung der Stile, Vermischung von
arabischer Musik und amerikanischer Rockmusik, von
Trommeln aus Schwarzafrika und aus der Karibik, von
allem mit allem. Sänger wie Rachid Taha, der sein erstes
Soloalbum »Barbès« nannte, sind offenbar längst inter-
national bekannt. Mir nicht. Es vermittelt ein seltsames
Gefühl, an den Hauswänden Plakat über Plakat mit
Werbung für Konzerte von Sängern zu lesen, deren
Namen ich noch nie gehört habe: Pierre Akendengue,
Fela Kuti, Brenda Fassie, Bady Kouyaté, Ismael Lo,
Koffi Olomidé, Rokia Traoré. Was werden die Men-
schen, die diese Namen kennen, vor dem überall in der
Métro aushängenden Plakat mit dem Spielplan der Pa-
riser Oper in der nächsten Saison denken? Die Musik
erlaubt es offenbar den afrikanischen Kulturen am
leichtesten, in Europa Erfolg und Anerkennung zu er-
langen. Es gibt sogar ein Orchestre National de Barbès.
Dass seine Mitglieder nur zu einem kleinen Teil aus Barbès stammen oder dort wohnen, zeigt deutlich, dass
»Barbès« in der Welt der Musik einen guten Klang hat.
Die Hoteliers hingegen, die um Klienten werben, vermeiden sorgfältig die Lagebezeichnung »Barbès« oder
»Goutte d'Or« und situieren sich »Nähe Montmartre«.

Die beiden Monumentalgebäude links des Boulevard Barbès sind untypisch. Das Geschäftsleben spielt
sich in den kleinen Geschäften auf der rechten Seite ab.
Was zuallererst auffällt, ist das Gold. Überall Gold im
armen Viertel des »Goldtröpfchens«. Stoffe, mit Goldfä-
den durchzogen, golden gesäumt und golden gepaspelt
in den vielen Textilgeschäften, zu Ballen gerollt und mit
dem Metermaß abgemessen wie vor ein paar Jahrzehnten noch überall. Goldene Pailletten auf den bunten
Kleidern, die auf den Bürgersteig gehängt werden. Gold

an den billigen Sandalen, die die Schuhgeschäfte feilbieten, manchmal sogar goldene Haremsschuhe. Gold natürlich auch in den vielen Schmuckgeschäften: Ringe, Ketten, Armbänder, Uhren, Diademe und Schnallen eng aneinander gerückt. Goldrand selbst an den Teetassen und dicken Porzellantellern. Arabische Muster? Oder wird da trotzig ein glänzender Triumph über die alltägliche Misere gefeiert? Oder kauft man hier Gold, weil Blattgold leicht transportierbar und als Barren wertbeständig ist, praktisch also für Menschen im Exil?

Dass viele hier nur Zwischenstation machen auf einer langen Reise ohne sicheres Ziel, sieht man überall. Koffer werden an jeder Ecke angeboten, große und kleine, leichte und feste, aus Plastik und aus Aluminium. Natürlich auch die stabilen, blau-weiß-rot gestreiften Taschen, das gebräuchlichste Transportmittel arabischer Habe in Frankreich. Aber auch stabile Blechkisten für größere Umzüge, für Heimkehr vielleicht. Es gibt Teleboutiquen, die sich in dieser Art nur in solcherlei Stadtvierteln finden. Über spezielle Vorwahlnummern kann man weit unter Normaltarif nach Hause telephonieren. Draußen steht in großen Lettern angeschlagen, wie viele Minuten man für zwanzig Euro mit Algerien und mit Guadeloupe, mit Indien und mit dem Libanon, mit Tunesien und mit dem Senegal sprechen kann. Nirgendwo steht, wie viele Minuten man für Deutschland hat. Die Reisebüros bieten keine Urlaubsreisen an, sondern Heimreisen, billige Heimreisen. Aber Hin- und Rückfahrt ist günstiger. Meist läuft es schließlich doch auf Hin- und Rückfahrt hinaus.

Die Rue de la Goutte d'Or geht rechts ab. Der Verkehr wird dünner, die weißen Gesichter weniger, aber es sieht nicht nach einem modernen Ghetto aus, gar nicht. Ein paar renovierte alte Häuser und eine Menge neue, architektonisch auf den ersten Blick gar nicht übel. Sie respektieren die traditionelle Giebelhöhe, gestatten sich ein wenig Individualität und sind frei von jenen unwürdigen, weil vorzeitigen Altersspuren, die viele Neubauviertel in der Pariser Banlieue so trostlos machen. Was man hier sieht, ist das Ergebnis gründlicher Sanierungsmaßnahmen in der südlichen Goutte d'Or, die einer anderen Logik folgten als der Bau der enormen Schlafstädte in den Pariser Randbezirken, die in den sechziger und siebziger Jahren entstanden. Diese Ungetüme mussten die Menschen auffangen – auffangen ist das Wort –, die durch die Sanierung und anschließende Verteuerung der Mieten aus Paris hinausgedrängt wurden und dann die Erfahrung machen mussten, dass der Mensch mehr zum Leben braucht als ein paar neue kleine Zimmer mit Nasszelle, Antennen- und Schnellbahnanschluss. In den achtziger Jahren, als die Sanierung der Goutte d'Or beschlossen wurde, da waren die ruppigen urbanistischen Konzepte der Ära Pompidou und Giscard d'Estaing allzu sinnfällig gescheitert, um hier noch einmal wiederholt zu werden. Vor allem aber waren einflussreiche gemeinnützige Zusammenschlüsse entstanden – Bürgerinitiativen mit legalem Status –, die der Vertreibungssanierung entgegenstanden. Bürgerinitiativen wurden anfänglich in Frankreich als deutsche Marotte belächelt, so kurios wie die drei Tonnen für die Mülltrennung vor jedem Haus. Das hat sich gründlich geändert. Es gibt heute ein enges Geflecht solcher Initiativen, die keineswegs alle den Grünen nahe stehen. Die neue Pariser Stadtregierung stützt sich faktisch mehr auf das politische Potenzial und die lokale Verankerung dieser Assoziationen als auf den Apparat der Parteien. Nicht zufällig gehörte ein »Haus der gemeinnützigen Assoziationen« zu den Wahlversprechen Delanoës.

94

Die Sanierung war eingreifend. 1 400 Wohnungen
wurden zerstört, 800 neu gebaut. Jedenfalls haben die
Bewohner erreicht, dass vierzig Prozent von ihnen an
gleicher Stelle wieder einziehen konnten. Die Verblei-
benden fanden zu siebzig Prozent Wohnungen im gleichen Arrondissement, niemand musste in die Banlieue
ziehen. Selbst die langjährigen Bewohner herunterge-
kommener Hotels, die natürlich keine Mietverträge
vorweisen konnten, hatten einen Anspruch auf ange-
messenen Wohnraum im Bereich ihres langjährigen Le-
benskreises. Die befürchtete Totalplanierung des Viertels fand nicht statt. Im Zuge der Sanierung entstand
auch eine neue Infrastruktur: Kindergarten, Schule,
eine Stadtteilbibliothek, ein integriertes Gesundheits-
zentrum, eine neue Post und – last but not least – ein
neues Polizeikommissariat. Diejenigen, die dort arbeiten, haben alle von Schwierigkeiten zu berichten, für die
sie nicht ausgebildet sind und die sie manchmal resig-
nieren lassen, aber immerhin sind die öffentlichen Gebäude doch auch Ausdruck eines politischen Willens,
keine Ghettos zuzulassen, sondern Mittel für die Integration der Immigrierten zu entwickeln.

Rechts hat ein Cybercafé aufgemacht. Dort, rechts
unten in der Rue Iseletteu, muss Zolas Gervaise die Wä-
sche gewaschen haben. Da ist jetzt die Post. Was verschwand, war nicht nur das gute Alte. Zola wusste, dass
Enge und Elend nicht nur Solidarität freisetzen können,
sondern auch Neid, Gezänk, Hass. Auf der linken Seite,
Nr. 42, schließt eine meterhohe, stabile Eisentür einen
grünen, schattigen, dörflich-friedlichen Innenhof ein.
Das Grundstück liegt am Hang, ein gepflasterter Weg
führt unter alten Straßenlaternen zum gegenüberliegenden Gittertor. Ländliche Stille mitten in einem Pariser
Problemviertel. Die Villa Poissonnière, kein Prachtbau,

sondern eine Folge von aneinander gebauten Mietshäusern. Wenn man durch eine fremde Stadt geht, dann überlegt man sich vor mancherlei Häusern vieler Viertel, dass man hier vielleicht wohnen möchte. In einem dieser Häuser möchte ich ganz gerne wohnen. Ob ich meine Kinder hier in die Schule geschickt hätte, ist eine andere Frage. Während ich durch das mit Nummerncode verschlossene Gittertor schaue, kommt ein Bewohner. Ob ich den Garten besichtigen dürfe? Ich darf. »Früher war das ja hier ein offener Durchgang. Aber dann kamen die Dealer und haben ihren Stoff im Garten vergraben und von Hunden bewachen lassen, damit die Polizei bei Leibesvisitationen nichts findet. Es wurde unerträglich.« Mixité, soziale Durchmischung, lautet das urbanische Rezept gegen Ghettoisierung. Unterdes weiß man freilich auch, dass diese Durchmischung nur dann halbwegs funktioniert, wenn sich die verschiedenen Gruppen mit verschiedenen Lebensstilen nicht allzu nah sind. Durchmischung braucht auch Abgrenzung, das wusste schon Zola. Nur können sich die einen Grenzbefestigungen leisten und die anderen nicht.

In Marie-Florence Ehrets Buch *Salut Barbès* gibt es Passagen über die Villa Poissonnière. Das Buch ist von 1988. Eine alte Frau soll früher dort gewohnt haben, die viele Katzen bei sich beherbergte und noch mehr täglich fütterte. Nachdem die Häuser unter Denkmalschutz gestellt waren und die Quadratmeterpreise stiegen, musste sie ausziehen. Katzendreck stinkt. Man soll den städtischen Veterinärdienst gerufen haben, um die Katzen zu töten. Als ich das Gittertor wieder hinter mir schließe und den gepflasterten Weg noch einmal hinaufschaue, läuft eine einzelne schwarze Katze quer hinüber. Katzen haben ein langes Gedächtnis. Stadtviertel auch.

Rast in Paris

Links kommen jetzt Frisörläden, karg eingerichtet,
aber voller Männer, meist mit sehr kurzen Haaren.
Haarschnitt fünf Euro. In anderen Vierteln kostet es
leicht das Fünffache. Warum treffen sich arabische
Männer bei den Frisören? Es gibt viele Frisörläden hier,
nur einer ist gemischt, für Damen und Herren. Kultur-
revolutionen kommen zumeist leise daher. Das Cous-
cous in den beiden Restaurants linker Hand kostet vier
Euro. Dafür bekommt man um Notre-Dame kein Sandwich. Aus dem mächtigen Schulgebäude an der gegenüberliegenden Straßenecke – Kindergarten, Grund-
schule, Collège in einem Gebäude – kommt eine kleine
Klasse von etwa sechsjährigen Kindern, alle farbig. Gegenüber das neue Polizeikommissariat. Ein paar Meter
weiter bilden die Rue de la Charbonnière und die Rue
de Chartres einen kleinen Platz. Da, vor der Schlachte-

rei, wo nach islamischer Vorschrift geschächtet wird, fällt zum ersten Mal auf, dass sich die Menschen hier anders bewegen als anderswo in der Stadt. Vielmehr, die meisten bewegen sich nicht, dies tun eigentlich nur die Kinder. Die jungen Männer stehen, an Gitter gelehnt, die die Bürgersteige vor parkenden Autos schützen sollen. Die alten Männer sitzen. So als ob alle auf etwas warteten. Die jungen Männer auf etwas, was sie nicht wissen, aber noch ersehnen, die alten auf etwas, was sie wissen. Ersehnen sie es? Es ist nicht aggressiv, nicht bedrohlich, es ist nur ganz anders, anders selbst als auf dem nahen Boulevard Barbès. In der Langsamkeit liegt Trauer.

Wanderungsbewegungen bieten neue Chancen, neue Freiheiten, sagen die Soziologen der Globalisierung. Materiell dürfte es den meisten, die hier stehen oder sitzen, auch besser gehen als zu Hause jenseits des Mittelmeers. Sonst wären sie nicht hier. Keiner hat sie gerufen. Aber die Seelen, die nehmen den großen Verlust wohl intensiver wahr als die kleine Chance. Es gibt einen Text von Tahar Ben Jelloun, der auf das passt, was man hier sieht, hier und an vielen anderen Stellen des Viertels: »Das Goutte d'Or-Viertel von Paris ist kein Nachbau irgendeiner arabischen Stadt, einer arabischen Medina. Es ist die Improvisation der Armut. Man verschleiert die Zeit und ihre Wunden. Man macht sich die Illusion, dass die Medina im Inneren auflebt und dass das Provisorische nur ein Unfall im Lauf der Zeit ist. Aber der entheimatete Mensch, der seine Medina verlassen musste, versucht auf diesem feindlichen Boden seine Markierungen zu finden. Nicht die kleinen Straßen, nicht die Häuser. Keine Boulevards, Straßen und Wohnungen, wo der Körper sich bedrückt fühlt. So stopft man so viel Abwesenheit mit Musik und mit der

Küche. Das ist das Elend, das dem Schicksal zulächeln will. Die Goutte d'Or wird ein Schauspiel der Einsamkeit und des Ausschlusses.

Von der Medina von Fès zur Goutte d'Or: Das ist der Weg der Irrungen und des Verlusts – Absturz – der Wurzeln. Angst ist auf diesem Weg. Von der Nähe der Medina bleibt nur die traurige Erinnerung. Dort ist das Leben. Hier ist das Überleben. Es gibt kaum Schmuck im Hof. Die Toiletten sind am Ende des Gangs. Das Licht wird von einem automatischen Schalter geregelt. Der Baum ist gefällt. Das Treppenhaus ist unsicher. In den Mauern Risse. Die Zeit gezählt und berechnet. Die Dauer breitet sich im Land aus und umhüllt mit ihrem Duft die Erinnerungen, die sich so schlecht auslöschen lassen. (…)

Verlust von Raum und Ansehen. Der Vater ist kein Patriarch mehr: In der Goutte d'Or ist der Mann kein Vater mehr, sondern disponible Arbeitskraft. Als Emigrant trägt man einen umschnürten Koffer mit sich und einige Illusionen. Man bringt weder sein Haus mit noch sein Dorf noch seine Medina. Sie hier wieder aufbauen? Aus Papier, aus Asche und ein wenig Lächeln? Nein, die Medina reist nicht mit. (…)

Zurück in der Heimat, kauft der Arbeitsemigrant, dem einige Ersparnisse gelungen sind, ein Stück Land und baut sich ein kleines Haus, häufig an der Schwelle der Städte. Es ist von erbarmungswürdiger Hässlichkeit. Weder ein arabisches Haus noch eine europäische Villa. Backsteine und Zement, um das Elend zu kaschieren und die Niederlage. Verstörte Landschaft, unvollendet, krank. Ist das noch Architektur? Der Emigrant ist seiner Erde zurückgegeben, gesichtslos, körperlich beschädigt, vernutzt. Sein neues Haus trägt diese Verletzung und diese Entfremdung im Gesicht geschrieben.« (Übersetzung vom Autor)

Verbannung, Exil war im alten Griechenland eine der schlimmsten Strafen. »Ausland«, das kommt vom althochdeutschen Wort »Elend«. Diejenigen, die die Länder und die Kulturen wechseln, verlieren etwas, ohne jemals anzukommen, wo sie sind. Die alten Männer, die hier sitzen, wussten nicht, dass man nicht zurück kann. Jetzt wissen sie es. Ändert es was? Die Männer, die vom ein paar hundert Meter entfernten Gare du Nord mit dem Hochgeschwindigkeitszug nach Brüssel oder nach London fahren, stehen der Mobilität aufgeschlossener gegenüber. Sie werden erwartet. Der Zug bringt sie im gleichen Tempo zurück. Die Kosten werden übernommen. Unten, Nr. 3, rue de Chartres, ist Eugène Pottier gestorben, der Verfasser der Internationale. Die Internationale ist den Menschen, die hier wohnen, kein Versprechen mehr. Eher schon die schönen, mit unleserlichen Schriftzeichen verzierten Bücher in der arabischen Buchhandlung.

Links hinauf in die Rue des Gardes finden sich auf einmal Modegeschäfte, karg ausgestattet, aber mit eher avantgardistischer Mode. Die Stadt hat zusammen mit der Schneiderinnung junge Modeschöpfer hierher geholt, in ein Viertel, wo überall Stoffe verkauft werden und wo man im Inneren vieler Geschäfte noch Nähmaschinen in Betrieb sieht. Achthundert geförderte Quadratmeter für zehn Geschäfte und Ateliers. Durchmischung war auch hier das Ziel. Und Aufwertung des Viertels, der Orte und Tätigkeiten, mit denen man sich identifizieren kann. Avantgarde und soziale Außenseiter, das geht manchmal gut zusammen. Aber viele Läden sehen unbelebt aus. Zu teuer, zu weit weg vom Geschmack der Einwohner hier? Die schwarzen Frauen zeigen sich lieber im Wax, in grellfarbigen Rüschchenkleidern, die sie mit Stolz tragen.

An der Ecke Rue des Gardes zum Square Léon die Räume einer »Association«. Es gibt drei Dutzend in diesem Viertel, teils gefördert, teils von Freiwilligen getragen. Für einen Außenstehenden ist das Geflecht völlig unübersichtlich. Spielen da parteipolitische oder religiöse, lokale oder ethnische Gesichtspunkte eine Rolle? Ist das bewusste Arbeitsteilung oder fröhlicher Wildwuchs? Meist ist draußen der Vereinszweck angeschlagen. Wird es gelesen? Wer kann hier das Französische lesen? Viele der Assoziationen beschäftigen sich genau damit, mit Schularbeiten für schlechte Schüler, die von ihren Eltern keine Hilfe bekommen können. Andere helfen beim Verfassen von Briefen, beim Ausfüllen von Formularen, beim Beantragen von Hilfe. Eine Assoziation hat in den Schaufenstern Collagen ausgestellt, die von Frauen auf der Basis von ausgeschnittenen Illustriertenphotos gemacht wurden. »Rêves de femmes«, Frauenträume, war das Thema. Rama hat viele strahlende weiße Kinder, weiße Rosen, ein weißes Brautkleid, drei lachende, wehrhafte (weiße) amerikanische Schauspielerinnen aus der Serie »Drei Engel für Charly« und Präsident Chirac zusammengeklebt. Auch in Echats Collage dominiert eine weiße Hochzeit, dazu beschneite Alpengipfel und ein Zebra, auf dessen Fell schwarz und weiß eine schöne Verbindung eingehen. Bei Lila gibt es nicht nur weiße, sondern auch ein paar schwarze Frauen. Bei Ouleye dominieren Lady Di, der kunstvoll ausgebleichte Michael Jackson und der polnische Papst in weißer Soutane. Elend gibt's nicht in diesen weißen Träumen, auch keine Gewalt. Doch, auf einer Collage: die israelische Gewalt gegen die Palästinenser.

Der Square Léon, die einzige, kleine öffentliche Grünfläche des Viertels, wirkt wie hineingeschlagen in die Häuserfluchten, deren amputierte Seitenfronten nicht verputzt, sondern nur mit großen, bunten Motiven übermalt sind. Die Grünfläche ist von hohen, stabilen Gittern umgeben, die grün gestrichen sind. Innerhalb der Gitter noch mal ein grüner Gitterkäfig als Sportplatz für Basketballspiele. Die Jugendlichen spielen sehr gut, sehr geübt, sehr konzentriert. Frankreich ist Fußballweltmeister geworden mit einer überwiegend farbigen Mannschaft. Die jungen Zuschauer stehen außen am Käfig und halten sich an den Stäben fest. Es gibt keinen wirklichen Spielplatz für Kleinkinder, aber sie amüsieren sich, zumeist mit Bällen. Man hat den Eindruck, dass sie weniger häufig zur Ordnung gerufen werden als die Kinder auf solchen Plätzen in der Stadtmitte. Oder liebevoller. Für einmal haben sie es besser. Auf den Bänken wieder die alten Männer, aber auch Familien, lebhaft aufeinander einredend in Sprachen, die ich nicht verstehe. Der Platz mit dem schlechtesten Ruf von ganz Paris – von dem um die Métrostation Stalingrad vielleicht abgesehen –, ein Platz, auf dem im letzten Jahr ein Jugendlicher für ein paar Francs erschlagen wurde, wo man über Monate die Lampen nicht erneuerte, weil sie allnächtlich von Dealern zerstört wurden, die die Beleuchtung ihrer Geschäfte scheuten, dieser Platz präsentiert sich tagsüber als besonnter, spätsommerlicher Park, nicht herrschaftlich, aber einladend. Als ich den Basketballspielern zuschaute, fiel mir erst auf, dass unter den hunderten von Gesichtern in diesem Park kein einziges weißes war. War ich jemals an einem öffentlichen Ort ohne ein einziges weißes Gesicht? Das Auge, das nur schwarz-weiß sehen wollte, täuschte sich nicht und täuschte sich doch. 1990 zählte man im Viertel 32,6 Prozent Ausländer. Das ist doppelt so viel wie im Pariser Durchschnitt, aber doch eine Minderheit.

102

Natürlich ist die Statistik ungenau, natürlich nimmt man von außen auch die eingebürgerten Afrikaner als Ausländer wahr. Vor allem aber kommt der Eindruck einer ethnischen Enklave wohl daher, dass der Anteil von Arbeitslosen unter den Immigranten erheblich über dem Durchschnitt liegt, dass sie viele Kinder haben und viel mehr als alteingesessene Pariser daran gewöhnt sind, draußen zu leben. Ja, und dann hat der Eindruck damit zu tun, dass für einen Weißen meist alle Schwarzen schwarz sind und der Blick für die Differenzen im Anderen erst gelernt werden muss. Auf diesem Platz waren an diesem Nachmittag Dutzende von Nationen, Stämmen, Gruppen vertreten, deren Zeichen ich nicht lesen konnte. Jedes Alphabet muss gelernt werden, für viele Lektüren braucht es Nachhilfe.

Hinter dem Square Léon liegt die Chapelle Saint-Bernard, die Kirche des Viertels. Der Singular ist falsch. Es gibt auch drei evangelische Kirchen, temples, zwei Moscheen und eine Synagoge. Trotzdem ist Saint-Bernard die Kirche des Viertels. Nur sie hat mit den rings umgebenden Straßen einen Kirchhof. Sie steht an der Stelle, wo sich auch im Dorf die Kirche befindet. Sie hat tatsächlich etwas Provinzielles, Ruhiges, das nicht recht zu Paris passen will. Neogotik, ohne architektonische Bedeutung. Die Seitentür geöffnet, zwei Besucher. Beengend trotz der Weite. Ein Plakat erinnert daran, dass es auf der Welt 1,3 Milliarden Arme gibt und 842 Millionen Analphabeten, dass 507 Millionen Menschen sterben, bevor sie das Alter von vierzig Jahren erreicht haben. Wie solche Zahlen wohl erhoben werden? Aber es scheint ein lebhaftes Gemeindeleben zu geben. Am 21. Januar gab es laut Anschlag den Abend »Öffnen wir die Türen« für die Einwanderer ohne Aufenthaltsgenehmigung. Ein anderer Themenabend hat das Fegefeuer zum Inhalt. Vor der Tür steht ein Altkleidercontainer. Und gegenüber ist eine Art Gemeindesaal, nach dem heiligen Bruno benannt, wo alle Assoziationen sich vorstellen und wo man Informationen über die Geschichte des Viertels erhalten und die Statdteilzeitung kaufen kann.

Die Kirche war und ist ein wichtiges Zentrum der Einwanderer, die keine Aufenthaltsgenehmigung beanspruchen können und ausgewiesen werden sollen. Wenn hier Hungerstreiks stattfinden und die Fernsehteams vor Ort sind, dann ist sie voll. Auch bei Festen, Konzerten, die sich an alle Einwohner richten. Ob sie dadurch an Gläubigen gewinnt, darf man bezweifeln. Auch die evangelischen Kirchen der DDR haben nicht an Gläubigen gewonnen, als sie 1989 brechend voll waren. Aber das Gotteshaus gewinnt an Bedeutung, ist es doch die einzige Institution des Aufnahmelandes, die keinen Pass, keine Bescheinigung und kein Formular verlangt, sondern wo Bedürftigkeit reicht, um Aufnahme zu finden. Die Schule gegenüber, ein schön renovierter Altbau, trägt in goldenen Lettern die Inschrift »Liberté, Egalité, Fraternité«. Man muss sie lesen können. Die Glocken hören alle läuten.

Die nördliche, die »schwarzafrikanische« Goutte d'Or östlich von Château-Rouge wird seit 2001 saniert (Rue de Panama, de Suez, de Léon, des Poissonniers, Myrha). Man will behutsamer vorgehen als in der südlichen, mehr auf Renovierungsbeihilfen als auf Abriss setzen. Das dauert. Voraussichtlich bis 2011. Aber die Mittel sind bewilligt, die Bürgerumfragen abgeschlossen. Hier gibt es wirklich sinistre Straßenzüge, die zerbrochenen Fenster durch Pappe ersetzt oder zugemauert, dunkle, übel riechende Hauseingänge, von Drogenkonsumenten belegt. Hier vor allem liegen die Häuser aus dem vorigen Jahrhundert mit den Toiletten auf dem Hof, die seitdem keine Renovierung erfuhren und für ganze Familien einen einzigen schäbigen Raum bieten. Nur die Polizei kennt sie von innen. In der Rue Myrha sind die Drogen überall präsent. Auf den Bürgersteigen hocken bewegungslos zumeist junge Konsumenten. Andere beobachten, ob Polizei in Sicht ist, handeln oder bunkern das eingenommene Geld. Alles ziemlich offensichtlich, aber man muss hier schnell durchgehen und wegsehen, wenn man unbehelligt bleiben will. Handgreiflichkeiten brechen plotzlich aus und verebben ebenso plötzlich wieder. Die Polizei hat die üblichen Schwierigkeiten der Beweisführung. Die Dealer schlucken die Portion Crack einfach hinunter. Aber es ist nicht nur das. Es ist die Aussichtslosigkeit der Repression. Wen man hier vertreibt, der ist morgen an der Métro Stalingrad. Es gibt Sanitätswagen, in denen man die Spritzen tauschen kann. Es gibt Sozialstationen. Die Organisation »Hoffnung Goutte d'Or« hat ein Café eingerichtet, das von ehemaligen Drogenabhängigen betrieben wird. Die Räume sehr clean. Die Gesichter der Gäste erloschen, kaum Gespräche. Aber selbst hier lässt man die Dinge, die Menschen sind, nicht einfach laufen. Die acht Mitglieder von »Coordination 18« versuchen, Restgefühle von Verantwortung bei den Drogensüchtigen zu mobilisieren und Reste von Verständnis bei den eingesessenen Bewohnern. Die Drogensüchtigen sollen bewegt werden, sich vor der Schule in der Rue Richomme keine Spritze mehr zu setzen. Sie organisieren Gespräche zwischen den verschiedenen Gruppen, informell wie auf öffentlich plakatierten Versammlungen. Weder Laissez-faire noch Zéro Tolérance, sondern etwas Europäisches, Republikanisches.

Aber auch in der Rue Myrha ist nicht alles so.

Unten, zum Boulevard Barbès hin, konzentrieren sich viele Geschäfte, die lange Haarzöpfe verkaufen, die sich die afrikanischen Frauen kunstvoll einflechten, dazu Spiegel, Pomade, Gel, Crème, Duftwässer in einfachen Flakons aller Art. Die Kundinnen strahlen, wenn sie nach dem Kauf heraustreten. Die wenigsten sind von hier. Man kommt von weit her, um sich einzudecken mit Waren, die es woanders nicht gibt. Natürlich kann man auch die gefährliche Crème kaufen, die die Haut heller machen soll. Besonders am Wochenende breiten Händler aus dem ganzen Pariser Raum, die das Wort »Gewerbeschein« noch nie gehört haben, ihre Waren auf Bürgersteigen aus, vor denen ihre großzylindrigen, alten, zerbeulten Wagen geparkt sind. Ein buntes Chaos. Die meisten sind hier nach der Sitte ihrer Herkunftsländer gekleidet, ein Rest von Beharrenswillen. Hier ist man unter sich. Aber auch an Werktagen dominieren die afrikanischen Geschäfte, zumeist für Stoffe oder für Lebensmittel. Dem Café Au Gamin de Paris gegenüber, wo ich mich ausruhe von so viel Eindrücken, verkauft der »Bazar Riche« bunte Stoffe, daneben »Africa Food«, dann, neben einem renovierten Gebäude mit einem schönen großen Tor, »Au Marché de la Côte d'Ivoire«, daneben wiederum, Nr. 66, »Demi gros des Produits Alimentaires Exotiques«. Unter den Lebensmitteln fallen die vielen Wurzelarten auf. Dicke, schwarze Wurzeln. In einem fast leeren, weißgekachelten Fischgeschäft zersägt ein Mann mit einer Kreissäge tiefgefrorenen Thunfisch, die Scheiben von Wagenradgröße. Überall gibt es Fremdartiges zu sehen, nirgendwo wird man vertrieben. Das Zentrum hier ist der Marché Dejean, vor ein paar Jahren noch ein ganz normaler französischer Lebensmittelmarkt in einer kurzen, breiten Straße. Jetzt findet man dort neben den saisonüblichen Gemüsen Exotika über Exotika. Dutzende von bunten, einladend frischen Fischsorten zu Beispiel. In ein paar Jahren werden sie auf den Speisekarten von Spitzenrestaurants einen Namen haben. Die Preise sind niedriger als sonst in der Stadt, aber so dürftig wie auf den Märkten in den osteuropäischen Ländern früher ist es nicht. Tahar Ben Jelloun hat wohl recht: Die tröstenden Erinnerungen besorgen die Musik und die Küche. Und die goldenen und bunten Stoffe.

Und der Islam. Die Bilder hat man irgendwann schon als Photo gesehen. Gläubige knien auf einer Pariser Straße, die Köpfe gen Mekka geneigt. In Wirklichkeit ist es viel beeindruckender, hier bei der Moschee el Fath, Ecke Rue des Poissonniers/Rue Polonceau. Die Moschee hat nichts von diesen Träumen aus Tausendundeiner Nacht, mit Kuppeln und Sternen und Minaretten und Muezzins. Von dieser Art Moschee gibt es nur eine in Paris, im Quartier Latin. Sie wurde 1920 mit französischen Geldern als Dank an die mohammedanischen Soldaten in französischen Diensten während des Ersten Weltkriegs gebaut. Heute ist sie eng mit Algerien verbunden und wird auch von dort finanziert. Aber auch Ungläubige können dort Tee trinken oder ein Dampfbad nehmen. Die anderen Moscheen von Paris sind Baracken oder Lagerhallen wie diese hier, die notdürftig auf dem Gelände einer ehemaligen Keksfabrik untergebracht ist: weiße, fensterlose Außenwände, oben ein überstehendes, leicht nach hinten geneigtes Flachdach, ein Schild »Mosquée el Fath. Enseignement arabe et coranique« auf Französisch und Arabisch, das ist alles. Die umstehenden Gebäude sind höher. Man sieht, dass sich hier ein Provisorium ungebeten in eine Baulücke drängte. Es mögen vierhundert Menschen hineingehen in diese Moschee, aber gekommen sind an diesem Freitag, an einem normalen Freitag, ungefähr viertausend. So werden Lautsprecher auf die Straße gestellt, keine guten, und die Gläubigen knien auf der Straße. Auf den Straßen. So die Rue Polonceau hinauf bis zur Kuppe, Reihe an Reihe, Schulter an Schulter. Aber auch in der viel befahrenen Rue des Poissoniers. Erst eine Reihe direkt an der Mauer der Moschee, dann noch eine und noch eine, bis weit auf die Straße. Und weil das nicht reicht, auch vor den rechts an die Moschee anschließenden Gebäuden, vor der Apotheke, vor dem Stoffgeschäft »Barbès Tissus«, vor »Top Télécom«, vor dem Schmuckgeschäft »Bijouterie Orientale«, vor dem Restaurant »Etoile d'Orient« und vor dem Lebensmittelladen »Produits exotiques«. Es sieht seltsam aus.

Das Schauspiel, das nicht als solches gedacht ist, versetzt den ungläubigen Betrachter in Verlegenheit. Darf man sich das als Ungläubiger einfach so ansehen? Ich fühlte mich ein wenig wie ein Voyeur, obgleich mich niemand beachtete. Aber es ist sehr intim, was man da sieht. Einen Glauben, ohnehin etwas Intimes, sollte man nicht stören. Zugleich bietet sich das seltsame Schauspiel ausgerollter Gebetsteppiche auf einer Pariser Straße. Manchmal auch nur durchsichtige Plastikplanen anstelle eines Teppichs. Manchmal Plastikplanen gegen den Hundedreck auf der Straße und darüber Teppiche. Man entledigt sich der Schuhe. Das führt zu großen Haufen aneinander geknüpfter, häufig durchgelaufener Schuhe. Zum Vorschein kommen Socken, nicht selten ebenso durchgelaufen. Nicht alle diese Männer haben ihre Frauen mitgebracht … Da ist eine körperlich spürbare Intensität und zugleich eine Erbärmlichkeit. Vielleicht hängt es zusammen.

Es ist kein schöner Gedanke, dass diese Männer

einen kleinen Rest Würde nur bewahren können, indem sie den Kopf auf die Erde beugen, die Knie knapp über dem Straßendreck und das Gesäß gen Westen gerichtet, wo erst das Pariser Regierungsviertel kommt und dann, ein paar Flugstunden weiter, die Ostküste der USA. Religion, hat er gesagt, der berühmteste, zumeist falsch zitierte Leser Feuerbachs, sei das Opium des Volkes. Das Opium, das man hier konsumiert, ist billiger und ungefährlicher als das Crack in der Rue Myrha. Für die Konsumenten jedenfalls.

Wenn es nur hier wäre. Es ist aber auch in der Rue Myrha, in einer Moschee, die ebenfalls ein Schuppen ist und ebenfalls überlaufen. Sie soll der islamischen Heilsfront nahe stehen. Wer weiß wirklich, was das ist? Aber »Heil« und »Front« zusammen, das klingt nicht gut. Es ist auch nebenan im XIX. Arrondissement, in der Rue de Tanger. Dort wurde die Moschee in einem ehemaligen Lagerhaus für Stoffe untergebracht. Sie existiert seit zwanzig Jahren. Seit zwanzig Jahren versucht die zweitgrößte islamische Gemeinde von Paris, hier etwas zu bauen, was einer Moschee ähnelt. 1994 wurden ihre Baupläne abgelehnt, weil die Minarette zu demonstrativ waren, ab 1995 wurden die neuen Pläne verschleppt. Einfach verschleppt. Das geht. Französische Politiker, die Moscheenbau zulassen, gewinnen nicht unbedingt an Wählern. Doch nun, unter der neuen Stadtregierung, wird in der Rue de Tanger gebaut. Tausend Quadratmeter einschließlich Büros, Unterrichtsräumen, einer Kantine und zwei dezenten Kuppeln. So sieht es der Entwurf von Dominique Carril vor. Ausreichen wird der Platz dann längst noch nicht. Würden die Kirchen im Pariser Norden auf die Größe schrumpfen, die der Zahl der praktizierenden Katholiken entspricht, und zugleich so viel Moscheen entstehen, wie gebraucht werden, dann hätte man, von Montmartre aus gesehen, hier den Eindruck, in einer arabischen Stadt zu leben. Ein seltsamer Gedanke auch das.

Der französische Staat hat seine Schwierigkeiten mit dem Islam, insbesondere mit dem Bau von Moscheen, die die islamische Präsenz unübersehbar machen. Das hat zunächst mit dem Laizismus zu tun, der zu den tief ins französische Bewusstsein eingegangenen Verfassungsprinzipien gehört, obgleich die Trennung von Kirche und Staat erst 1905 definitiv vollzogen wurde. Der Beschluss der Trennung von Staat und Kirche beendete am Ende der Dreyfus-Affaire einen Streit um die politische Rolle des Katholizismus in Frankreich, der sich, bisweilen blutig, über mehr als die Spanne eines Jahrhunderts zog. Der französische Staat treibt keine Kirchensteuern ein, in öffentlichen französischen Schulen gibt es keinen Religionsunterricht. Auch für einen konservativen Franzosen ist es eine seltsame Vorstellung, dass in fast ganz Deutschland die Note in »Religion« Teil der Gesamtnote des Abiturs ist. Tatsächlich ist ja diese Praxis auch nur dort noch ohne Probleme möglich, wo die religiöse Vielfalt sich auf Katholiken und Protestanten beschränkt.

Nur die laizistische französische Tradition erklärt die Tatsache, dass 1989 ein Tschador, ein Kopftuch, das ein marokkanischer Einwanderer seine Töchter auch im Unterricht zu tragen verpflichtete, eine hitzige nationale Debatte auslöste. Das religiöse Symbol verstieß gegen ein Grundgebot der Verfassung. So standen in der öffentlichen Debatte denn auch nicht, wie es in Deutschland gewesen wäre, linke Verteidiger einer multikulturellen Gesellschaft den rechten Verfechtern von »Leitkultur« gegenüber, sondern viele sozialistische und kommunistische Intellektuelle bestanden auf den Prinzipien der Republik gegenüber religiösem Eifer im öffentlichen Raum. Der Conseil d'Etat, das oberste Verwaltungsgericht, hat 1972 in der Frage ein salomonisches Urteil gefällt, das den untergeordneten Schulbehörden weitgehende Handlungsfreiheit bei der Deeskalierung solcher Konflikte lässt. So werden Mädchen, die sich auch vor dem Bunsenbrenner nicht von ihrem Kopftuch trennen wollen, paradoxerweise meist in katholischen Privatschulen untergebracht. Nein, Frankreich ist ein Einwanderungsland, aber kein kommunitaristisches. Die Idee einer Leitkultur hat dort nichts Anstößiges. Vermittelt werden soll sie aber nicht durch die Kirchen, sondern durch die öffentlichen Schulen.

Die öffentliche Förderung des Baus von Moscheen widerspricht also fundamental dem französischen Verfassungsverständnis. Und die Gemeinden selbst können das notwendige Geld nicht aufbringen, zumal der Islam so etwas wie eine zentralisierte Kirche nicht kennt und in vielerlei religiöse wie politische Fraktionen gespalten ist. So präsentiert sich ein Großteil der etwa 1 500 französischen Moscheen für die circa fünf Millionen Muslime so hässlich wie die Moschee el Fath in der Goutte d'Or. Repräsentative Neubauten werden von reichen arabischen Staaten bezahlt, die Moschee von Lyon von Saudi-Arabien, die von Mantes-la-Jolie von Saudi-Arabien und Libyen. Nur in Straßburg beteiligt sich jetzt die Kommune am Bau einer neuen Moschee – im Elsass wurden 1905 Kirche und Staat nicht getrennt, weil die Region damals zu Deutschland gehörte.

Der Religionsfriede zwischen dem französischen Staat und der islamischen Religiosität, am schönsten architektonisch umgesetzt von Jean Nouvels Institut du Monde Arabe am Ufer der Seine, steht auf einem dünnen Fundament. Es wird nur halten, wenn die soziale Exklusion und die Armut bekämpft werden können, die zunehmend auch Schwarzafrikaner in die Moscheen treibt. Oder vor die Moscheen, wie hier in der Rue Polonceau.

Während ich dort auf dem Bürgersteig stehe und auf die kniend betenden Gläubigen sehe, kommt ein Polizeiwagen auf dem schmalen Streifen Straße heraufgefahren, den die Gläubigen noch freigelassen haben. Als der Polizeiwagen bei einem parkenden Auto ankommt, ist kein Durchkommen mehr. Die betenden Männer können nicht vorrücken, denn vor ihnen befinden sich dicht an dicht andere betende Männer. Sie könnten nur mitten im Gebet aufstehen, um dem Wagen Platz zu machen. Der Polizeiwagen hupt in den Singsang hinein, der aus den Lautsprechern kommt. Hupt nochmals. Und stellt dann das Martinshorn an. Es ist, als wollten sich italienische Carabinieri beim Ostersegen auf dem Petersplatz mit Blaulicht und Sirene Platz schaffen. Es ist schlimmer, denn es ist enger, die Männer knien, und die Lautsprecher sind kraftlos. Es ist eine Provokation, obgleich wohl nicht so gemeint. Ein junger Polizist am Steuer. Eine junge Polizistin steigt aus, um zu sehen, ob da nicht doch irgendwo Platz zu schaffen wäre. Mehr gedankenlose Pflichterfüllung als absichtsvolle Provokation. Ein Araber, der nicht kniete, springt auf den Wagen los und beschimpft wütend die Polizisten als Rassisten. Andere springen auf und halten ihn zurück. Auf Socken. Das Martinshorn schweigt schließlich. Und die Republik hat ein bisschen Terrain verloren. Aber anderswo leiten auch Polizisten den Verkehr um, wenn die Betenden auf der Straße knien. Es kommt eben darauf an.

Montmartre.
Das touristische Paris
und das andere

Kaum irgendwo in Paris ist der Kontrast zwischen verschiedenen Welten so spürbar wie im XVIII. Arrondissement. Die Scheidelinie zwischen ihnen bildet der nord-südlich verlaufende Boulevard Barbès. Östlich die Goutte d'Or, in die kein Tourist seinen Fuß setzt, westlich ein Stück von Paris, das kein Tourist auslässt. Man kann von der Drogenszene um Château-Rouge ein paar Schritte die Rue Muller hinaufgehen und sieht sie dann schon oben am Ende der Treppen wie eine Fata Morgana: Sacré-Cœur. Durch steil aufsteigende Gärten führen wie Kaskaden die Stufen, ohne die kein amerikanischer Film über Paris auskommt, hinauf auf die Butte Montmartre. Man kann die Erscheinung auch anderswo erleben in den Straßen, die westlich vom Boulevard Barbès abzweigen. Vor den Stoffgeschäften der Rue d'Orsel fühlt man sich noch in einer anderen, arabischen Welt – und dann öffnet sich plötzlich in der Rue Livingstone der Blick nach oben, auf Sacré-Cœur, zum Greifen nahe. Man kann es auch so machen wie die Busse, die unten auf dem Boulevard bleiben. Erst auf dem Boulevard de Rochechouart, dann auf dem Boulevard de Clichy, Richtung Pigalle. Auch da sieht man spätestens auf der Höhe der Rue de Steinkerque zwischen den Pornoboutiquen rechter Hand oben das weiße Phantasiestück, vom dem alle wissen, dass es architektonisch ein schlechter, aber ernst gemeinter Witz ist und trotzdem alle anzieht, die frommen Pilger ebenso wie die Rucksacktouristen und die Bildungsreisenden.

Diese plötzliche Erscheinung der Kirche über Stadtteilen, die ganz andere Sorgen haben als solche, die von weißen Kirchen behoben werden können, macht Sacré-Cœur trotz allem so beeindruckend. Wir sind dran gewöhnt, dass ein Raum der Vermittlung, des Übergangs liegt zwischen Arm und Reich, Islam und Katholizismus, Dildos und geweihten Kerzen, irdischen Huren und himmlischen Jungfrauen. Hier stößt beides direkt aufeinander.

Nehmen wir den hässlichsten Weg, den über die Boulevards. Am Straßenrand links ist Bus neben Bus geparkt. Circa sechshundert sind es am Tag, im Sommer auch schon einmal mehr, im Winter allemal die Hälfte. In den Untergeschossen der Häuser wechseln Schnellimbisse mit Pornoshops und Peepshows. Die Leuchtreklame lockt auch am Tag. Dies, so verspricht sie, ist das sündige Paris, das Paris der Libertinage, des Cancan, des Moulin Rouge. Vor hundert Jahren mag hier wirklich möglich gewesen sein, was in einer deutschen Großstadt nicht möglich war. Aber heute? Pornographie zu festen Sendezeiten im Fernsehen, Sexshops am Bahnhof in Kassel, Videokassetten per Versand, alle Sorten visueller Lust free access im Internet – und dennoch hält sich seit hundert Jahren die Idee, hier, auf »Pigalle«, ginge es besonders verrucht zu. Der Mythos hält sich, weil kaum einer aus den Bussen von Arnsburg oder Herborn oder Montbéliard hineingeht in die nach Chlor riechenden Lustzellen, denn man kommt ja in der Gruppe. Oder mit Familie. Vielleicht würde die

Vorstellung aber dennoch der Erfahrung standhalten. Die Ideen, die man sich von einer Sache gemacht hat, sind oft viel hartnäckiger als die Erfahrungen.

Man muss nur dem Strom der Menschen folgen, der hineindrängt in die kurze Rue de Steinkerque, dann treibt man auf die Talstation der Zahnradbahn zu, die auf die Butte Montmartre führt. Diese kurze Straße ist trotz ihrer beeindruckenden Perspektive eine der unangenehmsten von Paris. Straßenhandel aller Art, teure Billigklamotten, unendlich viele Varianten des Eiffelturms in Gold und Glas und klein und groß, als Ohrring und als Schlüsselanhänger. Gern auch Afrikanisches, sehr günstig, wie der Verkäufer meint. Es gibt sogar Hütchenspieler. Es ist spannend, zuzusehen, wie sie Kundschaft gewinnen und in Minuten ausnehmen. Am Anfang lässt man gewinnen. Es ist ja so einfach, den Bewegungen des Spielers zu folgen und zu wissen, unter welchem Hütchen sich der Würfel befindet. Natürlich weiß das Opfer eigentlich, dass Hütchenspieler betrügerische Virtuosen sind. Aber hat man erst einmal gewonnen, dann siegt die Gier über das Wissen, die trügerische Evidenz des Augenscheins sieht sich bestärkt durch zwei gewonnene 20-Euroscheine – und dann wird man ausgenommen, und niemand kann das Unglück mehr aufhalten, bis die Taschen leer sind und der Rausch verflogen. Hütchenspieler haben es leichter mit Touristen als Schlepper und Prostituierte.

Hier am Fuße des Heiligen Herzens (so muß man wohl »Sacré-Cœur« übersetzen) ist alles massenhaft und vieles Trug. Das Kinderkarussell links ist aus Plastik. Die alten Holzpferde findet man anderswo teuer im Antiquitätenhandel. Ein Dokumentarfilmteam hat es auf ein kleines Mädchen in weißen Strümpfen abgesehen, das rosa Zuckerwatte kaut, während es im Kreis fährt.

Die Mutter ist begeistert. Das Mädchen weint am Ende, man weiß nicht, warum. Vielleicht ahnt es, dass sich die Kamera nicht wirklich für sie interessiert hat.

Trotz der vielen Menschen ist es schön, die weit geschwungenen Treppen hinaufzugehen, wohl weil man näher kommend immer weniger von Sacré-Cœur da oben und immer mehr von Paris da unten sieht. Jugendliche werfen aus den Büschen auf die Touristen Knetmasse, die sie zuvor einem Straßenhändler gestohlen haben. Oben, zu Füßen der Kirche, führen Straßenkomödianten in weiten, weißen Satingewändern mit venezianischen Masken Märchenhaftes auf und werden heftig beklascht. Ein kleiner Junge geht mit Hut herum, gut für die Einwerbung größerer Beträge aus dem Kreis des kunstsinnigen Publikums. Eine Etage höher, direkt vor den Toren der Kirche, bringen vierzigjährige, eher mittelmäßige Beatles-Imitatoren mit unverstärkten Gitarren eine gute Hundertschaft von Jugendlichen aus vielerlei Ländern dazu, den Refrain von »Twist and shout« mitzusingen. Viel Gelächter, Verbrüderung, ein Hauch von verspätetem Woodstock. Man wird etwas zu erzählen haben, zu Hause. Hier fühlen sich die jugendlichen Besucher so wohl wie sonst nur vor dem Centre Beaubourg und auf der Place Saint-Michel.

Links treibt der Strom hinüber zur Place du Tertre, ringsum gesäumt von Dutzenden Künstlern vor ihren Paletten und von weißen Caféhausstühlen. Die Künstler malen, was sie nicht sehen, denn sehen können sie eigentlich nur weiße Caféhausstühle, rote Sonnenschirme und Touristen. Sie malen das Montmartre der Impressionisten, das man im Musée d'Orsay besichtigen kann. Le Moulin de la Galette und so weiter. Sie malen es nach, mehr oder minder schlecht. Meist mehr. Bei manchen gibt es eine gewisse kunsthandwerkliche

Hässlich und doch strahlend schön: Sacré-Coeur über Montmartre

Geschicklichkeit beim Nachziehen ästhetischer Linien, die hier vor hundert Jahren zum ersten Mal gezogen wurden. Der Rest ist unsäglich. Am besten noch die rasch verfertigten Bleistift- oder Rötelporträts von Gelegenheitskunden. Eine vage Ähnlichkeit mit der Vorlage wird zumeist schon wie ein kleines Wunder begrüßt und gut entlohnt.

Was die hübschen und auch die schon nicht mehr so ganz hübschen Mädchen unten auf dem Boulevard de Clichy dazu bringt, den bejahrten Phantasmen bejahrter Touristen frisches Blut zuzuführen, lässt sich verstehen: Sie wollen Geld. Was aber bringt keineswegs notleidende Menschen dazu, sich beim Bürgermeisteramt des XVIII. Arrondissements um einen der begehrten Plätze an der Place du Tertre zu bewerben, um dann nach endlich erfolgreicher Akkreditierung jeden Tag zu zeigen, dass man nichts zu zeigen hat? Ein pensionierter holländischer Zahnarzt, der in seinem Beruf gewiss kein

Pfuscher war, gab angestrengt mit dem Pinsel in der Hand die Antwort: »Es war mein Traum.« Der Traum von Montmartre, das ist der Traum von Lust, von Überschreitung der Grenzen des bürgerlichen Lebens und der bürgerlichen Kunst.

Schon die Lage der Butte Montmartre ist einmalig: die höchste Erhebung der Stadt, die einzige mit steilen Hängen. Der Hügel besteht aus weichem Kalkstein und ist durchzogen von unterirdischen Höhlen, die den Verfolgten immer neuer Jahrhunderte Schutz gewährten. Die Gipsbrüche boten lange Zeit Lebensunterhalt. Die Place Blanche, der »Weiße Platz« heißt so, weil das Pflaster hier weiß war vom Gips, den die Arbeiter an den Schuhen hertrugen.

Montmartre wurde erst 1860 Teil von Paris, aber seine Geschichte reicht zurück in die römische Antike. Hier befand sich ein Merkur gewidmeter Tempel, von dem man noch Überreste in der Kirche Saint-Pierre-de-Montmartre sehen kann. Im sechsten Jahrhundert entstand ein Dorf mit Kapelle und Friedhof. Ab dem neunten Jahrhundert trug der Hügel den Namen Mont Marthyrum, Berg der Märtyrer. Damals waren damit christliche Heilige gemeint, aber andere sollten folgen. Im hohen Mittelalter entstand hier ein Benediktinerinnenkloster, an das nur noch Saint-Pierre erinnert, eine der wenigen romanischen Kirchen von Paris. Sie wurde so häufig umgebaut (die Fassade ist aus dem 18. Jahrhundert), dass man sich die ursprüngliche Form kaum vorstellen kann. Ignatius von Loyola gründete am Montmartre im Jahre 1534 mit sechs Genossen den Jesuitenorden. Das hinderte nicht daran, dass die Butte Montmartre schon im 18. Jahrhundert zu einem privilegierten Ort des Lasters wurde. Es gab damals schon über hundert Cabarets, die zumeist auch als Bordelle fungierten. Das ist nicht wenig angesichts der lediglich gut vierhundert Haushalte, die man am Vorabend der Revolution hier zählte. Während dieser Revolution taufte man den Berg um in »Mont Marat«, zerstörte das Kloster und verwandelte Saint-Pierre in einen Tempel der Vernunft, der 1795 wieder in eine Kirche transformiert wurde. Zu Beginn der industriellen Revolution wurde dann ein Sendemast draufgesetzt.

Im 19. Jahrhundert war Montmartre ein Ort der Arbeit, des populären Vergnügens und der Revolution. Arbeit gab es in den Steinbrüchen, in einer der 25 hölzernen Windmühlen, die bis auf zwei (Moulin Radet und Moulin de la Galette) verschwunden sind, aber auch beim Eisenbahnbau um den Gare du Nord und zum Gare de l'Est am Fuße der Butte. Die Ballhäuser tragen nun bereits bekannte Namen: Élysée Montmartre, La Boule Noire, La Reine Blanche, Le Moulin de la Galette. Es gibt schon Photos davon (Nadar hat eine Zeit lang auf einem Strohsack am Rande der Place du Tertre geschlafen). Sie zeigen ärmliche Schuppen, die an heutige Bilder von den Bidonvilles am Rande der Großstädte der Dritten Welt erinnern. Drinnen walzten die Proleten, sonntäglich aufgeputzt mit steifem Bowlerhut, gewichstem Schnurrbart und goldener Uhrkette, während die Damen in langen Kleidern abenteuerlich gestaltete Hüte schwenkten. 1889 eröffnete das berühmteste unter allen diesen Lokalen, das Moulin Rouge, am Boulevard de Clichy. Es war damals eine hochmoderne Vergnügungsanlage, hell von den neuen Gaskandelabern erleuchtet. Im Hof gab es ein Gartenlokal mit Bühne in Form eines riesigen Elefanten, Verkaufsbuden und Pavillons. Aber nicht deshalb kam der Prince of Wales her, nicht deshalb strömten die Provinzlebemänner herbei. Sie kamen wegen der Tänzerinnen, wegen La Goulue, wegen Môme Fromage und Nana-la-Sauterelle, die die Beine zum Himmel hoben und die schwarzen Strapse zeigten und die langen Unterhosen mit dem Spitzenbesatz. Toulouse-Lautrec, der zwergwüchsige, versoffene Aristokrat, lebte in dieser Welt und hat sie verewigt. Seine Plakate von Jane Avril und Aristide Bruant kann man heute an der Place de Tertre leicht kaufen. Die Gemälde mit den leeren, traurigen, früh erloschenen Gesichtern, die er am Rande des Balls in der Moulin de la Galette malte, seine Bilder der Trinkerin (1889), von Rosa der Roten (1888), von den vernutzten Prostituierten mit bis zur Hüfte geschürztem Rock und nichts drunter bei der Arztvisite (1894) sind nicht im Angebot des Montmartre-Frohsinns.

Das Leiden und die Revolte bleiben aus der Montmartre-Gegenwart ausgeklammert, wenn sie sich nicht zum Genrebildchen verniedlichen lassen. Oben auf der Butte begann der Aufstand der Commune, der erste proletarische Aufstand der Geschichte. Am 18. März 1871 wollte der General Lecomte den Nationalgarden die Kanonen wieder abnehmen, die sie hier konzentriert hatten. Er wurde gefangen genommen und hingerichtet. Die Zeit der Commune und ihrer blutigen Niederschlagung begann. Die Spuren der Revolutionäre haben sich verloren. Man muss sie jedenfalls suchen. Im kleinen, selten überlaufenen Musée de Montmartre mit seinem ruhigen Garten in der Rue Cortot kann man welche finden. Von Louise Michel etwa, der anarchistischen Lehrerin, die 1868 an der Ecke der Rue Becquerel und der Rue Mont-Cenis ihre Schule gründete, für die Commune kämpfte, 1871 nach Neu-Kaledonien ausgewiesen wurde, 1880 nach der Amnestie zurückkehrte und noch bis ins 20. Jahrhundert hinein die anarchistisch-blanquistische Tradition der französischen Arbeiterbewegung fortsetze. Oder von Jean Baptiste Clément, dem Verfasser des Liedes von der Zeit der Kirschen, le temps des cerises, das hundert Jahre lang jedes französische Kind kannte, Bürgermeister des Arrondissements von Montmartre während der Zeit der Commune.

Der Bau von Sacré-Cœur war eine klerikale Reaktion auf die Commune und die Krise von 1871. Man wollte ein Zeichen setzen gegen die Revolutionen, die das Land seit beinahe hundert Jahren erschüttert hatten, ein Zeichen gegen moralischen Verfall, republikanischen und sozialistischen Geist. Ein Kaufmann namens Legentil regte das Projekt an, der Bischof von Paris nahm es auf. Die Butte, damals oben weitgehend unbebaut, bot sich als idealer Standplatz an. Die klerikale Konterrevolution wollte auf diese Weise auch baulich Paris dominieren. Man betraute den Architekten Paul Abadie mit dem Projekt, der sich bis dahin vor allem durch den Entwurf bedeutungsloser Provinzkirchen ausgezeichnet hatte. Er entwarf eine monumentale Basilika im neoromanischen Stil, dem kräftig neobyzantinische Elemente beigegeben wurden. Die Arbeiten begannen 1875. 1919 erst wurde das leuchtend weiße, im Inneren aber außergewöhnlich finstere Ding schließlich eingeweiht. Es hat die Zeit nicht aufhalten können, sondern wurde, wie es eben war, in die Baugeschichte der Stadt integriert. Zwar ist Sacré-Cœur nach wie vor auch Wallfahrtsziel, aber die große Mehrheit der Besucher weiß nichts von dem militant-klerikalen Geist, aus dem heraus sie gebaut ist. Paris gemeindet alles ein, aber es weist allem auch seinen Platz an.

Während sich die klerikale Reaktion noch darum bemühte, dass ihr hässliches Projekt Stein werde, war es längst überholt. Vom Eiffelturm zum Beispiel, aber der wurde nicht auf dem Montmartre errichtet. Es wurde überholt von Leuten wie dem verrückten, absinthabhängigen Holländer, der bei seinem Bruder in der Rue Lepic Nr. 54 wohnte und abends im Café Tambourin, 66, boulevard de Clichy, anzutreffen war, eines seiner unverkäuflichen Bilder vor sich und dann und wann zu Gewalt neigend. Es wurde übertroffen von Toulouse-Lautrec, Trinker auch er, und seinen Mädchen. Selbst von den Bewohnern der stufenweise angeordneten, morschen Bretterverschläge wurde es übertroffen, die sich mehrstöckig an den Hängen der Butte festklammerten und nach den schwimmenden Wäschereien auf der Seine »Bateau Lavoir« genannt wurden. Sie waren hier, wo es nur einen Wasserhahn gab, weil sie Platz brauchten für ihre Kunst und ihn nicht bezahlen konnten: Utrillo, Picasso, Gris, Braque, Apollinaire, Brancusi, Modigliani, Derain, Max Jacob… In diesen Verschlägen entstanden die Demoiselles d'Avignon, die Ernst machten, endgültig Ernst machten mit der längst vorbereiteten Idee, dass Kunst sich emanzipieren müsse von der Verpflichtung zur Abbildung der Wirklichkeit, um Wirklichkeit überhaupt noch abbilden zu können. Hier feierten sie im scheunengroßen Erdgeschoss das legendäre Fest zu Ehren des Zöllners Rousseau, jenes naiven Kindes, das an jenem Abend umgeben von Laubwerk und Fahnen auf seiner Kindergeige ein neues Zeitalter der Kunst herbeifidelte.

Die Zeit des Bateau Lavoir war einer der seltenen Gnadenmomente der Kunstgeschichte, die Gnadenmomente nur sein können, weil niemand um sie weiß, die Akteure eingeschlossen. Wer an Kunstwerken und Handschriften besäße, was dort entstand, wäre heute hundertfacher Millionär – wie könnte das erklärt werden einem, der sich heute an der Place du Tertre über einen Ölschinken beugt und sich fragt, ob da ein Schnäppchen zu ergattern wäre? Ein sicherer Hinweis immerhin wäre ihm zu geben: Was in Paris als »Künstlerviertel« gilt, hat allemal seine Künstler schon anderswohin vertrieben.

Das Bateau Lavoir ist nicht zu besichtigen, denn es ist verschwunden. Das morsche Holz, die zersprungenen Fenster, das graue Blechdach, die da an den Hang der Butte Montmartre geklebt waren, fielen zukunftsgewissen Abrissplänen zum Opfer. Das erspart uns heute, ein Remake besichtigen zu müssen, aus dem gerade das verschwunden ist, was den Ort ausmachte. Aber das gesunkene Bateau Lavoir behält als Verschwundenes eine Lebenskraft, die der unübersehbaren Basilika von Sacré-Cœur schon vor ihrer Vollendung abhanden gekommen war.

Die Momente der Gnade sind kurz. Toulouse-Lautrec hat sich totgesoffen, van Gogh ging nach Arles, Picasso verließ die Butte um 1909. Schon vor dem Ersten Weltkrieg wurde Montmartre zur Touristenattraktion. Touristen werden angezogen von etwas, was verschwindet, wenn sie kommen. Picasso ging, aber es blieb Gill, das Original, der Gitarrenspieler, Cellist, Klarinettist Gill mit dem grauen Bart, Kneipier im Lapin à Gilles, bald zum »Lapin agile«, zum »flotten Hasen«, mutiert. Das Lokal, das seinen Namen trägt, existiert noch heute, banal und teuer. Die Schöpfer von Originalen gehen, die »Originale«, die nichts hervorbringen als sich selbst, die bleiben. Montmartre wurde pittoresk. Die Versuche, dem Berg nach dem ersten großen Krieg neues Leben zu geben, blieben vereinzelt. Das von Adolph Loos für den surrealistischen Schriftsteller Tristan Tzara realisierte Haus war eine dieser Ausnahmen.

Montmartre wurde das erste Stadtviertel von Paris, das man musealisierte. Unten, im Viertel der Goutte d'Or oder nördlich in der Ebene Richtung Saint-Denis, veränderte sich alles nach den jeweils gültigen Gesetzen profitablen Wildwuchses, oben ging eine Gestalt der Butte in die urbane Ewigkeit ein. Der Preis solcher Verewigung ist allemal: das Leben.

Die Pariser Futuristen haben das früh erkannt. Félix Del Marle veröffentlichte 1913 ein futuristisches Manifest gegen Montmartre, in dem die Sätze standen: »Montmartre muss getötet werden. Platz der futuristischen Spitzhacke. Montmartre muss zerstört werden.« De Marle hatte Recht. Die Zeit Montmartres war vorbei. Aber er setzte sich nicht durch. Glücklicherweise vielleicht, denn mit ihm hätten auch die Immobilienspekulanten gewonnen. Es gewann aber die Gruppe um Claude Chapentier, eine Art frühe Bürgerinitiative, die Montmartre als ein durch Gärten umfriedetes Dorf erhalten wollte. 1929 entstand an der Nordseite des Hügels ein Weinberg, angeblich nach alten Plänen. Es gibt ihn immer noch. Das Ende der Weinlese wird so pompös gefeiert wie im Burgund. Man versteigert das saure Gesöff und erzielt hohe Preise, weil es rar ist. Nach dem Zweiten Weltkrieg wurde Montmartre zum denkmalgeschützten Gebiet erklärt und kann seither nicht mehr verändert werden. Nur niedrig geschossige Bruchsteinhäuser oder Häuser mit vergipsten Wänden sind noch zugelassen, keine Backsteine oder Kalksteine dürfen verwendet werden, vor allem natürlich kein Sichtbeton. Kurz: Alle moderne Architektur wurde verboten, damit ein Dorfcharakter erhalten bleibe, der so nie existiert hat. Nirgendwo hat sich Paris, das sich ewig wandelnde Paris, so widerstandslos aufgegeben wie in dem falschen Dorf zwischen Sacré-Cœur und der Place du Tertre. Und gerade das ist der letztlich ganz kleine Teil von Montmartre, den die Touristen besuchen.

Aber es gibt andere Teile, ganz in der Nähe, die sind weitgehend verschont, weil gleichgültig gegenüber der schnellen Schaugier der Businsassen. Es sind die Straßen, die nicht direkt hinaufwollen zum Gipfel, sondern sich spiralförmig dem Hügel anschmiegen. Wenn man am Ende der Rue de Steinkerque nach links geht, findet man sich unter Lindenbäumen auf dem schattigen Platz Charles-Dullin und ist mit ein paar Schritten dem touristischen Paris schon entlaufen. Ein bisschen höher, in der Rue Yvonne Le Tac, benannt nach einer deportierten Volksschullehrerin, trifft man rechts auf die notorisch geknipsten Kaskaden von Montmartre-Treppen, hier ganz unbelebt. Man geht besser geradeaus weiter bis zur Place des Abbesses. Das ist kein Meisterstück von Platzgestaltung wie die Place des Vosges oder die Place Vendôme. Es ist einfach schattig von allerlei Bäumen unreiner Abstammung, der Métroeingang ist von Guimard, der Brunnen von Wallace, und die Spatzen hier wollen keine Nachtigallen sein.

Die Rue des Abbesses, ost-westlich auf halber Höhe zwischen dem Boulevard de Clichy und dem Scheitel der Butte gelegen, ist das Zentrum des Viertels. Wie überall in Frankreich, sind am späten Abend nur die von Nordafrikanern geführten Geschäfte offen. Und Kneipen. Die alten Säufer, die vor einem Glas Chinon unter den gelassenen Blicken des Personals ihre alten Pläne zur Verbesserung der Welt erneut vortragen, bis tief in die Nacht, wenn die Arbeiter des Viertels schnell noch die Mülleimer rausbringen, bevor sie zur Arbeit gehen; die jungen Kreativen, die darauf warten, bekannt zu werden; die ewig ungedruckten Schriftsteller;

die alten Damen, die schnell noch mal den Hund Gassi
führen; die mittleren, altgläubigen Angestellten ohne
Kinder, aber mit Großraumlimousine; die diskreten
Hausbesetzer – hier finden sie alle ihren Platz.

Montmartre ist nur auf dem schmalen Streifen tot,
wo es sich ganz den Touristen überlassen hat. Daneben
ist es aus dem Alten heraus neu entstanden, unspekta-
kulär und lebendig.

Das geliebte Zeichen der Stadt.
Der Eiffelturm

Buchumschläge werden nur selten von Autoren gemacht und folgen auch nicht immer deren Ideen. Was
wohl auch nicht immer gut wäre, denn Autoren glauben
gerne, ihr Buch würde wegen der Qualität der darin
entwickelten Ideen und der Unwiderstehlichkeit ihres
Stils gekauft. Gute Verleger glauben daran nur manchmal, achten ansonsten aber darauf, dass die Sprache der
Buchumschläge verständlich ist, dass sie den kurzen
Blick des vorbeieilenden potenziellen Käufers einfangen
und ihm deutlich signalisieren, wovon das Buch, das er
kaufen soll, denn handelt. Den Geschmack des Autors
zu treffen, ist ihm in diesem Zusammenhang weniger
wichtig, denn der kennt das Buch ja schon und kommt
außerdem nicht als Käufer in Betracht. Im glücklichen
Falle ist der Autor zufrieden, aber, wie gesagt, darauf
kommt es nicht an. Als mich mein geschätzter Lektor
des vorliegenden Buches anrief und mir freudig mitteilte, »die Graphik« habe den Entwurf vom Umschlag
des Buches fertig, das Sie, lieber Leser, im Moment in
Händen halten, da war ich mir ganz sicher, dass auf diesem Buchumschlag an prominenter Stelle der Eiffelturm auftauchen würde. Die Post brachte vier Tage später die Bestätigung. Ich hatte längst vorher beschlossen,
mich nicht gegen einen Eiffelturm auf dem Umschlag

zu wehren. Wer über Paris schreibt, entgeht dem Eiffelturm nicht. So ist es nun einmal, und niemand kann etwas dagegen tun. Der Eiffelturm ist, wie Le Corbusier schrieb, »Zeichen des geliebten Paris, geliebtes Zeichen von Paris«.

Ich wusste, mein Einwand, der Eiffelturm interessiere mich nicht so besonders, würde nicht verschlagen. Ich glaube, er interessiert mich deshalb nicht so besonders, weil er so fertig ist, perfekt, nicht zu verändern und zu verbessern. Und weil er so oft abgebildet und beschrieben wurde. Vielleicht auch, weil er doch die Wege seiner Erkundung weitgehend vorschreibt. Es mag auch eine Rolle spielen, dass die Pariser nur dann auf den Eiffelturm fahren, wenn sie Besucher aus der Provinz oder aus dem Ausland zu führen haben. Außerdem sieht man den Eiffelturm nicht, wenn man hinaufgefahren ist. Das gab übrigens Maupassant, der ein polemisches Manifest gegen Eiffels *chef d'œuvre* unterzeichnet hatte, als Grund für seine gelegentlichen Diners im Restaurant auf der ersten Plattform des Turmes an: »Das ist der einzige Ort in Paris, von wo ich ihn nicht sehe.« Ich sehe ihn hingegen gern, den Eiffelturm, deshalb fahre ich nicht hinauf. In das Viertel, das ihn umgibt, verschlägt mich nichts. Das Marsfeld ist nicht eben ein besonders einladender Ort für Spaziergänge und war dafür ja auch nicht gedacht. Die Ecole Militaire und den Invalidendom mit Napoleons Grab muss man nur einmal gesehen haben. Und dann folgen stadteinwärts auf dem linken Ufer Ministerien, von außen keine Orte des urbanen Frohsinns. Weiter als bis zum Palais Chaillot auf der rechten Seineseite und bis zum Rodin-Museum in der Rue de Varenne muss ich mich dem Eiffelturm nie nähern. Warum auch?

Aber es hilft nichts, ein Buch über Paris muss den

Eiffelturm auf dem Deckel tragen. Zumindest ein ausländisches. In welchem Maße der Eiffelturm mit Paris, mit Frankreich, ja mit Europa identifiziert wird, lässt sich durch Zahlen belegen. Übrigens lässt sich fast alles an und um diesen Turm mit Zahlen belegen. In einem wissenschaftsgläubigen Zeitalter entstanden, bleibt er sich auch darin bis heute treu. Auf die Frage »Welcher Ort oder welches Bauwerk symbolisiert am besten Ihr Land?«, antworteten 1987 25 Prozent der Franzosen: »der Eiffelturm«. Er lässt damit Versailles (17 Prozent), den Arc de Triomphe (13 Prozent), den Louvre (10 Prozent), den Mont Saint-Michel (5 Prozent) und die Kathedrale von Reims (2 Prozent) weit hinter sich. Auf die Frage des Meinungsforschungsinstituts Sofres »Welche drei europäischen Bauwerke kennen Sie (auch nur dem Namen nach)?«, nimmt der Eiffelturm bei 30 Prozent der Italiener, 44 Prozent der Engländer und 43 Prozent der Deutschen den Spitzenplatz ein. Ein großer Teil der europäischen Bevölkerung sieht im Eiffelturm laut der gleichen Umfrage Europa am sinnfälligsten repräsentiert. So wäre der Eiffelturm für Europa, was die Freiheitsstatue für die Neue Welt ist. Das Stahlskelett, das die Liberty aufrecht hält, wurde übrigens gleichfalls von Gustave Eiffel entworfen. Jedenfalls verzeichnet der Turm jedes Jahr um die sechs Millionen Besucher, Weltrekord für ein eintrittspflichtiges Bauwerk. Das Empire State Building auf dem zweiten Platz bringt es nur auf knapp die Hälfte.

Weltläufige Besucher von Paris pflegen zu lächeln über die Schlüsselanhänger aus goldenem Eiffelturm, über die T-Shirts mit Eiffelturm, über die durch Kopfsturz beschneibaren Eiffeltürme unter einer durchsichtigen, wassergefüllten Glocke, über Eiffelturmthermometer, Eiffelturmohrringe, Eiffelturmmanschettenknöpfe (mein Großvater hatte welche, die ich in besonderen Momenten bestaunen durfte), über die Eiffelturmpapierservietten, über die nach Tausenden zählenden Dinge, die wie der Eiffelturm geformt sind oder denen der Eiffelturm aufgedruckt ist. Sie übersehen dabei leicht, dass wir alle Eiffelturmkonsumenten sind. Der Eiffelturm ist allen Klassen, arm und reich, gebildet oder nicht, ein Zeichen. Wenn nicht die Billigpostkarte mit Eiffelturm vor Sonnenuntergang nach Hause gesendet wird, dann vielleicht eine Postkarte mit einem der vielen Eiffeltürme, die Delaunay gemalt hat. Oder Erwin Blumenfelds Foto von dem Mädchen mit dem weiten, schwingenden Rock seines braven Kleids, dem Mädchen, das, unschuldig und von keiner Absturzgefahr wissend, auf den filigranen Trägern des Turms steht: fast fliegend schon, beinahe ein Engel, von der Erdenschwere gelöst durch eine leichte Eisenkonstruktion.

Kein Französischbuch auf der Welt, so kann man wetten, ohne ein Foto vom Eiffelturm. Kein Paris-Film ohne Eiffelturm, auch nicht die Dokumentarfilme fürs Dritte Programm oder für ARTE. Alle Filmautoren wissen, dass sie ihren Paris-Film vom Sender nicht abgenommen bekommen, wenn nicht irgendwo der Eiffelturm auftaucht, selbst wenn es thematisch um die Métro oder um die Friedhöfe ging. Alle Kameraleute wissen, dass am letzten Tag, wenn eigentlich der Film schon abgedreht ist, noch ein paar Bilder vom Eiffelturm in den Kasten müssen. Die übliche Perspektive ist die aus der zwischen den Stationen Passy und Bir Hakeim über die gleichnamige Brücke fahrenden Métro, berühmt geworden durch den *Letzten Tango*. Oder das Gleiche von unten: Schwenk über die Brücke mit Métro, über die Häuser am Quai und dann hinauf, hinauf am Gestänge des Eiffelturms bis zur Spitze. Métro, Eiffelturm und dann noch Bewegung im Bild, da ist jeder Film glücklich. Gern genommen wird auch der Blick vom Seineboot aus. Kein Klingelknopf am Boulevard de Grenelle, an dem nicht schon ein Aufnahmeleiter, ein Kameraassistent oder ein Photograph mit der Frage geklingelt hätte, ob man von der angeklingelten Wohnung aus nicht einen unverbauten Blick auf den Turm habe und vielleicht, »nur für ein paar Minuten«, dort ein paar Aufnahmen machen dürfe. Die besten Adressen mit den freundlichsten Mietern werden unter der Hand weitergegeben wie kleine Kostbarkeiten.

Es ist eher die Ausnahme, dass ein so junges, nicht sakrales Gebäude eine so alte und bedeutende Stadt symbolisiert und binnen eines Jahrhunderts weltweit bekannt wird. In Rom das Kolosseum und in Athen die Akropolis, die hatten Zeit, bekannt zu werden. Sonst sind die Wahrzeichen – ein schönes Wort – meist sakraler Natur. In Marseille oder in Lyon jedenfalls sind es an herausragender Stelle liegende Kirchen. In Hamburg auch die Michaeliskirche neben Hafen und Reeperbahn, in München sind es die Zwiebelkuppeln der Frauenkirche vor der Alpenkulisse bei Föhn, in Köln der Dom. In Berlin das Brandenburger Tor, nicht der Funkturm an der Avus und nicht der am Alexanderplatz.

Die Prominenz des Eiffelturms, der jung ist, in einer Niederung liegt und kein Kreuz auf dem Turm trägt, dürfte zuallererst mit seiner einmaligen, einfachen, völlig unverwechselbaren Gestalt zu tun haben: Versailles ist zu weitläufig, Triumphbögen gibt es auch in Rom oder Berlin und sonst noch vielerorts. Die Bastille ist spurlos verschwunden. Die neue Glaspyramide im Louvrehof hätte in ihrer klaren Form das Zeug zum Symbol, ist aber ihrerseits schon ein Zitat und braucht unbedingt ein Stück Louvregebäude im Hintergrund, um eindeutig zu sein. Notre-Dame kann man mit gotischen Kathedralen in Reims, in Amiens, in Chartres verwechseln. Sacré-Cœur ist zu hässlich – wo man auch sucht, nichts kommt dem Eiffelturm gleich. Er ist das Traumlogo jedes Werbespezialisten, eindeutig und sofort wiedererkennbar. Gerade deshalb darf der Eiffelturm heute ohne alle Werbung stehen, nachdem er ab 1934 für einige Zeit als Werbeträger für die Autofirma Citroën fungieren musste. Heute trägt er nur sich selbst und seine Besucher, damit ganz zum Denkmal geworden.

Die Form des Eiffelturms, unverwechselbar und leicht reproduzierbar zugleich, ist auch dadurch allen denkbaren Konkurrenzzeichen überlegen, dass sie unbestimmt ist, allen gehört und niemandem. Notre-Dame, das ist noch Mittelalter. Versailles, das ist das aristokratische Frankreich des Absolutismus. Die Bastille ist das Zeichen der Revolution. Der Arc de Triomphe, das ist das napoleonische Frankreich, Sacré-Cœur das Symbol der klerikalen Konterrevolution. Der Eiffelturm, das ist Paris. Das Paris aller Pariser, aller Franzosen und vieler Europäer. Zugleich ist dieses Sym-

bol nicht leer. Aber der Zusammenhang zwischen Zeichen und Bedeutung ist locker, gleitend, durchlässig, so wie die Konstruktion des Turms selbst.

Zur Perfektion des Eiffelturms gehört, dass er Gegenstand eines in seiner Art perfekten Aufsatzes geworden ist, den ihm ein junger Semiologe im Jahre 1964 widmete, weil sich auch Gegenstände des Alltags so

Der Eiffelturm wächst 1888

lesen lassen wie ein Text: Roland Barthes. Es ist gewiss nicht zufällig, dass seine Arbeit an der Entzifferung des Turms in der Geschichte seines Werks zwischen der Entzifferung großer literarischer Texte – die Racine-Studie zum Beispiel – und der Entzifferung von Gegenständen des Alltags lag: Der Eiffelturm hat Teil an beidem, an kultureller Größe und an der Banalität des Alltäglichen, denn jeder Pariser, jeder Besucher sieht ihn irgendwann am Tag, ohne noch im Mindesten über ihn zu staunen. In gewisser Weise konstituiert er in dieser Gewöhnlichkeit die Einheit von Paris. Barthes geht aus von dieser All-Sichtbarkeit, All-Erkennbarkeit des Turmes (der übrigens von allen Seiten gleich aussieht), und er kehrt dann die Betrachtungsperspektive um: Erst der Blick von der Höhe des Turmes mache Paris zur Landschaft, mache die Stadt lesbar, weil nur so die Verbindungen zwischen den markanten Plätzen und Gebäuden ins Auge fielen, als Struktur erkennbar würden, weil man nur so gleichsam von oben in die Häuser hineinsehen könne. Der Eiffelturm als Ausgangspunkt, als luftige Plattform strukturalistischer Analyse.

Barthes ist auch der Erste, der den Blick darauf gelenkt hat, dass der Eiffelturm im Gegensatz zu klassischen Denkmälern und Museen die Differenz zwischen Innen und Außen nicht kennt. Man kann hinauffahren, notfalls auch hinaufgehen, aber man kann nicht in den Eiffelturm hineingehen. Drinnen wartet nicht die Mona Lisa, sondern, wenn überhaupt etwas wartet, dann das Gleiche, was schon draußen war: Paris. Die Louvre-Pyramide und die Glasröhren an der Außenhaut des Centre Pompidou nehmen das Prinzip auf, aber sie trauen sich doch nicht, es so weit zu treiben wie der Eiffelturm.

In Barthes Analyse fügen sich die Teile so perfekt wie die Teile des Gebäudes, über das er schreibt. Noch die

Idee, dieser Turm eines Ingenieurs, der vorher vor allem Brücken gebaut habe, sei eine Art Brücke zwischen Himmel und Erde, ist nicht ohne Evidenz. Wie gegen alle perfekten Abhandlungen ließe sich gegen die von Barthes einwenden, dass sie ihre unwiderstehliche Plausibilität nur durch Reduktion behaupten kann – aber das ist dann auch wieder eine Banalität.

Nehmen wir Barthes' Text als Denkmal und werfen einen Blick auf die Geschichte des Eiffelturms, auf die Geschichte und auf die Argumente seiner Parteigänger wie seiner Verächter. Gebaut wurde er zur Weltausstellung 1889. Die Weltausstellungen dienten dem bürgerlichen 19. Jahrhundert dazu, sich und andere davon zu überzeugen, wie weit man es gebracht hatte, wie Wissenschaft, Industrie und Handel die Welt veränderten. Von der dunklen Rückseite dieser Weltveränderung sah man damals wenig. Man hoffte, das Problem sei mit der neuen Gasbeleuchtung schattenlos zu klären. In Deutschland herrschte der szientistische Geist des Positivismus, und auch in Frankreich hatte der klerikale Konservatismus, der nach der Niederlage gegen Preußen und der Niederschlagung der Commune vor lauter Angst vor dem Industriezeitalter und der Herrschaft der Massen in die Sicherheit der Ständegesellschaft zurückfliehen wollte, den Bürgern die Verbesserungserfahrungen des Zeitalters nicht ausreden können. Zum hundertsten Geburtstag der Revolution hatten die Republikaner wieder Aufwind. Die Idee eines über tausend Fuß hohen Turmes, einer endlich möglich werdenden säkularen Revanche für das Schicksal des Turms von Babel lag in der Luft. Möglich war sie nun durch die Kunst der Ingenieure, durch die Exaktheit ihrer Berechnungen wie die Fortschritte der industriellen Produktion. Gustav Eiffel wusste um den symbolischen

Charakter dessen, was er da in 26 Monaten zusammen-schrauben ließ. Sein Werk symbolisiere »nicht nur die moderne Ingenieurskunst, sondern auch den Geist des Jahrhunderts der Industrie und der Wissenschaft, in dem wir leben und das vorbereitet wurde durch den großen wissenschaftlichen Aufschwung am Ende des 18. Jahrhunderts wie durch die Revolution von 1789, der dieses Monument als Zeichen der Dankbarkeit Frankreichs errichtet werden wird«.

Technisch war der Turm nicht so avantgardistisch, wie er aussah. Beim Bau der Passagen, der Bahnhofs- und Markthallen hatte man reichlich Erfahrung mit solchen Eisenkonstruktionen sammeln können. Der Unterschied bestand eben darin, dass dieser Turm, so sehr Eiffel auch seine möglichen praktischen Funktionen für Meteorologie oder Telegraphie herausstrich (sogar an Luftkuren wurde gedacht), keinem eindeutigen und sichtbaren Zweck mehr gehorchte, sondern eigentlich für sich stand. Er beanspruchte, wenn auch in den Reden seiner Befürworter zunächst verdeckt, etwas für sich, was bislang nur die Kunst für sich beansprucht hatte: die Autonomie. An der Geschichte der französischen Kunst lässt sich zeigen, dass der Gedanke der Autonomie der Kunst sich in der gleichen Zeit durchsetzte, als der Eiffelturm gebaut wurde. So ist es nur allzu verständlich, dass die etablierten, in die Akademie aufgenommenen Künstler an der Spitze derer standen, die den berühmten »Protest der Künstler« gegen den Eiffelturm unterzeichneten, der am 14. Februar 1887 in *Le Temps* erschien. Unter den Unterzeichnern waren Maupassant, Gounod und – natürlich – Garnier, der Architekt der Pariser Oper mit ihrem falschen Pomp. Garnier wollte die modernen Eisenkorsetts nur so gelten lassen, wie Korsetts auch in der Damenmode zugelassen waren: vollständig verdeckt.

Geholfen hat es nichts: Der Eiffelturm wurde gebaut und triumphierte als Zeichen des Endes der architektonischen Steinzeit. Das Publikum war begeistert. Man zählte zwischen dem 15. Mai und dem 6. November 1889 1 953 122 Besucher. Mehr als 10 000 drängten im Durchschnitt täglich hinauf auf den Turm, befördert mit Hydraulikfahrstühlen, die erst vor zwanzig Jahren ersetzt wurden. Triumphgeste französischer Ingenieurkunst, deren Existenz in neuerer Zeit in Deutschland gern übersehen wird, konnte er auch als Revanche für die Niederlage von 1871, als Sieg des republikanischen Geistes über den Obskurantismus, des Laizismus über die Kirche, der neuen Kunst über den Klassizismus gelesen werden. Babel und Eiffel reimen sich in französischer Aussprache und so reimte man dann: »Esclavage: Tour de Babel/ Liberté, progrès: Tour Eiffel!« (Sklaverei: Turm von Babel/Freiheit, Fortschritt: Eiffelturm!) Die Verwendung des Turms als Warenlogo setzte bald ein und trug dazu bei, seine Form überall bekannt zu machen.

Seine Erfolgsgeschichte war freilich keineswegs ungebrochen, und nur das Nießbrauchsrecht, das sich Eiffel für zwanzig Jahre gesichert hatte, rettete seinen Turm vor dem Umbau oder dem Abbruch als Relikt einer längst vergangenen Weltausstellung. Um die Jahrhundertwende nämlich war der Fortschrittsoptimismus vielfach gebrochen, und die neueste architektonische Mode ging wieder aufs ornamentale Verstecken der Eisenkonstruktion, wie die anlässlich der Weltausstellung des Jahres 1900 errichteten Gebäude des Grand Palais und, stärker noch, des Petit Palais schräg gegenüber dem Eiffelturm auf der rechten Seineseite heute noch zeigen. Auch das Publikum verlor deutlich an Interesse. Zwischen 1901 und 1914 kamen nur noch rund 200 000

Blick über die Seine auf das Wahrzeichen der Stadt

Besucher pro Jahr. Erst nachdem sich der Turm im Ersten Weltkrieg als Funk-, Telegramm- und Spionagerelais nützlich gemacht hatte, konnte er in den zwanziger Jahren von Apollinaire, René Clair, Louis Aragon und vor allem Robert Delaunay als eiserner Geistesbruder geadelt werden und brauchte um seine Existenz nicht mehr zu bangen.

Aber auch in der Nachkriegszeit war die Wertschätzung des Turmes nicht immer ungebrochen. Er rostete heftig, Betonkonstruktionen, die ihm später zugefügt worden waren, lasteten schwer, hunderte von Selbstmördern brachten ihn ins Gerede, Neubauten versuchten, ihm die Pariser Hauptrolle streitig zu machen. Neoliberale Kritiker des französischen Traditionalismus sahen in dem nach wie vor im Besitz der Stadt Paris befindlichen Gebäude ein Symbol des vergangenheitsverliebten französischen Immobilismus. Heute aber wird der Eiffelturm gern als ein Beispiel für intelligenten und effizienten Umgang mit der historischen Bausubstanz der Stadt Paris, ja für die gelungene Integration von Traditionsbewusstsein und Wirtschaftsdenken in der Firma Frankreich zitiert. Seit vor gut zwanzig Jahren die Société Nouvelle d'Exploitation de la Tour Eiffel (SNTE) für die Stadt die Geschicke des Turmes in die Hand nahm, seit für mehrere hundert Millionen Francs der Turm abgespeckt, entrostet, neu gestrichen und mit neuen Fahrstühlen versehen wurde, stimmen die Bilanzen. Die circa 500 weit überdurchschnittlich bezahlten Mitarbeiter befördern zwischen 9 000 und 35 000 Besucher pro Tag bis um 23.00 Uhr hinauf auf den Turm, 365 Tage im Jahr. Das Symbol der Modernität altert nicht und kennt keine Pause.

Marais und Bastille.
Vom Adel und
von der Revolution

Paris, so scheint es, ist eine fertige Stadt. Das macht nicht zuletzt ihre Anziehungskraft aus, zumal für deutsche Besucher. Der Eindruck ist trügerisch. Er rührt daher, dass wir eben gerade das besuchen, was fertig ist und zumindest baulich für die Ewigkeit fixiert scheint, das, was allenfalls restauriert, aber nicht mehr verändert werden kann. In Wirklichkeit vollziehen sich immer wieder einschneidende Veränderungen, wenn auch nicht gleichmäßig. Im teuren Westen der Stadt ändert sich höchstens noch die Nutzung der Gebäude, aber die Bausubstanz und die Anlage der Straßen scheinen ihre definitive Form gefunden zu haben. Keine Regierung könnte heute noch ein Hochhaus an den Champs-Élysées oder Sozialbauten unter dem Eiffelturm durchsetzen. Im Westen wenig Neues.

Die Stadterneuerung von Paris hat daher in den letzten vierzig Jahren die entgegengesetzte Richtung eingeschlagen: gen Osten. Sie begann im Marais, einem Viertel, das heute den Eindruck macht, schon seit hunderten von Jahren schön und gelassen haupstädtische Würde zu verbreiten. Es will uns so vorkommen, als sei hier das älteste intakte Pariser Wohnviertel zu finden. In den anderen wird die Geschichte, die vor dem 19. Jahrhundert liegt, durch einige Monumente repräsentiert, hier ist ein ganzer Stadtteil Geschichte, so zahlreich sind die großartigen Adelspaläste, so individuell und nobel die kleinen Geschäfte. Dabei galt dieses Marais noch in den frühen sechziger Jahren als heruntergekommene Gegend, als Brutstätte von Tuberkulose und Kinderlähmung. Badezimmer und selbst Toiletten in den Wohnungen waren die Ausnahme, ein Drittel von ihnen hatte kein fließendes Wasser: Es gibt ein Photo von Robert Doisneau, das aus halber Höhe den immensen Platz festhält, auf dem ein paar Jahre später das Centre Pompidou entstehen sollte. Es zeigt einen Parkplatz, vollgepfropft mit den Automobilen der Zeit: viele Kombiausführungen des Deux Cheveaux – die Hallen waren nahe –, Peugeots 404, R 4, Simcas, viele Citroën DS, Panhards und sogar hier und da ein Volkswagen. Den Parkplatz umstehen meist schmalbrüstige, verwitterte, sich schief aneinander lehnende Häuser, wie man sie heute in Paris nur noch in den Sanierungsgebieten der Goutte d'Or findet. Dort, wo eines weggerissen ist, sieht man an der rohen Backsteinwand des angrenzenden Gebäudes noch den Verlauf der Geschosse, die Gestalt der Zimmer, die ärmlichen Tapetenreste, den Weg der Leitungen. Kranke Häuser, deren Eingeweide offen liegen. Die großen Plakatwände können sie nicht verdecken. Menschen sieht man kaum, es gibt auch nichts zum Besichtigen. Anderswo im Marais sah es ähnlich aus. Es gab Pläne, die ganze Seinefront des Viertels abzureißen und durch neue Verwaltungsgebäude der Stadt Paris zu ersetzen. Vierzig Jahre aber haben dann genügt, um aus dem Marais wieder eines der begehrtesten Wohnviertel der Stadt zu machen.

Das Marais liegt am rechten Ufer und erstreckt sich zwischen der Seine im Süden, der Place de la République im Norden, dem Centre Pompidou im Westen

In der Rue des Rosiers

und der Bastille im Osten. Marais heißt »Sumpf«. Tatsächlich war hier einmal eine feuchte, häufig überschwemmte Niederung, im Mittelalter vor allem bewohnt von vielfältigen religiösen Bruderschaften, die
den Straßen ihre Namen hinterlassen haben. Die große
Zeit des Viertels begann im 16. Jahrhundert, als sich die
Pariser Aristokratie dort ansiedelte. Sully, der Minister
von Henri IV., ließ sich das Hôtel errichten, das seinen
Namen trägt. »Hôtel« hießen damals die weitläufigen
Stadtpaläste der adeligen Familien, um die sich die kleineren Häuser der niederen Stände wie Vasallen gruppierten. Die Place Royale entstand, die heutige Place des
Vosges. Im 17. Jahrhundert spielte sich in den Hôtels
des Marais das gesellschaftliche Leben von Paris ab, der
glanzvollsten Metropole Europas. Das meiste, was wir
darüber wissen, stammt aus den Briefen der Madame
de Sévigné, die sie im Hôtel Carnavalet schrieb. Der Palast ist heute Stadtmuseum und dokumentiert überreich

die Geschichte der Metropole, natürlich auch die im 16. und 17. Jahrhundert. Und trotzdem kann man sich nicht vorstellen, wie sie wohl gelebt hat, die Familie, die diesen Palast zu füllen verstand, für die diese Gebäude nicht zu weitläufig waren, die Treppen nicht zu breit, die Gärten nicht zu kunstvoll. Es gibt auch heute Menschen, die sich solch ein Haus leisten können. Nicht zuletzt in Paris. Aber gibt es noch Menschen, die in so etwas hineinpassen? Die ganz aus ihrer Person heraus, keine Republik repräsentierend und keine Firma, solche Räume zu füllen vermögen? Picasso ist wohl der einzige Mensch des 20. Jahrhunderts, dem das gelang: Im nahen Hôtel Salé hat der französische Staat nach dem Tod des Künstlers das Picasso-Museum untergebracht.

Nach der großen Zeit des Marais folgte rasch der lange Niedergang. Der König siedelte nach Versailles über, in den Westen. Der Adel folgte ihm halbwegs und baute sich Häuser im Faubourg St. Germain am linken Ufer, im heutigen VII. Arrondissement. Das Marais kam aus der Mode. Das Hôtel de Beauvais wurde Postkutschenstation, im Hôtel Sully eröffnete der Bürger Dupré sein Handelshaus, das Hôtel de la Vieuville musste eine Tabakmanufaktur aufnehmen, im Hôtel de Chavigny kamen die Feurwehrleute unter, und das Hôtel Amelot de Bisseuil verwandelte sich in ein Ballhaus. Was einmal Adelskultur glänzend repräsentiert hatte, musste froh sein, nun wenigstens kleinbürgerlichem Gewerbefleiß zu Diensten sein zu dürfen.

Das Viertel kam so sehr aus der Mode, dass es auch von den Verschönerungsplänen des Barons Haussmann weitgehend verschont blieb. So sind hier viele der kleinen Sträßchen und Gassen des alten Paris erhalten, die woanders verbreitert und ausgerichtet wurden. Lange galten sie als Zeichen des Unmodernen, historisch Überständigen – ein Stück Spätmittelalter in der Hauptstadt des 19. Jahrhunderts. Außer der Rue de Rivoli und der sie verlängernden Rue Saint-Antoine, die westöstlich zwischen der Place de la Concorde und der Place de la Bastille verlaufen, gibt es im Viertel auch heute keine breiten Verkehrsadern. Selbst in der Nachkriegszeit, als auch die Parteigänger einer vorsichtigen Restaurierung sich gegen die Dynamitsanierer durchzusetzen begannen, galten weite Teile des Marais als nicht sanierbar. So wurde die Wiederherstellung des spätmittelalterlichen Hôtel de Sens begleitet vom Abriss der kurvigen Sträßchen und niedrigen Häuser, die den ehemaligen Sitz des Bischofs von Sens säumten, um einem französischen Garten Platz zu machen, der sich hier nie befunden hatte.

Mit dem Abriss der Hallen und dem Bau des Centre Pompidou am Rande des Marais, begleitet von einem groß angelegten Renovierungsprogramm, wurde das Stadtviertel in den siebziger Jahren plötzlich wieder chic. In die Stadtpaläste zogen Behörden, Archive und Museen ein. Vor allem aber kamen die Galerien und die schicken Läden, die Couturiers und die Minister wie Jacques Lang, der sich gern in seinem Appartement an der Place des Vosges photographieren lässt. In ihrem Gefolge und für ihr Gefolge wiederum Luxuslokale und Luxushotels von der kleinen, feinen Sorte.

Das Marais ist ein Viertel zum Stromern, zum Sich-durch-die-Straßen-treiben-Lassen, zum Staunen, zum Einkaufen auch. Der Anfang am Forum des Halles ist deprimierend, aber man sollte ihn nicht auslassen, schon als Kontrast zu dem, was später folgt. Eine kurze Zeit lang sah es so aus, als würde hier etwas entstehen, wo Pariser hingehen und nicht nur durchgehen. Die Brüder Costes, die ihre Hotels und Cafés immer dort ansiedeln, wo »man« bald hingeht, eröffneten das Café Costes, eingerichtet von dem damals nur Eingeweihten bekannten Philippe Starck. Aber dann kamen die Ladenketten: McDonald's, Häagen Dazs, Nafnaf. Und die Exhibitionisten: Skateboarder, Rapper, kleinkünstlerische Spekulanten auf touristische Mildtätigkeit. Billiganbieter von Lederjacken mit eingeprägtem Eiffelturmmotiv, die zusammen mit den ambulanten Fast-Food-Verkäufern die Fußgängerzone umstellen. In der Rue Saint-Denis statt Irma la Douce nun Videokabinen. Die wenigen verbliebenen Damen mit ihren verzweifelt kurzen Röcken und den Netzstrümpfen wirken angesichts einer Mode, die Netzstrümpfe zum letzten Modeschrei für anständige Damen gemacht hat, wie altmodische Kaltblüterinnen der Lust. Nur auf den Postern und Postkarten, die überall verkauft werden, findet sich noch das alte, wegsanierte Hallenviertel mit Zinktresen, schnauzbärtigen Kellnern, Pastis trinkenden Metzgern und offenherzigen Mädeln. So also wird ein Stadtviertel, das sich aufgibt und ganz dem Tourismus feilbietet.

Die Fußgängerströme treiben zum nahen Centre Pompidou, jenem nach zweijähriger Renovierung wieder in frischen Farben strahlenden Kulturmonster aus Röhren und Glas. Der Entwurf der Architekten Piano und Rogers, heftig umstritten bei der Einweihung im Jahre 1977, ist längst zum selbstverständlichen Bestandteil der Stadt geworden. Das Centre war als kostenlose Kulturmaschine für alle gedacht, nur für das Museum und Sonderausstellungen war Eintritt zu zahlen. Misst man den Erfolg des Konzepts an den Besucherzahlen, so übertraf er alle Hoffnungen. Es kamen fünfmal mehr Besucher als erwartet, und so musste das Centre Pompi-

Jugendstil-Synagoge von Guimard in der Rue Pavée

dou, ein Opfer seines Publikumserfolgs, 1998 für zwei Jahre zwecks Renovierung geschlossen werden. Ob es wirklich Neugierde auf Kultur war, was die Rolltreppen ermüdete, darf auch von dem bezweifelt werden, der einen weiten Kulturbegriff hat. Nach der Neueröffnung jedenfalls sind nur noch die Halle und die sehr gut bestückte Präsenzbibliothek kostenlos, für den Rest wird Eintritt erhoben. Damit sind die Straßenkünstler und ihre Zuschauer, die Low-Budget-Urlauber und die Streuner auf den weiten, terrassenförmigen Vorplatz verwiesen. Dafür aber wurden immerhin die Bestände des Musée National d'Art Moderne endlich so präsentiert, dass der Besucher auch merkt, dass er sich hier in der weltweit größten Sammlung moderner Kunst befindet. Leider kostet nun auch der Blick von der Dachterrasse, der zu den schönsten gehört, die man in Paris und auf Paris finden kann.

Von der Nordseite des Centre Pompidou kann man über die Rue Rambuteau und die Rue des Francs Bourgeois schnurstracks das ganze Marais durchqueren. Wer Kunst sucht, geht links hinauf in die Rue du Turenne, wo sich Galerie an Galerie reiht, wenig Kitsch, nicht alles teuer. Oder er kann bei Picasso im Hôtel Salé einkehren. Wer auf der Rue Rambuteau bleibt, stößt auf das Hôtel de Rohan-Soubise, das das französische Nationalarchiv beherbergt. Es wurde als Gedächtnis der Republik während der Revolution eingerichtet. Der Teil, der das Museum der französischen Geschichte enthält, ist öffentlich zugänglich. Welche dezente Pracht in diesem großen, gepflegten, säulenumstandenen Hof! Wenn man ihn durchschreitet, fühlt man sich wie auf Staatsbesuch. Und dann ist die Tür zum Museum schief, klemmt ein bisschen, der eiförmige Türgriff wackelt – Frankreich in seiner ganzen historischen Größe

*Erfolgreiche Kulturmaschine: Das Centre Pompidou
kündigt die Ausstellung »La Révolution Surréaliste« an*

und mit den kleinen Unzulänglichkeiten seiner Gegenwart.

Aber der Charme des Marais liegt eben nicht allein
in der noblen Architektur der Sehenswürdigkeiten, zu
denen dezente Hinweisschilder führen. Das Marais, das
sind auch die kleinen Geschäfte hinter den traditionellen hölzernen Verschalungen des Erdgeschosses, farbig
bemalt und sorgfältig beschriftet. Hutgeschäfte, Ta-
schengeschäfte, viele wunderbare Papiergeschäfte mit
altmodischen Schreibutensilien, Schmuckgeschäfte mit
Handgefertigtem, spezialisierte Buchläden, Kolonialwa-
renläden, Cafés – alles gewachsen, klein, sachverständig
geführt, nicht billig, aber auch kein Nepp. Diese Geschäfte sind die Erben der Bürger, die sich einst in
den Adelspalais einsiedelten und sie so über die Zeit
retteten. Ihr Stolz ist Handwerkerstolz. Nirgendwo
Gedränge, nirgendwo Kaufzwang. Manche dieser Ge-

schäfte – »Mariage Frères« zum Beispiel mit einem phantastischen Angebot an Tee und allem, was dazugehört, oder »Izrael«, das Gewürzgeschäft in der Rue François-Miron – ziehen Pariser wie Kunden aus aller Welt an. Andere, wie die Läden der Geigenbauer in der Nähe des Pont Louis-Philippe, wollen eher bestaunt werden.

Zum Zauber des Marais gehört auch, dass hier nicht nur verwaltet und eingekauft und besichtigt wird, sondern auch noch gewohnt. Bürgerlich vor allem, aber in den Lebensmittelgeschäften sieht man auch alte Frauen, die auf den Cent achten und doch hier wohnen, weil sie schon immer hier gewohnt haben. Und man sieht kleine Kinder, vor allem mittwochs und nach Schulschluss. Auf den schönen, stillen Plätzen spielen sie sich vor gelangweilten Au-pair-Mädchen in eine sonnige Zukunft.

Ein paar Schritte rechts hinunter in Richtung Seine liegt die Rue des Rosiers, das Zentrum des traditionellen Pariser Judenviertels. Man riecht sie schon im Voraus, die Gewürze des Orients, Falaffel und Koscher Pizza. Aber auch das europäische Ostjudentum ist vertreten. Bei Korcarz liegt Mohnstrudel aus, gibt es Brezel statt Sandwich. Bei Chez Marianne steht Pickelfleisch neben Taboulé und Rollmops auf der Speisekarte. Bei Jo Goldenberg Gulasch »comme à Budapest«. Dabei ist die Rue des Rosiers keine besonders schöne Straße, kein pittoreskes Freilichtmuseum jüdischer Kultur. Sie hat eher etwas Provisorisches anstelle des Alteingesessen-Noblen der anderen Straßen im Marais. Es gibt, was es woanders auch gibt, Bars, Cafés, teure Boutiquen und billige Schnellimbisse. Und trotzdem ist alles anders. Das liegt nicht an den hebräischen Aufschriften der koscheren Metzgereien, liegt nicht daran, dass hier

Geschäft in der Rue des Rosiers

ein Café »Psalmencafé« heißen kann. Es liegt an dem, was auf der unauffälligen Tafel an der Ecole de Travail steht: Hier wurden von den deutschen Besatzern und ihren französischen Helfern die Juden zusammengetrieben und in den Tod geschickt. Eine Busgesellschaft wirbt für eine Reise nach Auschwitz: 260 Euro kostet sie, alles inclusive. In den Buchläden liegt Goldhagens Buch aus. Und ein Buch über die Friedhofsschänder von Carpentras. Bei Goldenberg klafft das Einschussloch arabischer Attentäter in der Schaufensterscheibe. Das ist es wohl, was diese Straße zu einer ganz besonderen macht: das Provisorische, das aus der Angst erwächst, die Vergangenheit sei noch nicht vorbei.

Das Bürgerliche des Marais ist nicht ausschließend wie das Bürgerliche in Auteuil, Neuilly, Passy am Rande des Bois de Boulogne. So wird die Kultur des Marais heute zu guten Teilen von Schwulen bestimmt, die sich hier offener als Schwule zeigen als anderswo in der Stadt. Schließlich liegt auch das Hôtel de Ville im Viertel, das Pariser Rathaus, wo seit 2001 ein schwuler Bürgermeister die Nachfolge von Chirac und Tiberi angetreten hat. Jedenfalls gibt es im Marais nicht nur außergewöhnlich viele schöne Männer, sondern auch viele schöne Design- und Klamottenläden, vom ästhetischen Sinn und der kaufkräftigen Nachfrage der schönen Männer angezogen.

Gleich, ob man über die Rue des Rosiers kommt oder direkt über die Rue des Francs Bourgeois: Das Marais mündet in die Place des Vosges. Aus vielen guten Gründen gilt dieser Platz als der schönste von Paris. Sein ursprünglicher Name, Place Royale, stand ihm besser als der heutige, den ihm die Revolutionäre von 1789 verliehen, weil die Vogesen als erste ihre Steuern an die neue Republik entrichteten. Der Platz ist überschaubar, verschlossen, weil er nur wenige schmale Öffnungen kennt und strikt auf Regelmäßigkeit und Symmetrie besteht.

Sechsunddreißig zum fast lückenlosen Viereck aneinander gebaute, weitgehend identische zweistöckige Pavillons aus rotem Backstein, in weißem Sandstein gefaßt – darunter jeweils vier Arkaden, darüber imposante Schieferdächer –, umgrenzen ein regelmäßiges, von ebenso regelmäßigen hohen Eisengittern und regelmäßigen Baumreihen umstandenes Karree, auf dem früher Turniere stattfanden und heute kleine Kinder im Sand spielen. Die einzigen Unregelmäßigkeiten, die sich der Platz erlaubt, fügen sich in die aristokratische Ordnung: Auf der Südseite erhebt sich der Pavillon des Königs, auf der Nordseite der Pavillon der Königin ein wenig über die anderen. Die Arkaden, unter denen man spaziert, sind die gleichen, unter denen schon Richelieu oder Molière gingen, unter denen die glänzendsten

Symmetrisch, herrschaftlich: Place des Vosges

und seltsamsten Geister des 16. und beginnenden 17. Jahrhunderts zu Hause waren, Bayard, Ninon de Lenclos, Sully, la Brinvilliers und viele andere. Sie strahlen eine Majestät aus, die einen unwillkürlich zu schreiten zwingt. Alles ist von geschichtsgesättigtem Selbstbewusstsein. Das einzige Haus direkt am Platz, das man besichtigen kann, birgt das Victor-Hugo-Museum. Hugo wohnte hier von 1832 bis 1848, damals der unbestrittene König der romantischen Schule. Es ist ein bisschen düster und ein bisschen plüschig bei Hugos, vom »chinesischen Zimmer« einmal abgesehen, aber man hat einen schönen Blick auf den Platz, der alle adelt, die romantischen Literaten wie die sozialistischen Minister.

Der Adel hatte es schöner. Wenn man durch eine kleine, meist offen stehende Tür an der Südwestseite des Platzes geht, sieht man, wie schön er es hatte. Man blickt auf die Gartenseite des Hôtel de Sully. Es ist von einer Größe, die in den deutschen Kleinstaaten für Fürsten und Könige reichen musste. Vier Dutzend davon gibt es in diesem Viertel. Dieses hier ist das schönste in seinem kalkulierten Gegensatz zwischen reichem Schmuck – Säulen, Bändern, allegorischen Darstellungen mythologischer Gestalten –, und der strengen Regelmäßigkeit, die das alles bändigt. Das Hôtel de Sully ist das schönste, so finde ich, wegen dieses rückwärtigen Gartens, begrenzt vom Palais selbst, von einer gegenüberliegenden Orangerie und zwei hohen, efeuberankten Mauern, in der Mitte eine Gartenanlage im französischen Stil. Rechts auf der Bank unter dem schattigen Olivenbaum bietet sich einer der schönsten, ruhigsten Plätze, die man mitten im hektischen Paris finden kann. Häufig sitzen Studenten dort, die der Enge ihrer Studentenwohnheime oder ihrer winzigen Zimmer in der Dienstbotenetage von einst entkommen wollen. Paris knausert mit Wohnraum, schränkt seine Bewohner – sagen wir: die meisten – ein und treibt sie in die Hektik des Verkehrs, aber die Stadt bietet dann auch wieder Oasen der Ruhe von unvergleichlicher Schönheit. Wenn man den Garten des Hôtel de Sully auf dem Weg durchs Vorderhaus verlässt, in dem eine historische Buchhandlung und die französische Denkmalpflege untergebracht sind, dann ist man im Getriebe der Rue Saint-Antoine, ein paar Schritte nur von der Bastille entfernt.

Die Bastille, das ist der Ort, wo die Pariser ihre Revolutionen zu beginnen pflegten. Hier stand das wuchtige Gebäude, dessen Erstürmung zum Sinnbild aller Revolutionen geworden ist. 1370, im ausgehenden Mittelalter, baute man hier eine Befestigungsanlage zwischen Seine und Rue Saint-Antoine zur Verstärkung des Stadtrings und zum Schutz des Königs, der im Hôtel

Symbol der Freiheit: Génie de la Liberté hoch oben auf der Säule

Saint-Paul residierte. Zu den vier Türmen, die unter Karl V. eingebaut wurden, kamen unter Karl VI. vier weitere. 66 Meter lang war das Gebäude und 34 Meter breit; die Türme streckten sich 24 Meter in die Höhe, und ihre Mauern hatten einen Durchmesser von 2 Metern. Trotzdem wuchsen die Stadt und die Wehrtechnik über die Bastille hinaus, die dann als Gefängnis diente. Als die Revolutionäre von 1789 sie erstürmten, saßen noch eben acht Gefangene dort ein. Die Revolutionäre besorgten nur mit pathetischer Geste, was schon seit 1783 von der Pariser Verwaltung geplant war. Die Geschichte beschleunigte den Abriss. An diesem Hauptplatz welterschütternder Ereignisse lässt sich fein studieren, dass Revolutionen nie zu dem führen, was ihre Akteure beabsichtigen. Das galt noch für die Parteigänger der sanften Revolution Mitterrands, die hier 1981 seinen Sieg bei den Präsidentschaftswahlen feierten und dabei an Sozialismus dachten, den, wie Mitterrand bald erkennen musste, die Geschichte nicht mehr wollte.

Jedenfalls ist die Bastille heute bis auf den letzten Stein verschwunden. Nur ihre Umrisse sind noch durch besondere Pflastersteine in der Rue Saint-Antoine, dem Boulevard Henri IV. und auf dem Platz selbst markiert. Abschreiten kann man sie nur unter Lebensgefahr. Wo Voltaire und der Marquis de Sade einsaßen, fließt heute vor allem ein gigantischer Autokreisel um eine Säule, die von einem goldenen Engel gekrönt wird. Dieser Platz, das Pendant zum Etoile, ist so groß, dass ihn bis heute niemand so recht zu gestalten vermochte. Napoleon dachte ursprünglich daran, hier den Arc de Triomphe errichten zu lassen, der dann die Champs-Élysées krönen sollte. Er entschied sich für einen gigantischen Brunnen in Form eines Elefanten, der aus eingeschmolzenen erbeuteten Kanonen gegossen werden sollte. Es

156

blieb bei einem lebensgroßen Gipsmodell, in dem die Ratten noch nisteten, als Napoleon längst gestorben war.

Im Juli 1830 brach an der Bastille die nächste Revolution aus, die der Illusion ein Ende machte, die europäischen Fürsten könnten das Rad der Geschichte zurückdrehen. Der Bürgerkönig Louis-Philippe bekam die Macht und das Volk wieder einmal wenig von dem, was es, machtvoll für drei Tage, reklamiert hatte. Immerhin erhielt es die Säule als glänzenden Grabstein seiner Hoffnungen, mit den eingeritzten Namen der Opfer, die während der Julikämpfe ums Leben kamen. Oben auf der Säule thront das »Génie de la Liberté«, ein säkularisierter Freiheitsengel, der in der linken Hand die zerbrochene Kette des Despotismus und in der rechten die Fackel der Zivilisation trägt. 1840 überführte man mit großem Pomp die Asche der Julikämpfer zu der Musik der Begräbnissymphonie von Berlioz in die Gruft unter der Säule.

1848 kam neue Asche zur Asche. Das Volk verjagte Louis-Philippe und verbrannte seinen Thron auf dem Bastilleplatz. Die Gefallenen der Februarkämpfe wurden neben denen der Julirevolution von 1830 bestattet. Geschichtliche Verewigung musste von den Revolutionären allemal mit dem Tod erkauft werden. Wie es wirklich hier aussah während der Februarkämpfe 1848, hat uns nicht die Stadt, sondern die Literatur überliefert. Victor Hugos Darstellung der großen Barrikade zwischen Bastilleplatz und dem Faubourg Saint-Antoine in *Les Misérables* (1862) kommt an Monumentalität dieser Barrikade selbst gleich. Drei Etagen soll sie gehabt haben, 700 Fuß breit. Sie bestand nicht nur aus Steinen, sondern aus allem, was sich finden ließ. Ein Wall aus dem Müll der Armen, Sperrmüll fürwahr. Ein Viertel

Idylle in einem aufgeregten Viertel. Innenhof im Bastille-Viertel

machte aus den Zeugnissen seines Elends die »Akropolis der barfuß Gehenden«. »Es war ein Müllhaufen, und es war der Sinai.« Die Gesetzestafeln machten freilich bald wieder andere. Zola hat sie in *La Curée* in Gestalt des Spekulanten Saccard beschrieben, der sein Vermögen durch Grundstücksspekulation am nahen Boulevard Voltaire machte. Die Commune errichtete die Barrikaden neu, zwischen Bastille-Platz und Rue de la Roquette. Vom Abend des 28. bis zum Morgen des 29. Mai wurden hier 1 900 Communarden erschossen.

Keine deutliche Spur mehr von alledem, wenn man, vom Marais kommend, auf den Bastille-Platz tritt. Die Autos, die die Julisäule umkreisen, wissen nichts von der Asche der Toten, der Blick hinauf zur goldenen Statue sieht nur den Engel, aber nicht den Freiheitskampf und nicht die Zivilisation. Und doch bleibt eine Spur davon im Gedächtnis der Stadt. Die Demonstrationen verlaufen noch heute zwischen der Place de la Répub-

Hier war immer das Volk. Fenster zu einem cour an der Bastille

lique und der Place de la Bastille. Wenn die Rechte
einen Wahlsieg zu feiern hat, dann strömen ihre An-
hänger auf die Champs-Élysées. Wenn die Linke siegt,
dann weiß man, dass an der Bastille gefeiert wird.

Was man sieht, übergroß sieht, das ist neben den
Autos und der Julisäule das monumentale Portal der
Opéra Bastille, 1989 rechtzeitig zur 200-Jahr-Feier der
Französischen Revolution eröffnet. Auch sie gehörte zu
den Großprojekten, in denen sich Mitterrand urban
verewigte. Das Projekt des kanadischen Architekten
Carlos Ott hatte viel an symbolischer Fracht zu tragen:
Eine Volksoper sollte in einem volkstümlichen Viertel
als Gegenentwurf zur Oper Garniers im bürgerlichen
IX. Arrondissement entstehen. Dem Arc de Triomphe
am westlichen Ende der großen Pariser Ost-West-Trans-
versale sollte ein anderer, friedlicher, künstlerischer
Bogen entgegengesetzt und so auch der Platz endlich gestaltet werden. Gelungen ist davon nur weniges. Die

symbolische Schwelle, die die traditionell von der Hochkultur Ausgeschlossenen abweist, blieb ebenso hoch wie im Palais Garnier. So hat man die vollständige Verlagerung des Opernbetriebs in die Bastilleoper denn auch wieder rückgängig gemacht. Zudem wurden die, die so lange »das Volk« hießen, gerade in dem Moment massiv aus dem Viertel verdrängt, als die Volksoper entstand. Der schräg gestellte Granitbogen über der großen Freitreppe am Eingang, die als Fenster eingesetzten Glasbausteine und die Rundungen in der Fassade mildern den klotzigen Eindruck schon auf der dem Platz zugewandten Seite nur unzureichend. Die tief in das Vorstadtviertel hinein reichenden Seitenfronten sind ungeschlacht und ungestaltet, von den sich lösenden Plattenverkleidungen und anderen schon sichtbaren Bauschäden ganz abgesehen. Was bleibt, ist eine Oper mit hervorragender Akustik und technisch hoch entwickelten Aufführungsmöglichkeiten.

Dass an der Bastille lange Zeit die Grenze zwischen Stadt und Vorstadt verlief, merkt man freilich noch deutlich. Die Häuser im Faubourg Saint-Antoine an der Nordseite des Platzes haben nichts von der Würde der Hôtels im Marais. Man sieht noch einige von den schmalen, schmucklosen Häusern, die in diesem dicht bevölkerten Viertel ungefähr ein Dutzend vielköpfiger Familien aufnahmen. Im Erdgeschoss waren die Werkstätten der Handwerker. Vor allem die Schreiner konzentrierten sich hier. Über tausend gab es schon im 18. Jahrhundert. Geblieben davon sind bis auf rare Ausnahmen nur die Möbelgeschäfte, die dicht an dicht die Rue du Faubourg Saint-Antoine säumen. Alles wird in diesen Läden angeboten, eine groteske Mischung aller Stilarten auf engstem Raum: skandinavisch und rustikal, englisch-ledern und französisch-plüschig, billig und

teuer, gepolstert und geflochten, Futon und Louis XVI.
Es fällt kaum auf, dass es kein einziges Holzgeschäft
mehr gibt im Viertel: Wo einmal Herstellung war, ist
nur noch Verkauf.

Die Werkstätten der Schreiner, Tischler, Buchbinder lagen nicht an der Hauptstraße, sondern in den
»Cours«, den unübersichtlichen, weit verzweigten Innenhöfen. Man sieht sie durch schmale Passagen weit
ins Innere des Häusergewirrs hineinreichen. Hier, wo
man leicht die Orientierung verliert wie einst die Soldaten, wenn sie die Aufständischen verfolgten, hat sich
das Leben vor allem abgespielt. Dies ist nicht das Paris
der geraden Avenuen, hier ist alles eng und gedrängt,
schief und unregelmäßig, hier roch es nach Sägemehl
und Tischlerleim, nach Armut und Arbeit. Gegen Habi-
tat und IKEA, gegen industrielle Massenware aus Billig-
lohnländern hatten sie keine Chance. Einige halten sich
mit Reparaturen und teuren Kopien über Wasser, die
meisten vermieteten an Künstler, Galeristen und Loft-
Liebhaber, die in den achtziger Jahren zu entdecken begannen, dass sich die lichten, flachen, glasverkleideten
Werkstätten ausgezeichnet als Ateliers, Galerien und
Singlewohnungen eignen.

Eine kleine Zeit lang existierten sie nebeneinander,
die Handwerker und die Künstler, die Alteingesessenen
und die Yuppis, die Türen mit Nummerncodes und die
Häuser mit Concierges, die Lofts und die Hühnerställe.
Das war ein schöner Moment in der Geschichte des
Viertels. Aber dann stiegen die Mieten, und es kamen
die Schnellimbisse und die Restaurants und Bars und
die Besucher aus der Provinz und die aus dem Ausland.
Die Künstler und die Galeristen waren nur die Pfad-
finder gewesen für die massenkulturelle Banalisierung
eines Viertels, in dessen engen Straßen sich jetzt von

Donnerstagabend bis Sonntag die Menschen mit den Photoapparaten oder den Bierdosen in der Hand drängen und sich vergeblich fragen, warum es in diesem Vergnügungsviertel so vergnüglich nicht ist.

Die Rue de Lappe ist zur Hauptattraktion, zum Zentrum der »neuen Bastille« geworden. In dieser engen, hässlichen Straße, in der kaum Sonne und wenig Platz für Straßentische vor den Cafés ist, wohnten zunächst die, die keinen besseren Platz in der Gesellschaft finden konnten. Dann kamen jene, die keinen in ihr finden wollten, zumindest für einige Zeit. Dann die, die keinen in ihr suchen müssen, weil er ihnen schon gesichert war. Auch die Rue de Lappe war eine Vorstadtstraße mit Möbeltischlereien und kleinen metallverarbeitenden Betrieben, mit Innenhöfen und lichtlosen, übervölkerten Wohnungen. Aber sie war immer auch ein Ort des Plaisirs für die kleinen Leute. Hier entstand zuerst jene Musik, die als Pariser Musik schlechthin gilt, der Musettewalzer. Er hat, der Legende entgegen, weder eine lange Tradition, noch ist er eine originär hauptstädtische Angelegenheit.

Die Musik, bei der heute Millionen von Menschen das Wort »Paris« in den Sinn kommt, entstand erst um 1905 in der Rue de Lappe als Synthese von italienischer Volksmusik und Musik aus der Auvergne. Hier wohnten (bis vor kurzem) viele Leute aus dieser kargen, armen Gegend des Weins und der Kohle, die nach Paris zogen, um als Kneipenwirte, Tabakwarenverkäufer oder Kohlenhändler ihr Glück zu machen. Gleichzeitig lebten hier immer schon arme Immigranten, zu Beginn des 20. Jahrhunderts häufig italienischer Herkunft. Die einen brachten zu den populären Bällen ihre Volkslieder mit, die anderen das Akkordeon – der Musette-Walzer war geboren. Die Kultur der Fremden ist

Der Charme des Unrenovierten: Treppenaufgang im Bastille-Viertel

immer die zuletzt gekommene, die kürzlich gekommene, die noch-zu-kurz-gekommene.

Im Balayo tanzten schon 1935 die kleinen Gauner und die großen Stars wie Arletty und Edith Piaf. Dichter wie Céline und Fournier mischten sich unter die Halbwelt. Das Lokal mit seiner federnden Tanzfläche und den roten Kanapees ist als eines der wenigen erhalten, aber nach einer kurzen Renaissance unter den Nachtschwärmern der frühen neunziger Jahre ist es nun auf dem Weg, den Lokale wie das Moulin Rouge schon längst gegangen sind. Das Gleichgewicht zwischen Tango und Design, zwischen Musette im Balajo und Lambada in der benachbarten Chapelle des Lombards, zwischen heruntergekommenen Waschsalons und neuen Tapas-Restaurants ist längst ins Rutschen gekommen. Die Metallbetriebe mit ihren alten Maschinen und den Männern in Blau, die man von der Straße aus einsehen konnte, sind verschwunden. Ebenso das skurrile Geschäft für Billardtische, in dem nie ein Kunde war. Der Geschmack der Auvergne hat sich verloren. Keine Cahors-Weine mehr, kein Cantal-Käse, keine Würste, keine Holzpantinen und Laguiole-Messer. Stattdessen Fish'n chips und Texmex und Sushi. Ins immer überfüllte Chez Paul an der Ecke zur Rue de Charonne führen Pariser Unternehmer schon mal ihre Gäste, die etwas Junges und Populäres von Paris sehen wollen. An der Bar warten Japanerinnen mit Tüten aus dem nahen Gaultier-Laden, einem Reiseführer in der Hand, auf einen freien Platz. Eine Initiative von Bar- und Kneipenbetreibern sammelt Unterschriften gegen die rigorosen Lärmkontrollen der Polizei, veranlasst von den zugezogenen Loft-Besitzern, Grafik-Büros, Net-Agenturen: »Erst sind sie hierher gezogen, weil sie das Leben suchten, das es in den vornehmen Vierteln nicht

Bald wird hier auch eine Diskothek sein:
Auvergnatisches Geschäft in der Rue de Lappe

gibt, jetzt beschweren sie sich darüber, dass das Leben laut ist.«

Ein Stadtviertel, in dem die Beimischungen von studentischer Alternativkultur nicht darüber hinwegtäuschen können, dass es ihm ähnlich ergehen könnte wie einem Teil des Montmartre. Die Musealisierung – man spricht von einem Handwerksmuseum in einer der verlassenen Möbelmanufakturen –, wird das nicht aufhalten, sondern nur beglaubigen. Andererseits gibt das Beispiel Montmartres auch Anlass zu Optimismus: Die Stadt bietet immer nur einzelne Straßenzüge dem Massenamüsement feil und schminkt sich dort schamlos pariserisch auf. Die Jugendlichen aus den Vorstädten kommen nur am Wochenende und bleiben in der Nähe des Bastille-Platzes; die Motorradclubs stellen nur am Freitagabend ihre schweren Maschinen hier ab, bevor sie nächtens schwarzledergewandet zwischen Bastille und

Nation mit Geschwindigkeiten um 200 km/h laut auf- und abbrausen; die entlassenen Soldaten mit den Bierflaschen in der Hand grölen nur eine Nacht lang und können weit nicht mehr laufen. Sie halten sich an die Rue de Lappe. Oder an den vorderen Faubourg Saint-Antoine mit seinen falsch-alten Bistros. Hier, im einstigen Zentrum des Handwerks und der Revolte, wird im Zeitraffer der Prozess deutlich, den viele Teile der Stadt im 20. Jahrhundert durchgemacht haben: die Verwandlung von einer Stätte der Produktion in einen Ort der Reproduktion, der Zerstreuung und des Amüsements, sei es in der Oper, sei es in den Tanzschuppen, sei es auf der Straße.

Die Mode und die Immobilienspekulation haben freilich, allem Anschein entgegen, nur einen kleinen Teil des Arrondissements wirklich grundlegend verändert, nämlich das Viereck, das sich zwischen der Rue de la Roquette im Westen und der Rue de Charonne im Osten erstreckt. In der Rue de la Roquette mussten baufällige und weniger baufällige alte Häuser und sogar die Kirche Notre-Dame de l'Espérance Prestigewohnungen weichen; in der Rue de Charonne haben sich Galerien und ausgefallene Klamottengeschäfte zwischen chic und Grunge breit gemacht.

Die Bastille ist gegenwärtig bei Parisern, die mit den Wohnvierteln Distinktionen schaffen müssen, so »out«, wie ein Viertel nur sein kann, das gerade noch so »in« war. Die Jungen, Schönen, die mobilen Eliten sind weitergezogen Richtung Oberkampf, wo sie auch schon wieder die Koffer packen, immer rascher eingeholt von denen, deren Beifall sie brauchen, aber nicht deren Nähe. Aber tot ist die Bastille darum nicht. Sie ist nicht einmal umfassend saniert. In der Rue Basfroi leben heute die neuen Immigranten so elend wie früher die in der Rue de Lappe, mit einem türkischen Klo für Dutzende von Hausbewohnern auf dem Flur. Um den Marché d'Aligre wohnen Menschen, die die Volksoper noch nie von innen gesehen haben, fern der Idee, sie hätten dort etwas zu suchen, selbst wenn sie sich den Eintritt leisten könnten. Die Markthalle bietet alle kulinarischen Köstlichkeiten Frankreichs und Arabiens, während sich draußen auf dem Platz die Gemüse zu gigantischen Stilleben stapeln. Daneben auf dem Flohmarkt findet man immer noch eine Kleinigkeit zum Verschenken, ohne sich zu ruinieren. In den angrenzenden Kneipen hat jeder sein Recht auf einen Stehplatz und einen frühen Ballon vom Roten. Am Anfang der Rue d'Aligre staunt man wieder einmal über die vielen Assoziationen und Stadtteilkomitees, und gleich nebenan, auf dem Square Trousseau, sind in den achtziger Jahren viele Intellektuelle eingezogen, die sich mit den Eingesessenen problemlos mischen. Eine Buchhandlung stellt Schülerarbeiten aus der Stadtteilschule aus, bietet Diskussionen, Lesungen und Schreibateliers an.

Und es gibt auch die Handwerker noch, die einst den Stolz des Viertels ausmachten, Schreiner und Vergolder, Drechsler und Lackierer, Intarsienleger und Sticker, Glaser und Buchbinder. Etwa dreihundert sind es noch, die Antiquitätenhändler nicht mitgezählt. Das macht trotzdem nur ein paar Prozent der Zahl derer aus, die hier vor hundert, ja vor fünfzig Jahren arbeiteten. Aber man muss nur ein paar von diesen Werkstätten mit den bis unter die Decke gestapelten Möbelskeletten gesehen haben, um einen Eindruck von einer Handwerkerwelt zu bekommen, die kein noch so modernes Museum mit noch so ausgeklügelten interaktiven Bildschirmen vermitteln kann. Tief drinnen im Cour de l'Ours, bei Tassin, reiben die Handwerker

mit ruhigen, fast ehrfurchtsvollen Gesten verzweigte
Ranken aus Blattgold in Bücherrücken oder lederne
Schreibtischauflagen. Nein, das wilde Grün zwischen
den unregelmäßigen Pflastersteinen der Innenhöfe ist
längst nicht überall betoniert, die Leitungen liegen
längst nicht überall unter Putz. In viele Häuser kann
man hineingehen und von den oberen Flurfenstern auf
eine graue Dachlandschaft schauen, die nicht viel anders aussieht als auf Villains Lithographie *Die Belagerten*
aus den Zeiten der Revolution: Da wirft ein alter Mann
aus einem Erkerfenster einen hölzernen Zuber auf die
Soldaten unten auf der Straße, und eine junge Frau mit
ordentlicher Haube lässt einen dicken Quader herabfal-
len. Aus dem Erker daneben wird eine massive Truhe
gewuchtet. Auf dem Dach steht kühn ein Mann in weiter Bluse und löchriger Hose, der mit einer Flinte nach
unten schießt, neben ihm seine Frau mit einem Ziegel in
der erhobenen Hand, während ein Kind vom First aus
zuschaut. Auf diesen Dächern ist noch Raum, sich eine
solche Szene vorzustellen.

Erst auf solchen Abwegen lernt man ein Viertel verstehen. Sie bieten sich überall hinter den Torbögen der
Hauptstraßen an, mehr als in anderen Teilen der Stadt,
überraschender. Man muss nur hineingehen in diese
Labyrinthe. Werkstätten, daneben enge, dunkle Wohnungen, die das Elend zu sehen nicht aufgehört haben
und das Glück auch nicht. Hohe schmucklose Mauern,
wenig Himmel. Alles von Nützlichkeit, Not und Über-
lebenswillen diktiert. Und trotzdem sind auch diese
Höfe schön. Die Geschichten, die sie erzählen, sind ver-
worrener als die Haupt- und Staatsgeschichten, die man
der Place des Vosges ablauschen kann. Die bekanntes-
ten Höfe, etwa die Passage du Cheval Blanc nahe dem
Bastille-Platz, sollte man meiden. Einfach die Rue du

Faubourg Saint-Antoine hinunter. Ich bin beim letzten Mal, an einem schönen, sonnigen Frühsommertag im Cour de l'Etoile d'Or hängen geblieben. Der übliche enge Toreingang, danach ein erster Innenhof, von einer Art überdachter Brücke zwischen zwei angrenzenden Häusern überspannt. Dann links eine hässlich bemalte kleine Wäscherei, wieder ein Querhaus, erneut ein Hof, eine Schreinerei, Treppenhäuser, Wohnungen. Das Ganze gewiss nicht schön. Aber die Details: Eine Sonnenuhr aus dem Jahre 1751 zeigt unbemerkt die Stunde an, verblichene Fassadenwerbung, efeuüberwachsene Mauern, davor ein schwarzes altes Fahrrad, das so tut, als ob es schon seit Jahrhunderten hier stünde. Ein sorgfältig mit der Hand gemalter, aber lange verblichener Plan zeigt an, wer in diesem Labyrinth welche Wohnung bewohnt. Levy wohnt hier, aber auch Chang und El Baz und Melivojevic und sogar Michel. Jeder Name eine Geschichte ...

Bercy.
Der neue, grüne Osten

Marais und Bastille, das ist der nahe Osten von Paris,
der Osten, der seinen festen Platz in der französischen
Geschichte und in der Pariser Stadtgeographie hat. Solche Viertel wandeln sich, können mit Anstrengung
auch Großbauten wie das Centre Pompidou oder die
Bastille-Oper aufnehmen, aber sie stehen fest. Große,
freie Areale für urbane Projekte bieten sie nicht. Ein
paar hundert Meter östlich der Bastille, hinter der Gare
de Lyon, hört freilich auf, was Besucher Paris nennen.
Nichts mehr, wofür eine Reise unternommen oder ein
Besichtigungstag reserviert würde. Sogar das Seine-
Ufer verliert seinen Charme aus gepflasterten Quais,
Bouquinistenständen und Liebespaaren, die Besichti-
gungsschiffe drehen um und fahren zurück zur Pont de
l'Alma in der Nähe des Eiffelturms. Bis in die achtziger
Jahre hinein hatten ihre starken Scheinwerfer hier nichts
zu beleuchten als Industriegebiete mit Anlegestellen für
Lastschiffe, Eisenbahngleise und Lagerhallen. Lagerhallen vor allem. Hier, im Südosten, wurde umgeschlagen,
was die Stadt für ihr tägliches Überleben brauchte. Hier
war der Hafen, hier bündeln sich die Eisenbahngleise,
bevor sie am rechten Ufer in die Gare de Lyon und am
linken in die Gare d'Austerlitz münden. Hier, in Bercy
(XII. Arrondissement) und Tolbiac (XIII. Arrondisse-

ment) sind die beiden letzten großen urbanen Projekte von Paris intra muros angelegt. Bercy ist fertig gestellt, die Baustelle gegenüber wird wohl noch einige Jahre bis zum Abschluss brauchen.

Beim Wort »Bercy« denken Pariser zuallererst an Steuern und an Tennisturniere. An Steuern, weil dort unter Mitterrand das neue Finanzministerium entstand, kurz »Bercy« genannt, wie das Außenministerium »Quai d'Orsay« heißt, das Amt des Ministerpräsidenten »Matignon« und der Sitz des Präsidenten »Élysée«. Die Bewohner wechseln, die Institutionen bleiben. Ausgangspunkt war der Plan zum neuen Louvre, der in Peis' Glaspyramide einen perfekten Ausdruck gelungener Renovierung gewonnen hat. Das größte Museum der Welt brauchte nicht nur eine neue Präsentationsstrategie, sondern vor allem mehr Platz. Den aber gab es nur in dem weiträumigen Flügel des Palastes, in dem das Finanzministerium untergebracht war, das sich übrigens unter seinem damaligen Chef Edouard Balladur ebenso heftig wie vergeblich gegen die Vertreibung wehrte. Man kann darin etwas Symbolisches sehen: Das Zentrum von Paris wird immer mehr zum Museum, das die funktionalen Teile auslagert an die Peripherie der Stadt. Jedenfalls wurde Bercy gebaut. Der Bau der Architekten Borja Huidobro und Paul Chemetov steht quer zur Seine und reicht mit seinen Außenpfeilern bis ins Wasser, ein lang gestrecktes, klobiges Rechteck, aus dem andere Rechtecke als Fensterfronten grob ausgeschnitten sind. Aus der Nähe betrachtet, bietet es durchaus subtil gestaltete Details, die oben an die Aufbauten eines Ozeanliners erinnern, aber aus der Ferne wirkt es nur wie ein massiver Riegel. Mitterrand soll sich von dem Bau an eine Autobahnmautstelle erinnert gefühlt haben. Form follows function. Tatsächlich

Skulpturen im Innenhof des Louvre

stand an etwa gleicher Stelle im 18. Jahrhundert eine Pariser Zollstelle. Und leicht oder gar durchsichtig dürfen die Gebäude staatlicher Finanzwirtschaft wohl wirklich nicht sein. Dafür gibt es Museen und Glaspyramiden. 6 500 Angestellte des Finanzministeriums zogen um in den Osten, und mit ihnen Bedürfnisse, für deren Befriedigung der Stadtteil einstweilen wenig gerüstet war. Wohnungen mussten gebaut werden, Restaurants, Bars, Lebensmittelläden, Kindergärten, Schulen und Parks für eine gehobene Beamtenschicht und ihre Familien. Einstweilen war da aber nur der Palais Omnisports Paris Bercy, eine 17 000 Besucher fassende Mehrzwecksporthalle mit feinster Technik in Form einer stumpfen Pyramide, deren schräge Dachwände durchgehend mit Rasen begrünt sind. Mit diesem Pfund wollte Jacques Chirac, damals noch Bürgermeister von Paris, die Olympischen Spiele von 1996 in seine Stadt holen. Olympische Spiele sind beliebte Katalysatoren der

172

Stadtplanung, und so begriff sie auch Chirac. In der Schmuddelecke der Lagerschuppen und Eisenbahngleise östlich des Sportpalastes sollte das Olympische Dorf entstehen.

Bekanntlich bekam Coca-Cola vor Paris den Zuschlag. Die Olympischen Spiele fanden in Atlanta statt. Und die Stadtplaner standen vor dem Problem, was nun aus dem Areal werden sollte, das in den Stadtplänen der achtziger Jahre schon als weiße Fläche mit der Aufschrift »im Bau« auftauchte. Gewitzt durch die schlechten Erfahrungen mit den großen Plattenbauensembles, die in den sechziger Jahren vor allem in der Banlieue selbst, aber auch im Osten von Paris entstanden waren und mangels geeigneter Infrastruktur rasch zu sozialen Brennpunkten wurden, aber auch verführt durch die exklusive Lage am Seineufer, beschloss man den Bau von Wohnhäusern menschlicher Größe, von Bürobauten menschlichen Zuschnitts, vor allem aber von großen Parkanlagen und einem Einkaufs- und Freizeitzentrum für gehobene Ansprüche der Amüsiergesellschaft und der Finanzbeamten.

Dem stand wenig im Wege, denn längst hatten die Bulldozer ohne öffentlichen Aufschrei weitgehend platt gemacht, was hier lange war: Hallen, die bis in die fünfziger Jahre hinein ein paar Hundert Pariser Weinimporteuren als Zwischenlager ihrer Schätze dienten, und die entsprechenden populären Wirtschaften für die Lagerarbeiter, die Wachleute und die Flussschiffer dazu. Die Depots standen weitgehend leer, weil sich der Verkehr auf die Straße verlagert hatte und die Winzer direkt an die Großabnehmer lieferten. Das Schicksal der Hamburger Speicherstadt in Klein.

Damit das neue Amüsierzentrum den Parisern lieb Kind werden konnte und die privaten Investoren nicht

allzu großes Risiko zu tragen hatten, musste eine neue
Métrostrecke gebaut werden. Die M 14 führt vom Zentrum am rechten Seineufer über das Finanzministerium
und die neue Reißbrettstadt bis zur neuen Nationalbibliothek auf dem gegenüberliegenden Ufer. Sie gilt als
technisch perfekt, sauber und zuverlässig. Überhaupt
hat das neue Stadtviertel bei den Parisern einen guten
Ruf. Bercy-Village zählt schon über zehn Millionen Besucher pro Jahr.

U-Bahnen prägen nicht nur den Charakter der großen
Städte, in deren Untergrund sie verlaufen, sondern nehmen auch deren Charakter an. Niemand würde je die
Moskauer, die New Yorker und die Pariser U-Bahn verwechseln. Die Pariser Métro riecht nach Métro, sie hört
sich nach Métro an, und sie sieht nach Métro aus. Es
sind nicht nur die gern photographierten Métroeingänge Guimards mit den grünen gusseisernen Ranken,
es sind Hunderte von kleinen Zeichen, die untrüglich
versichern, dass man sich in der Pariser Métropolitain
befindet. Die weißen Kacheln in den Gängen gehören
dazu, die Schrift der Hinweisschilder, die goldene Um-
rahmung der großen Werbeflächen, die quietschenden
Gummireifen der Wagen, der Ton, mit dem das Schließen der Türen vor der Abfahrt angekündigt wird, der
Metallbügel, der herumgelegt werden muss, um die
Türen zu öffnen, das Geräusch beim Öffnen der Schie-
betüren, die Blicke hinein in die Tunnelröhren, aus
denen fern im Dunkel die Lichter des nächsten Zuges
auftauchen. Es gibt viele Bücher über die Métro, auch
auf Deutsch. Das interessanteste stammt vielleicht vom
Ethnologen Marc Augé, der zeigt, wie grundlegend die
Métro die Automatismen bestimmt, mit denen sich der
Pariser von klein auf durch die Stadt bewegt, deren

Struktur er vor allem als Métroplan kennt. Natürlich sehen nicht alle 297 Métrostationen in der Stadt gleich aus, spiegeln sie doch auch den Charakter des jeweiligen Viertels wieder. Einige, von Touristen stark frequentierte Stationen wie Musée du Louvre oder neuerdings auch Saint-Germain-des-Prés, sind spezifisch dekoriert, sei es mit Kunstwerken, sei es mit Büchern. Es werden auch nicht überall die gleichen Wagen eingesetzt. Auf der ost-westlichen Hauptstrecke, der Linie 1 zwischen Château de Vincennes und La Défense, fahren schon länger die durchgehenden neuen Waggons, die es den Wachleuten der RATP erlauben, einen ganzen Zug zu übersehen, auf der nord-südlichen Hauptstrecke zwischen Porte de Clignancourt und der Porte d'Orléans liefen noch viele Jahre die alten Waggons mit den Plastikschlaufen als Haltegriffe. Und trotzdem gibt es etwas Einheitliches, einen Stil der Pariser Métro, der sich in hundert Jahren ausgebildet und alle Erneuerungen mühelos integriert hat.

Die neue Linie 14 allerdings, der »Météor« zwischen Madeleine und neuer Nationalbibliothek, sollte modern und sauber werden. Sie bezahlt es damit, dass sie kaum noch als Pariser Métro wahrnehmbar ist. Natürlich wird die Métro von den Parisern, zu deren Identität sie so sehr gehört, durchaus ambivalent wahrgenommen, ist sie doch das Verkehrsmittel, das sie zur Arbeit und abends dann wieder nach Hause bringt. Mit »Boulot-métro-dodo«, also »Arbeit-Métro-Schlafen«, bezeichnete ein verbreiteter Slogan der siebziger Jahre das Leben der meisten Pariser. Zu den Stoßzeiten sind die Waggons bisweilen unerträglich voll, so voll, dass die Franzosen alle gewohnte Höflichkeit fahren lassen und sich mit Macht hineindrängeln in die Masse aus gequetschten Passagierleibern. Es gibt Vandalismus, Überfälle,

Selbstmorde. Schmutzige Clochards auf schmutzigen Böden stellen das Elend dem geraden Weg der Umsteigenden entgegen, Musikanten, begabte wie unbegabte, belästigen ungebeten mit Musik und aufgehaltenem Hut. Und es gibt viele Streiks, bei denen dann gar nichts mehr geht, weder unter noch über der Erde.

Dem allen sollte die neue Métro möglichst abhelfen. Mit Marmor, Granit und Stahl zunächst. Die meisten neuen Stationen sehen so aus, als lägen sie auf dem Terminal 2 des Frankfurter Flughafens. Edel und kalt, pflegeleicht und nobel. Das Kaugummi haftet nicht auf dem Granit und kann von den Maschinen leicht entfernt werden. Man wartet vor einer dicken Glasscheibe. Kein Blick mehr hinein in den Tunnel, keine Möglichkeit mehr, durch Selbstmord den Betrieb aufzuhalten. Der Zug wird automatisch gesteuert, der Zugführer ist abgeschafft wie früher der Kartenknipser. Man wird wohl an Wachpersonal einstellen müssen, was man an Zugpersonal entlassen hat. In meinem Waggon sieht es allerdings nicht so aus. Am frühen Nachmittag ist reichlich Platz, die Passagiere eher gehobene Angestellte. Keiner sieht danach aus, als sei er über das Drehkreuz gesprungen, statt sich eine Fahrkarte zu kaufen. An der Station Gare de Lyon keine Spur von dem Menschengewirr, das man bei der alten Métrostation findet. Dafür ein Dschungel zum Anschauen hinter dickem Glas. Die Wildnis, die ausgetrieben wurde, kehrt domestiziert als Stilleben wieder. Auch die Plakate sind hinter Glas, was wohl sauberer ist als die übereinander geklebten alter Art, unter denen an den Ecken die alten Schichten noch hervorlugen. Station Cour Saint-Emilion. Weil hier die Weine lagerten. Über dem Métroausgang vier Videokameras. Draußen ein Kinderkarussell. Überall, wo in Paris Touristen erwartet werden, steht so ein kunstgealtertes Kinderkarussell. Zur Linken weiße Bauten, die Lust aufs Drin-Wohnen machen. Schlicht und licht, mit Blick auf den Park, nicht nur vom Penthouse: »SORIF baut an dieser Stelle 133 Appartements mit hohem Wohnstandard.« Das Schild soll potenzielle Käufer in den Wohnwagen der Baugesellschaft locken. Geradeaus geht es zum Club Méditerranée. Freizeit in der Stadt für diejenigen, die ihre Geschäfte nicht drei Tage allein lassen können. Ich gehe erst einmal in die andere Richtung, in den Park.

Eigentlich sind es drei Parks. 13,3 Hektar groß sollen sie sein. Jedenfalls verschaffen sie wirklich das Gefühl, sich im Grünen zu befinden, nicht nur auf einer begrasten Verkehrsinsel. Der Eindruck hält freilich nur so lange an, wie man sich nicht auf den Wall begibt, der den Park akustisch gegen die Autobahn auf der Uferpromenade der Seine abschirmt. Dort rauscht Tag und Nacht der Verkehr. Aber immerhin Park. Außer dem Park André Citroën ist im Paris des 20. Jahrhunderts keiner mehr gebaut worden. Die Liebe zu Baum und Busch und Wald, ein Jahrzehnt lang als wundersame Marotte deutscher Alternativler und Einsiedler belächelt, ist nun auch in Paris Politik. Globalisierung globalisiert auch die Forderungen der Bürger.

Die französische Tradition der Parkanlage, darüber ist seit Le Nôtre viel Tinte vergossen worden, will die Natur domestizieren und aufwendig den Regeln harmonischen Schönheitssinns unterwerfen. Das setzt voraus, dass die Besucher auf dem Wege bleiben und die Parks in der Nacht, wenn sie nicht zu überwachen sind, abgeschlossen werden. »Rasen betreten verboten« ist in Frankreich häufiger zu lesen als in deutschen Großstädten. Im Jardin du Luxembourg, im Parc Monceau, im Jardin des Plantes, im Parc Montsouris, im Parc des

Buttes-Chaumont sind weite Rasenflächen allein fürs Auge da und werden nur dann betreten, wenn der Parkwächter nicht hinschaut. Imposante Gitter aus spitzen schwarzen Lanzen, vergoldet bisweilen, sorgen dafür, dass nächtlich-dunkle Besuchsvorhaben scheitern. So etwas wie den Englischen Garten in München oder den Bürgerpark in Bremen sucht man in Paris vergebens. Wer Wald sucht, findet ihn erst im Bois de Boulogne im Westen oder im Bois de Vincennes im Osten. Im Park von Bercy zeigen aber neue Schilder mit einem stilisierten Turnschuh an: Hier darf man sich setzen, legen, sonnen, hier darf sogar Fußball gespielt werden. Der Teil des Parks, der an den Palais Omnisports angrenzt, bleibt nachts geöffnet. Ein Landschaftspark englischer oder deutscher Tradition ist es trotzdem nicht geworden, denn da wurde kein Waldgebiet zum Park transformiert, sondern alles auf dem Reißbrett entworfen. Man merkt noch beim Bolzen, dass man sich auf durchkalkuliertem Raum bewegt, künstlich wie die Rasenflächen auf dem Palais Omnisport. Gestufte Freitreppen der eher monumentalen Art, die ordentliche Wasserkaskaden gefällig rahmen, erinnern deutlich, aber gewiss nicht hässlich an die französische Auffassung, dass Grünes gebändigt gehört und vor allem angeschaut werden sollte.

Gelungener sind die zwei »romantisch« genannten Ensembles, die nachts verschlossen werden und aufs Ganze gesehen ihre Künstlichkeit nicht verleugnen, wenn auch der See mit seinen Schilfgebieten so tut, als sei er schon immer hier gewesen. Es gibt einen Rosengarten, einen kleinen Weinberg und einen Lehrgarten. Zivilisierung vollzieht sich nach französischen Vorstellungen durch die Schule, nicht durch die Natur. Rousseau war ein Schweizer. Aber es gibt auch lauschige

Am Cour Saint-Emilion:
Alte Kinosäule vor einem neuen Kinogebäude

Ecken, wo Liebende ganz unbelehrt einander in die
Augen schauen können. Vor allem aber trifft man Familien mit kleinen Kindern hier, gar nicht so selten auch
Väter allein mit Kind. Die von der sozialistischen Regierung in der Hoffnung auf arbeitsmarktpolitische Wir-
kung eingeführte 35-Stunden-Woche hat die Arbeitszei-
ten flexibilisiert, so dass es nicht mehr nur der Familien-
ausflug am Sonntagnachmittag sein muss.

Man kann auch unverliebt, ohne Kind, ohne Buch
und ohne Ball ein paar vergnügliche Stunden im Park
verbringen, ohne die gleichen Wege mehrmals abzu-
schreiten. Am Rande bietet sich Frank Gehrys

Cinémathèque française zur Besichtigung an – weniger gelungen als sein Guggenheim-Museum in Bilbao –, aber doch ein lebendiger, wuchernder, bizarr-spielerischer Kontrast zu den rechtwinkligen Glastürmen der neuen Nationalbibliothek, die man über den Lärmdeich hinweg auf der anderen Seineseite sieht. Am Ende steht man wieder vor der Métrostation Cour Saint-Emilion.

Diesmal traue ich mich hinein in den Club Méditerranée, hier unter dem Namen Club Med World betrieben und mäßig besucht an diesem sonnigen Nachmittag. »Sie müssen abends kommen, da sind wir meist voll, und es ist Stimmung hier«, sagt die Verkäuferin im Laden für alles, was man auf Reisen braucht, und manches, was man bestimmt nicht braucht, aber jedenfalls ein Hauslogo trägt, außer den indianischen Masken. Der Club Méditerranée hat sich gegenüber anderen Reiseveranstaltern schon immer dadurch ausgezeichnet, dass er auf Aktivität und Animation setzte. Früher auf Beach-Volleyball im Pareo an fernen Stränden, nun auch hier in der Stadt. Fernreisegefühl ohne Reise. Dafür sorgen Konzerte mit Musik aus aller Welt, dafür sorgen Restaurants mit Worldfood, dafür sorgt die virtuelle Reisebibliothek. Man kann sich chinesisch massieren lassen, und man kann japanisch Jiu-Jitsu lernen. Es gibt eine alpenländische Kletterwand und ein Tonstudio. Der Renner ist die Zirkusschule. Die Atmosphäre, so der Prospekt, sei »cosy«. Das Französische hat kein Wort für »gemütlich«. An meinem Nachmittag ist sie etwas schläfrig. Die Geschäftsmänner aus dem nahen ZEUS-Gebäude, angeblich das größte Bürogebäude von Paris, haben die Computer noch nicht abgestellt. Ich nehme Sushi vom Band, vom »Sushi-Train«, wie das hier heißt. Die Verkäuferin rät mir beim Abschied, ich solle mich doch mittels Internet über die

Hausaktivitäten auf dem Laufenden halten. Man wird dort von einer lachenden Blondine mit roter Pappnase begrüßt und aufgefordert, sich mit der Maus durchs Haus führen zu lassen, voller Menschen, fröhlich und heiter.

Durch ein mittels Sandstrahlgebläse aufgefrischtes Portal geht es dann ins Vergnügungszentrum von Bercy-Village: Die Straße ist geschätzte fünfhundert Meter lang und wird beidseitig beinahe lückenlos gerahmt von den steinernen, ebenerdigen Depotgewölben, in denen einst der Wein lagerte. Alles alt und alles fleckenlos abgeblasen. Beinahe weiß gepustet der Stein, keine Spur von Verwitterung. Die aus den alten Pflastersteinen neu und wasserwaagengrade gepflasterte Straße, in die auch die alten, nun nutzlosen Schienen wieder eingebaut wurden, ist natürlich Fußgängerzone. Renovierung auf deutsche Art. Das Alte zum großen Teil abgerissen und der Rest verfälscht zum Allerneuesten. Fünfzehn Kilometer weiter östlich, in Marne-la-Vallée, wartet Disneyland. Der Cour Saint-Emilion, so gut gedacht und so gut gemeint, sorgfältig gepflastert mit den besten Absichten, liegt, wenn man vom Pariser Zentrum kommt, auf dem Weg dorthin.

Die neuen Geschäfte in den alten Weinspeichern gehören überwiegend zu großen Ketten von der gehobenen Art. Kein McDo und längst kein Tati, dafür der Bücherkonzern FNAC, viele Grünpflanzen bei Georges Truffaut, eine edel-weiß gestaltete Filiale des Duftwasserverbreiters Sephora, Reiseausrüstung auch für extreme Ansprüche bei Nature et Découverte, ein Laden mit allem Möglichen ums Olivenöl, teuer und schön verpackt in altmodisch bedruckten Kanistern. Viel Natur.

Viel Natur auch auf den Terrassen der zahllosen

Cafés. Die üblichen billigen Plastikstühle sind offenbar von der Betreibergesellschaft verboten worden. Das Gestühl ist hier aus Tropenholz. Wenn alle Stühle aus Tropenholz sind, kommt Sehnsucht nach Plastik auf. Wenn alle ihr Angebot auf Schiefertafeln schreiben, sucht man nach einer ordentlich gedruckten Speisekarte. Ich bin sicher, es schmeckt auch alles ziemlich gleich nach Tomate-mit-Mozzarella-und-Basilikum. So wie in ähnlichen Lokalen in Hamburg oder in London. Alles nicht schlecht, alles nicht billig, alles verwechselbar. Aber ich habe es nicht ausprobiert, satt noch vom Sushi-Train.

Am Ende des Cour ein sehr gläsernes, sehr modernes Kino mit 18 Sälen und 4 500 Plätzen. Ich bin sicher, sie waren an diesem Nachmittag nicht alle besetzt, und bin ebenso sicher, dass man das Programm über das Internet erfragen kann. Klein und ziemlich einsam steht unten vor dem neuen Kinopalast eine der alten grünen, gusseisernen Litfasssäulen à la française mit ihrer zwiebelförmigen Kuppel, ringsum sorgfältig mit Kinoplakaten bestückt. Sie sieht hier ganz verloren aus.

Zwei Weinsträßchen weiter hat der ehemalige Antiquitätenhändler Jean-Paul Favand einen Kindertraum realisiert: Ein Kirmes-Museum mit allem, was es auf dem Jahrmarkt so gab, als die Karussellpferde noch aus Holz waren, die Damen ohne Unterleib bestaunt wurden und der Schrecken vom Trockeneis herrührte. Es sei eine riesige Sammlung, hatte ich gelesen, geschickt arrangiert von Stararchitekt Wilmotte und eine erste Adresse für Firmenjubiläen, Betriebsausflüge und andere »events«. Ich mag Wilmottes gefälligen Stil nicht und mag vor allem keine Betriebsausflüge. Die sind in Frankreich auch nicht besser als in Deutschland, nur ein bisschen anders. Am Frühabend sollte ich kommen, hatte mir Favand am Telefon gesagt, tagsüber sei geschlossen, und außerdem könnte ich dann einen lebendigen Eindruck bekommen. Nun ja, man kann eben nicht über das neue Bercy schreiben und das Jahrmarktsmuseum (Musée des Arts forains) auslassen, weil einem Betriebsausflüge nicht gefallen.

Das Areal fand sich leicht. Es ist wirklich riesig und reicht über drei Weinstraßen von der Art des Cour Saint-Emilion, von hohen Gittern umstanden, von alten Planen verhängt. Es war tatsächlich noch geschlossen. Aber man konnte überall mit den Händen durch die Gitterstäbe greifen und die Plane beiseite schieben. Was man sah, plötzlich und ein bisschen unerlaubt sah, hatte wirklich etwas von einem Kindertraum: Die alten *chais*, die Weinlager, verwittert, häufig mit Efeu bewachsen, aber gar nicht baufällig. An den Dächern die grüngläsernen Telegraphenverteiler von früher. Dazwischen holprige Straßen aus Pflasterstein und Unkraut. Und auf all diesen unbelebten Straßen, nicht unter Glas, sondern einfach abgestellt, Krimskrams vom Jahrmarkt. Ein großer Lüster zum Beispiel, draußen an einem Ast befestigt. Ein springendes Pferd von ungeahnter Eleganz, im Sprung erstarrt. Unter dem Torgewölbe des verschlossenen Eingangs ein altes Kassenhäuschen. Bald dahinter sechs stolze Rappen. Weiter hinten die Manege eines erstarrten Zirkus, der gewiss nur ein wenig Musik gebraucht hätte, um lebendig zu werden, selbst der Elefant. Von einer anderen Stelle aus ein Innenhof, in dem ein großes, blau-golden bemaltes Fernrohr darauf wartete, jemandem die Sterne zu zeigen.

Ich bin nicht zu Favand gegangen, obgleich der ein interessanter Mann sein muss und bestimmt den erstaunlichsten Dingen in seinen Gewölben einen Alterssitz verschafft hat. Ich wollte das weiße Pferd nicht beim Betriebsausflug tanzen sehen. Man muss nicht alles sehen wollen und auch nicht alles anfassen.

Tolbiac.
Die letzte Großbaustelle
von Paris

Man müsste von Bercy-Village aus nur auf dem Pont de
Tolbiac die Seine überqueren – oder eine Station mit der
Métro fahren –, und man wäre mitten in der letzten großen Baustelle von Paris, die sich auf einer Fläche von
130 Hektar am rechten Seineufer ausbreitet. Die Freiflä-
che gab es allerdings nur zum Teil. Zum anderen Teil ist
sie erst gewonnen worden durch Überbauung der
Gleisanlagen, die in die Gare d'Austerlitz münden. Der
Bauplan sah vor, eine riesige Betonplatte über das weitläufige Schienengeflecht zu legen und darauf alles neu
zu bauen. Vornehmlich Büros natürlich, denn die bringen Gewerbesteuer. Die Idee des »ZAC Rive gauche«,
so heißt die Baustelle offiziell, war genial, weil sie sich
ein zusammenhängendes großes Planungsgebiet ohne
Rücksicht auf bestehende Bebauung schuf. Wer sollte
schon protestieren, wenn Schienen verschwinden? Wer
würde sich für alte, von niemandem bewohnte Lagerhäuser einsetzen, die zumeist der kooperationsbereiten
staatlichen Eisenbahngesellschaft SNCF gehören?
　　Natürlich musste das Gebiet einen Zugang zur Seine
haben, um attraktiv zu sein. Aber auch das bot keine
unüberwindlichen Hindernisse. An der Seine lag ein
Teil des Industriehafens mit seinen Lagerhäusern, Silos,
Kränen, Hangars, Containern, mit Bergen aus Sand

und Kies. Vor allem Waren aus London, Amsterdam und Rotterdam wurden hier früher von der Flussschiffahrt angelandet, unter Zollverschluss gestellt, besteuert und auf die Züge umgeladen, Lebensströme der Stadt, die weitgehend versiegt sind. So konnte man daran denken, den Hafen zu verkleinern und einen großen Teil der Quais zu räumen. Blieb die Frage, wie denn die gigantische Betonplatte an die Stadt hinter den Schienen, an das XIII. Arrondissement, angebunden werden könne. Aber man konnte die Frage zurückstellen und wird sie in ferner Zukunft vielleicht mit ein paar schönen Treppen und gläsernen Fahrstühlen vordergründig lösen. Im XIII. Arrondissement direkt an den Bahngleisen wohnen keine wichtigen, keine einflussreichen Leute ...

So entstand ein Plan, mit dessen Fertigstellung nicht vor dem Jahre 2025 zu rechnen ist. An seiner Realisierung werden künftige Generationen einmal die urbanistischen Strategien von Paris um die Wende zum 21. Jahrhundert studieren.

Der Blick von Bercy zum anderen Seineufer zeigt den gegenwärtigen Stand der Dinge. Der Anblick ist in vieler Hinsicht ungewöhnlich für Pariser Verhältnisse. Rechts vier hohe, sehr hohe Glastürme, in L-Form um die Ecken eines weiten, sehr weiten Rechtecks angeordnet: Die neue Nationalbibliothek, die den Namen von François Mitterrand trägt. »TGB«, »Très Grande Bibliothèque«, wird sie im Anschluss an den TGV (»Train à grande vitesse«), den französischen Hochgeschwindigkeitszug genannt. Man weiß, die Türme sollen an halb aufgeschlagene Bücher erinnern und an den Buchstaben »L« wie »Livre« (Buch). Wie der Architekt Dominique Perrault es fertig bekommen hat, die Jury davon zu überzeugen, dass sein Plan diese Gedanken auslöst, bleibt ein Rätsel. Schon, dass kein Leser dieser Welt sich geöffnete Bücher senkrecht auf den Tisch stellt ... Jedenfalls hat Perrault es fertig bekommen, vermutlich deshalb, weil Modelle so viel leichter zu bearbeiten sind als Hochhäuser. Links von der Bibliothek ansprechende, klar gestaltete, neue Wohnhäuser. Dazwischen nur zwei große alte Gebäude aus dem Industriezeitalter, die aufwändig renoviert worden sind: die ehemaligen Mühlen von Paris und ein gewaltiges, festungsartig-fensterlos aussehendes Kühlhaus. Bahngleise sieht man nicht mehr. Im Hintergrund des Bildes Dutzende von Hochhäusern. Der Anblick von Hochhäusern ist rar in Paris. Abgesehen von denen, die da im XIII. Arrondissement vor Augen liegen, gibt es eigentlich nur eines: la Tour Montparnasse, so hoch wie der Eiffelturm. Anfang der siebziger Jahre errichtet, erfuhr dieser Turm schon während seiner Erbauung so viel Kritik, dass niemand wagte, in die Stadt hinein einen zweiten zu bauen. Außer eben hier. Und außer um die Défense, aber die liegt schon außerhalb von Paris.

Das Arrondissement, dessen neue Seineseite da vor Augen liegt, war von jeher schon eines der ärmsten von Paris. 1860 in die Stadt eingegliedert, erhielt es die Unglücksnummer 13, die die Bürger des noblen Passy nicht haben wollten. An Unglück war man hier gewöhnt. Louis-Sébastien Mercier, dessen *Tableau* wir ein so genaues Bild der französischen Hauptstadt am Ende des 18. Jahrhunderts verdanken, beschreibt sie, wie europäische Reisende heute die Bidonvilles einer Großstadt der Dritten Welt erleben: »Das ist das Viertel, wo die ärmste, unruhigste und undisziplinierteste Bevölkerung von Paris lebt. Es gibt mehr Geld in einem einzigen Haus des Faubourg Saint-Honoré als im ganzen

Faubourg Saint-Marcel und Saint-Marceau zusammengenommen. [...] In diesen Wohnungen, fern vom Getriebe des Stadtzentrums, verstecken sich ruinierte Menschen, Menschenfeinde, Alchimisten, Besessene, bornierte Faulenzer, aber auch einige Studiker, die wirklich die Einsamkeit suchen und die unbedingt unbeachtet und getrennt von den Vierteln des öffentlichen Schauspiels leben wollen. Niemals würde sie jemand an diesem Ende der Stadt suchen. Nur aus Neugier unternimmt man eine Reise zu diesem Flecken; nichts ist dort anziehend, es gibt kein einziges sehenswertes Monument; das ist ein Volk, das nichts zu tun hat mit den Parisern, den höflichen Bewohnern der Seineufer. [...] Der Aufruhr und die Meutereien nisten in diesem Herd des dunklen Elends. In den Häusern misst man die Zeit am Lauf der Sonne. Die Menschen sind drei Jahrhunderte hinter den herrschenden Künsten und Sitten zurück.«

Die bekannten Institutionen des Viertels, die Manufacture des Gobelins und das größte Pariser Krankenhaus, die Salpêtrière, waren gleichfalls Orte des Ausschlusses. Die Krankheit stank, die Färberei auch. Färberei und Gerberei siedelten sich auch deshalb hier an, weil sich ein kleines Flüsschen, die Bièvre, schon im 19. Jahrhundert aufwendig überdacht, zum Auswaschen anbot. Auf den alten Photos sieht sie idyllisch aus, aber sie war eine stinkende Kloake. Kein Wunder, dass sich mit der industriellen Revolution hier die lautesten, die gefährlichsten, die ungesündesten Betriebe ansiedelten. Der Bau der Gare d'Austerlitz schnitt Schienenstrang um Schienenstrang ins Fleisch des Viertels. Die Mühlen kamen nach, Textilindustrie, Chemieindustrie und dann, um die letzte Jahrhundertwende, auch die Automobilindustrie. Als die Métro gebaut wurde, machte man sich hier nicht die Mühe, sie unterirdisch zu verlegen. Die Linien 5 und 6 verlaufen weitgehend als Hochbahn. Die Arbeitersiedlungen, die ungeplant zwischen den Industrieanlagen entstanden, rochen nach Not und Elend. Heute gehören sie, begrünt und renoviert, zu den begehrtesten Wohngegenden des Viertels. Schönheit, wo denn welche war, erwuchs ganz aus der Funktionalität, wie beim Viadukt von Tolbiac, aus Eisen zusammengenietet wie der Eiffelturm.

Die einschneidendste Umwälzung erfuhr das Viertel aber erst nach dem Zweiten Weltkrieg, ja erst am Ende der fünfziger Jahre. Endlich gab es Mittel, der Wohnungsmisere der Arbeiter ein Ende zu machen. Ein Ende machen, das hieß abreißen und Neues bauen, hoch, schön, komfortabel, preisgünstig, mit weitem Blick in eine freie Zukunft. Einzelne Hochhäuser machten den Anfang. Dann kam die »Opération Italie 13«, die den Bau von 55 (!) Hochhausbauten zwischen der Place d'Italie und der Porte d'Italie vorsah. Nicht alle sind gebaut worden. Als man bei ungefähr dreißig angelangt war, erkannte man den Irrtum, brach ab und bereitete neue Irrtümer vor.

Von heute aus gesehen ist es leicht, den Gigantismus dieser Wohnblocks zu kritisieren, angesichts der Hässlichkeit der verfallenden Betonfassaden den Kopf zu schütteln, die Jugendlichen zu bedauern, die keinen Ort haben außer den Flur im Erdgeschoss. Der Weg zu diesen Wohnensembles war freilich mit guten Absichten betoniert. Eine Toilette in der Wohnung ist wirklich besser als eine Gemeinschaftstoilette im Flur, ein Blick über Paris besser als ein Blick in einen dunklen Hinterhof, eine Zentralheizung besser als ein Kohleofen. Und die Idee, der Masse der Bevölkerung zum ersten Mal in der Geschichte große, haltbare, wiedererkennbare Wohnkathedralen zu schaffen, war auch noch nicht ad absur-

»Très Grande Bibliothèque«: Die Bibliothek François Mitterrand

dum geführt. Warum sollte Gemeinschaft sich nur in ärmlichen Wohnsiedlungen horizontal und nicht auch in Hochhäusern vertikal bilden? Schließlich waren auch Sportplätze und Gemeinschaftseinrichtungen zur Auflockerung des Ensembles vorgesehen.

Die Wirklichkeit sah dann anders aus, ganz anders als gedacht. Aber jedenfalls bewirkte sie eine tiefgreifende Transformation des Viertels. Die nächste ist bereits im Gange, nicht weniger eingreifend: ZAC Rive Gauche. Das Buch, das die Stadt Paris über das XIII. Arrondissement herausgegeben hat, zeigt als Titelbild im Vordergrund die Hochhaustürme, hinter denen am oberen Bildrand Notre-Dame und das Centre Pompidou winzig klein wirken. Der Autor, Simon Texier, resümiert: »Innerhalb zweier Jahrhunderte hat das XIII. Arrondissement mehr Veränderungen erlebt als andere Pariser Arrondissements binnen tausend Jahren.«

Ich gehe nicht von der Saint-Emilion-Drosselgasse zum Neubauviertel ZAC Rive Gauche, nehme nicht den Weg, den die neue Métro will. Ich komme am nächsten Tag vom Stadtzentrum her mit der Métro zur Station Tolbiac. Aus dem Zentrum über die Hochhäuser zur neuen Bibliothek, der Geschichte nach. Das dauert etwas länger. Versehen war ich mit Tipps von Freunden, die in der Rue de Patay wohnen, nicht weit von den Hochhäusern. Die waren mir bei Besuchen nie aufgefallen. Meine Freunde wohnen in einem kleinen Hinterhof, den man nach Durchquerung zweier Häuser findet. Es ist dort ruhig, und es gibt einen Baum. »Wenn du schon einmal im Viertel bist, dann schau' dir doch auch Chinatown an.« Ich kenne niemand in Chinatown, konnte mich aber belehren durch ein Kapitel in *Paris Mosaïque* von Michel Pinçon und Monique Pinçon-Charlot. Außerdem hatte ich mich zu einer Besichtigung der Bibliothèque Nationale angemeldet und zu einem Gespräch mit dem Sprecher einer Bürgerinitiative im alten Frigo, dem festungsartigen Kühlhaus, das ich so auffällig in der Neubaufläche hatte liegen sehen. Der Baudezernent des neuen, sozialistischen Bezirksbürgermeisters, den ich befragen wollte nach dem neuesten Planungsstand, war noch in Urlaub. »Er ist der Einzige, der sich hier mit der Sache auskennt«, sagte sein Assistent etwas gequält. »Und er ist sehr beschäftigt. Ich glaube nicht, dass Sie da bald einen Termin bekommen können.« Man kann sich vorstellen, dass er beschäftigt ist. Wenn man eine Milliardenbaustelle, gegen die man opponiert hatte, auf einmal erbt und dann weiterführen muss unter Bedingungen, die man nicht ausgehandelt hat, wird man rasch urlaubsreif.

Tolbiac ist eine U-Bahn-Station alter Art an der breiten Schncise der Avenue d'Italie. Breite Straßen machten früher den Stolz eines Viertels aus. Der Stolz sinkt heute umgekehrt proportional zur Verkehrsdichte. Schön ist die Avenue d'Italie nicht, aber die Hochhäuser wirken auch nicht erdrückend. Überhaupt wirken wohl Hochhäuser vor allem dann, wenn sie eng an eng stehen. Später, in der Rue Dunois zwischen den Hochhäusern Khéops und Nouveau Monde werde ich ein Gefühl von New York haben, aber es bleibt die Ausnahme. Die Hochhäuser präsentieren sich auch nicht so heruntergekommen wie in manchen Vorstädten. Und es ist fast immer noch normale, erfrischend ungeplante Bebauung dazwischen. Man sieht den Hochhäusern nur an, dass sie nicht gestaltet sind, nicht individualisiert. EinZimmerBad, ZweiZimmerBad, DreiZimmer-Bad, VierZimmerBad. Und so weiter. So baute man damals nicht nur Sozialwohnungen. Die französischen Skistationen der sechziger Jahre wurden genauso konzipiert. Übrigens sieht man nicht, welche Türme Sozialbauwohnungen enthalten. Überall Betonkörper, draußen mit willkürlich gestaltetem Beton behängt. Individualität müssen die großartigen Namen wie Antonius und Cléopatra geben.

Ich suche Les Olympiades, das Herzstück des damaligen Neubauplans und die Stelle, wo er sichtbar scheiterte. Auch hier soll nun saniert werden. Der Komplex ist nicht weit entfernt, liegt im Dreieck zwischen Rue de Tolbiac, Avenue d'Ivry und Rue Nationale. Schon damals hatte man die Idee, durch eine Betonplatte über Gleisanlagen Neubaugebiet zu erschließen. Nur war die Fläche des Güterbahnhofs, den man unterbetonierte, noch nicht so groß. Etwas ganz Neues stellte man sich vor, einheitlich geplant. Alle notwendigen Geschäfte sollte es geben und vor allem, der Name deutet es an, reichlich Sportstätten, wie man sie sonst nur am Stadtrand findet. Sportstätten brauchen Platz und sind teuer. (In Paris muss man selbst nach den teuren, relativ wenig Platz beanspruchenden Fitnessstudios suchen, die es in den großen Provinzstädten zuhauf gibt.) Man hoffte, so nicht nur die hier dichtgedrängt lebende Bevölkerung des Viertels (doppelt so dicht wie im Pariser Durchschnitt) mit niedrigen Einkommen in Sozialbauwohnungen unterzubringen, sondern auch Menschen mit mittlerem Einkommen, die sonst weite Anfahrtswege aus den Vororten auf sich nehmen mussten, für den Kauf von Eigentumswohnungen gewinnen zu können. Gefragt hat man weder die einen noch die anderen. Das war damals nicht üblich. Man stimmte anders ab: indem man nicht zuzog oder indem man bald wegzog, wenn man es sich leisten konnte. Der Bau der Infrastruktur, der Sportanlagen kam ins Stocken. Der visionärste Einfall der Architekten der Olympiades war ein Einfall, der um seine Genialität selbst nicht wusste. Man überbaute die Geschäfte auf der Betonplatte mit geschwungenen Betondächern, die dem Ganzen für europäische Augen einen Anhauch von Pagoden gaben. Die asiatische Bevölkerung ließ nicht auf sich warten. Chinatown entstand.

Warum, warum gerade hier? Wohl zunächst deshalb, weil es in diesem Arbeiterviertel eine Tradition der Solidarität mit den politischen wie den wirtschaftlichen Flüchtlingen gab. Arbeiterhilfe, aber auch kirchliche Fürsorge. Die Arbeiterpriesterbewegung hatte hier einen ihrer Schwerpunkte. Dann gab es schon lange kleinere indochinesische Kolonien in Paris. Da geht es zu wie bei aller Immigration: Wenn man neu ankommt, wendet man sich möglichst an jemanden aus der Familie, aus dem Stamm, aus der Region, der es schon geschafft hat, sich zu integrieren. Die große Flüchtlings-

192

welle aus dem kommunistischen Vietnam, aus Kambodscha brachte Hunderttausende nach Paris. Frankreich war Kolonialmacht in Indochina, und mit den Flüchtlingen werden die Kolonialmächte spät für ihre imperiale Politik bestraft – sie sind die Rückseite der Welteroberung. Die Menschen, die so massiert aus Asien nach Paris strömten, brauchten billige Wohnungen. In Les Olympiades gab es Wohnungen, und wenn man sie drastisch überbelegte, dann waren sie sogar bezahlbar.

Auf der Rue de Tolbiac kündigen Geschäfte mit Werbeaufschriften in chinesischer Sprache (Ist es chinesisch? Oder eine andere asiatische Sprache, die ich nicht unterscheiden kann? Wird überhaupt in ganz China die gleiche Sprache geschrieben? Wer von den Europäern, die vorübergehen, weiß etwas darüber?) die Olympiades an. Eine Treppe führt hinauf auf die Betonplatte, auf die das Viertel gebaut wurde. Es ist verblüffend, mitten in Paris nur asiatische Gesichter zu sehen, fast nur. Die Türme tragen die Namen der Städte, in denen Olympische Spiele stattfanden, außerdem noch ein paar Schilder mit Abkürzungen in lateinischer Sprache, sonst chinesische Schriftzeichen. Die Geschäfte in der Galerie Oslo bieten Nähmaschinen an, alte und hochmoderne, darin Garnrollen in allen Farben. Zahlreiche Asiatinnen fanden in Paris als Näherinnen erste Arbeit. Viele Stoffe in leuchtendem Rot, goldverziert, reich bestickt. Viele Schmuckgeschäfte, Telephonshops, Reisebüros. Die Ästhetik ist grundverschieden, aber im Kern werden hier die gleichen Dinge verkauft, die gleichen Serviceleistungen geboten wie in den nord- und schwarzafrikanisch geprägten Teilen der Goutte d'Or.

An der Südseite der Betonplatte merkt man, dass das ursprüngliche Bauprojekt hier abgebrochen wurde.

Zwei Türme wurden nicht realisiert, als absehbar war, dass man die Wohnungen nicht würde verkaufen können. Man sieht auf das Gelände der Automobilfabrik Panhard, von Citroën übernommen und dann aufgegeben. Das Gefühl beim Erkunden der Platte, die das Fundament der Olympiades bildet, ist seltsam. Mitten in Paris und doch fremd. Geheimnisvoll wohl, weil ich so wenig weiß über diese Kulturen eines ganzen Erdteils. An den Geschäften sind manchmal Karten, die zeigen, woher der Besitzer und Pächter kommt. Seltsam ist vor allem, dass das Gefühl nicht auftritt, dass ich in der Goutte d'Or nie ganz verlor, das Gefühl, indiskret zu sein, aggressiv in meiner Schaulust und demzufolge leicht angstvoll, selbst Opfer von Aggression zu werden. Ich war auch hier ein weißhäutiger Neugieriger, aber ich kam mir nicht wie ein Voyeur vor. Ich beschleunigte meine Schritte nicht unwillkürlich, um den Eindruck zu erwecken, dass ich hier etwas zu beschicken hätte, irgendwie dazu gehörte.

Woher das wohl kommen mag? Hing es nur von mir ab? Exekutierte ich nur generelle Zivilisationsreflexe? Lag es doch an der jeweiligen Einwandererkultur und dem, was sich mir davon mitteilte? Hatte ich mehr Filme mit bösen Schwarzen und fanatischen Arabern gesehen als mit geheimnisvoll-bösen Asiaten? War ich von den freundlichen Gesichtern getäuscht, hinter denen Chinesen ihre Gefühle verbergen sollen? Jedenfalls beschloss ich, doch nach den beiden Tempeln zu suchen, von denen ich gelesen hatte. Eigentlich wollte ich auf ihren Besuch verzichten, da mir die Besichtigung von religiösen Stätten, die nicht für Besichtigungen vorgesehen sind, Unbehagen bereitet.

Es war nicht ganz leicht, den Buddha-Tempel zu finden, nach dem ich Passanten fragte. Der Kult der fremden Religion ist versteckt, als wolle man das Aufnahmeland nicht stören. Er liegt an der Diskusstraße, wie absurderweise eine der dunklen, tunnelartigen Straßen heißt, die unter der Betonplatte liegen. Unterwelt. Einige Treppen hinunter, hinein in ein Gebäude, das äußerlich nichts von einem asiatischen Tempel hat. Geöffnet von 9 bis 18 Uhr. Ich werde nicht erstaunt gemustert und nicht misstrauisch beäugt. An Tischen sitzen alte Männer und spielen hochkonzentriert ein Brettspiel. Andere palavern. An den Wänden Photos von der Feier des chinesischen Neujahrfestes mit dem französischen Bürgermeister des Arrondissements. Es werden Französischkurse angeboten, aber auch Kurse zum Erlernen der chinesischen und vietnamesischen Sprache.

Das Ganze macht auf mich eher den Eindruck eines Gemeindesaals als den einer Kultstätte. Auf die Trennung von Heiligem und Profanem wird offenbar wenig Wert gelegt. Oder erkenne ich nur die Trennungslinie nicht? Sicher, es gibt Altäre mit Buddha-Statuen. Haben sie hier andere Funktionen als in den zahlreichen Läden, wo sie käuflich bereitstehen? An einem Altar kann man offenbar eine Art Orakel konsultieren. Ein Behältnis mit numerierten Stäbchen wird geschüttelt, bis eines zu Boden fällt. Den Nummern entsprechen Weissagungen, die man auf Zetteln lesen und sich von einem alten Chinesen erklären lassen kann. Schwer denkbar, dass er an der Métrostation Tolbiac Handzettel verteilen ließe, auf denen genaueste Weissagungen und Lösung aller Probleme binnen Wochenfrist gegen Ratenzahlung versprochen würden, wie an der Métrostation Barbès-Rochechouart gang und gäbe. Dieser Tempel hat nichts Prophetisches und nichts Missionarisches. Und die Geschäfte macht man woanders.

Woanders also, aber auch unter diesem Deckel gibt

es einen Eingang in ein unterirdisches Warenlager, den man am besten findet, wenn man den Lastwagen folgt. In der Rue Nationale Nr. 23 geht es hinein zum ehemaligen Güterbahnhof der Gobelins, wo früher Teile für Panhard angeliefert wurden. Man sieht noch die Schienen und die Bahnsteige, aber sie haben ihre Funktion so verändert, wie das Personal wechselte. Hier unten fanden asiatische Importgesellschaften ihren unsichtbaren Umschlagplatz. Es hat etwas Gespenstisches: Zwischen alten Gleisen und enormen Lastwagen, deren Motorengeräusch von den Betonwänden hallend verstärkt wird, an einem Ort ohne natürliches Licht, vom Himmel getrennt durch eine Betonplatte, so dick, dass darauf Hochhäuser stehen können, lagern Tausende von Reissäcken, Tonnen exotischer Produkte, verkaufen asiatische Händler an asiatische Käufer Berge von Nahrungsmitteln. Ein Bauch von Paris, von dem sich Zola nichts träumen ließ.

Wieder auf der Rue de Tolbiac, unter Pariser Mittagssonne auf dem Weg zu jener neuen, viel größeren Betonplatte um die neue Nationalbibliothek, ist es schwer, den Gedanken an diese wundersame asiatische Immigration loszuwerden. Sie scheint die Spannungen, die Verwerfungen nicht zu kennen, die große Einwanderergruppen sonst mit sich selbst und mit der aufnehmenden Gesellschaft austragen müssen: die Spannung zwischen integrativer Auflösung und identitärer Selbstbehauptung. Im Bereich der Religion, der Sprache, aber auch der Alltagspraxis bis hin zum Essen und Trinken haben die Bewohner des asiatischen Viertels sichtbar Identität bewahrt. Auf der anderen Seite haben sie eigene wirtschaftliche und kulturelle Eliten hervorgebracht, die in die französische Gesellschaft integriert sind. Nicht nur unten. Es gibt asiatische Milliardäre und viele ehrgeizige asiatische Schüler in den besten Klassen der besten Schulen von Paris. Die Regeln des Aufnahmelandes werden von den Einwanderern beherrscht und befolgt, offenbar ohne damit die Angst vor dem Selbstverlust und die damit zusammenhängenden Aggressionen auszulösen. Mir fällt Brecht ein und sein Lob des Jasagens. Brecht war fasziniert von der Weisheit der chinesischen Kultur.

Der Weg führt durch ein Viertel, das sich nun zum größten Teil so präsentiert, wie man sich Paris gern denkt: viele Bars mit kleinen runden Tischen auf den Trottoirs, eher die von der billigeren Sorte mit Plastikplatte. Hier und da Werbung für Pferdewetten. Die stilisierte rote Möhre zeigt an, dass Tabakwaren verkauft werden. In den Bäckereien kostet die Baguette weniger als 75 Cent, die Mittagsmenüs 8,30 Euro. Die Weingläser haben Ballonform, das Bier trägt französische Namen, der Schuster macht noch keine Schlüssel, beim Restaurationsbedarf gibt es Pappteller.

Umso stärker dann der Kontrast, wo die ZAC Rive Gauche anfängt. Die Betonplatte, von der Seineseite schon nicht mehr als solche erkennbar, bricht hier abrupt über den Gleisen ab, die noch sichtbar sind und auf der linken Seite in der Gare d'Austerlitz zusammenlaufen. Das Alte und das Neue sind noch nicht miteinander verschmolzen.

Der Frigo, das alte Kühlhaus, wo ich mit Jean-Paul Réti von der Bürgerinitiative TamTam verabredet bin, ist ein Symbol für den Widerstand der Bürger gegen staatliche Baugigantomanie geworden. Der Frigo und ein paar hundert Meter weiter die ehemaligen Mühlengebäude, das ist das, was hier übrig blieb vom Industrie- und Lagergelände. Der Frigo massig, weitgehend fensterlos mit einem runden Turm, in dem ein großer Lastenaufzug untergebracht wurde. Auf die ausgebleichte Fassade hat man hier eine Riesenbiene gemalt, dort einen gigantischen Hund, nackte Paare, eine Internet-Adresse: www.les-frigos.com. Schilder verweisen auf den Zugang zu verschiedenen Ateliers. Ringsum ist alles, was in Reichweite scheint, mit Tags und Wandmalereien besprüht. Vor dem Frigo, hinter Bauzäunen die ausgebleichten Reste eines Zeltdorfes von der Art, wie sie Mutlangen, die Startbahn West oder Gorleben sahen. »Besetzt« verkündet ein Schild auf dem unbesetzten Platz. Zwei alte, graue Zelte, Tische aus Kabelrollen, eine Bühne aus Holzpaletten, von Unkraut schon überwuchert. Dazwischen Kunst: ein Walfischschwanz als Arche Noah, ein trojanisches Pferd. Handgemalte Plakate verschiedener Bürgerinitiativen, am Bauzaun befestigt: Espace 13, SOS Paris, La Baleine Blanche – viele Initiativen mit unterschiedlicher Handschrift. Längst ausgelesene Wandzeitungen. Reste eines Kampfes. Man sieht nicht, ob ein Sieg gefeiert wurde oder eine Niederlage.

Der Haupteingang liegt hinter einer Lieferrampe. Hier wurde früher nicht gewohnt. Im Inneren liegen die großen Versorgungsrohre offen wie am Centre Pompidou. Nackte Betonwände, aber nicht grau, sondern farbig besprüht, überall und immer wieder. Links dreht ein ziemlich großes Spielfilmteam ein paar Szenen. Das Atelier von Jean-Paul Réti liegt gleich rechts. Eine amerikanische Journalistin verabschiedet sich gerade. Gelegenheit, sich die Skulpturen Rétis anzusehen. Großformatige Eisenplatten sind sein Material, aufwendig bearbeitet und dennoch nicht ihrer dunklen Schwere beraubt. Réti ist in der Pariser Kunstszene ein bekannter Mann. Er hat mit Klossowski und Dubuffet gearbeitet, in der Wiener Secession und in der Galerie des Défense-Bogens ausgestellt.

Bildhauer und eloquent, das ist eher selten. Réti ist eloquent. Man merkt, dass er die Geschichte des Frigo schon sehr häufig erzählt hat, aber er weiß sich gut einzustellen auf seine Zuhörer. Keine Ähnlichkeit mit dem Habitus eines grünen Aktivisten in Deutschland während der achtziger Jahre. Kein Eiferer. In den zwanziger Jahren, so erzählt er, sei das Kühlhaus von der Eisenbahngesellschaft für verderbliche Güter gebaut worden. 20 000 Quadratmeter, die in den sechziger Jahren nicht mehr gebraucht wurden, weil nun die Kühlschränke in den Läden und in den Wohnungen standen. Das Gebäude, schwer abzureißen, auf billigem Boden, blieb leer. »Um 1980 wurde es von Künstlern entdeckt, von Musikern zuerst, die in der Stadt nur schwer Raum zum Üben finden.« Réti führt mich an eine Stelle, wo man den Querschnitt der Wände sehen kann. »Sehen Sie. Die Wände sind meterdick. Sie haben zwei Isolierschichten, um die Kälte nicht entweichen zu lassen. Durch diese Wände hört man nichts. Und genau das ist es, was Musiker brauchen, wenn sie üben. Aus dem gleichen Grund sind wir Bildhauer hierhergekommen. Bildhauerei macht Krach. Es macht viel Krach, wenn ich hier meine Eisenteile bearbeite.« Er holt aus. »Paris gilt als Stadt der Künstler, aber es gibt viel zu wenig Ateliers in der Stadt. Das Problem ist bekannt. Es gibt sogar eine Vorschrift, die jeden Bauherrn großer Ensembles dazu verpflichtet, ein Atelier vorzusehen. Wussten Sie das?« Nein, wusste ich nicht. Man weiß am meisten über die Ateliers, in denen *früher* Künstler arbeiteten.

»Aber natürlich ist das keine Lösung und führt zu immer neuen Konflikten zwischen den Künstlern und den anderen Bewohnern. Die Wohngebäude sind so konstruiert, dass man meist schon den Fernseher des

Nachbarn hört. Wenn ich in so etwas Eisenplatten bearbeiten würde, könnten hundert Leute nicht schlafen. Dass wir um 17 Uhr den Hammer noch nicht aus der Hand legen, verschärft das Problem zusätzlich. Das ist der ganze Grund, warum ich mich seit 15 Jahren für den Erhalt dieses Gebäudes einsetze. Es bietet mir und vielen anderen glänzende Arbeitsbedingungen. Es ist gut isoliert, stabil, hat hohe Decken, große Räume, hat einen gewaltigen Lastenaufzug und eine bequeme Laderampe. Wir sind nicht völlig vereinzelt und stören doch die anderen nicht – das gibt es sonst nirgendwo.«

Die ersten Bewohner hatten keinen Mietvertrag, aber im gleichen Maße, in dem man die Räume auf eigene Kosten zu Ateliers herrichtete, wuchs der Wunsch, die Besetzung zu legalisieren. Die französische Bahn, Besitzerin des Gebäudes, zögerte zuerst, willigte dann aber in befristete Mietverträge ein. Man wollte sich die Abrissmöglichkeit vorbehalten. 1991 war der Abriss schon beschlossen, aber zu dieser Zeit ließ sich so etwas nicht mehr so leicht durchsetzen. Vor allem nicht mit Mietern, die sich Öffentlichkeit zu schaffen wussten. Es gab TamTam für den Erhalt des Frigo, aber auch für den Erhalt der riesigen Mühlengebäude und für eine Änderung der ursprünglichen Planung des ZAC Rive Gauche. Nicht nur Büros. Auch Wohnraum, vor allem sozialen, auch Fahrradwege, auch Grünflächen, auch Schulen. Man zog vor das Verwaltungsgericht und bekam zum Teil Recht. Der Baufortschritt verzögerte sich. Kredite, die die Stadt großzügig gegeben hatte, waren fällig, ehe relevante Einnahmen flossen. Jedenfalls wurden in dem undurchsichtigen politischen Geflecht zwischen Toubon, Exkultusminister und Bezirksbürgermeister, Tiberi, dem damaligen Pariser Bürgermeister und den privaten Investoren die Bürgerinitiativen auf einmal zu einem ernst zu nehmenden Faktor in der politischen Planung.

1997 fiel dann die Entscheidung, dass der Frigo und die Grands Moulins de Paris erhalten bleiben. In die leer stehenden Gebäude der Moulins ist mittlerweile die Universität eingezogen. Ein Sieg in einer Auseinandersetzung, die damit noch längst nicht zu Ende war. Jetzt ging es um den Verlauf der neuen Straßen, um die Gestaltung des Campusgeländes, um die Breite der Uferstraße, um den Erhalt der alten Halle in der Gare d'Austerlitz. Nichts Spektakuläres, nichts Symbolisches von der Art »Kunst« gegen »Kommerz«, einfach der Versuch, seinen Lebensort so zu gestalten, wie man ihn braucht und nicht wie ferne Planungsbüros projektieren.

»Sehen Sie unser Haus hier nur nicht als Idylle oder als kuschelige Wohngemeinschaft an. Es gibt sehr unterschiedliche Interessen, schon weil einige 2 000 Euro im Monat bezahlen, andere nur 500. Subventionen bekommen wir übrigens nicht. Es leben hier fast dreihundert Leute, Architekten, Designer, Bildhauer, Graphiker, Maskenbildner, Photographen, Theaterleute, Bildhauer, Maler, viele Musiker. Einige sehr bekannt und ziemlich reich. Einige sehr bekannt und ziemlich arm. Einige wenig bekannt und sehr reich. Wenig bekannt und arm gibt's auch. Und reich und schlecht. Der eine malt spirituelle Bilder, der andere gibt ein Rubgy-Magazin heraus. So wollen denn auch die einen den Dschungel der Wandbemalung erhalten, die anderen wollen Teppiche verlegen und eine Nummerncodeanlage installieren.«

Réti hat im Erdgeschoss ein fensterloses Atelier, im dritten Stockwerk ein anderes für kleinere Arbeiten und zum Wohnen. Hier hat er sich Fenster brechen lassen.

Zwei Räume mit Arbeits- und Lebensnotwendigem, mit Ordnung für denjenigen, der darin wohnt, und voller Entdeckungsmöglichkeiten für den Besucher. Auf dem Boden, auf dem Gesicht liegend, ein lebensgroßer, feinmodellierter Männerkörper aus Epoxidharz, der so gar nicht zu den Metallarbeiten passen will. »Das habe ich nach dem Tod meines Vaters gemacht. Er war Ungar, Chirurg. Er hatte es nicht leicht, sich hier in Paris einzufinden.« Der eloquente Franzose ein Einwandererkind. Wenn es gut geht, braucht Frankreich dreißig Jahre und eine Schulzeit lang, um aus Einwanderern Pariser zu machen. Oder Staatspräsidenten.

Beim Herausgehen verweise ich auf die gelungenen neuen Wohnhäuser auf der anderen Straßenseite. »Wer wohnt da? Sind die Mieten teuer?« »Nein, das sind Sozialbauten der Stadt Paris. Wer hier wohnen will, darf eine gewisse Einkommenshöhe nicht überschreiten.« Die genauen Zahlen kennt er nicht. »Und die Vergabe?« »Weil die Bürgermeister der Arrondissements häufig versucht haben, auf diese Weise ihre Parteigänger im Wahlbezirk anzusiedeln, soll diesmal bei der Vergabe sogar ein Gerichtsvollzieher dabei gewesen sein. Nach meinem Eindruck viele Leute um die 45, wenig Kinder. Übrigens wohnt Éric Saunier, der Architekt, mit seiner Familie oben in dem Glaskasten auf dem Dach. Wenn die Mieter Beschwerden haben, klingeln sie manchmal bei ihm. Sollte man häufiger vorschreiben, dass die Architekten in ihren Neubauten auch wohnen.«

In diesem Sinne hätte man Dominique Perrault, dem Architekten der neuen Nationalbibliothek, vorschreiben sollen, darin ein Buch zu schreiben. Zu übersehen ist sie nicht hinter den weißen Wohnhäusern. Man erreicht sie über eine Straße, die lange am Rande des Abgrunds neben der neuen Betonplatte vorbeilief. Avenue de France heißt sie. Die Materialien, die verwendet wurden, sind eher kostbar. Schöner Granit sowie blanker Edelstahl für die Bänke. Die Bibliothek hat keinen wirklich einladenden Eingang. Man tritt auf ein Rechteck aus Tropenhölzern wie auf das Deck eines Schiffes. Dann und wann ein Mensch, vor allem aber viel Wind. Hochhäuser machen bekanntlich Wind. Es ist ungemütlich auf Deck. In der Mitte des Tropenholzgevierts ein weiteres Rechteck, fast zweihundert Meter lang und geschätzte dreißig Meter tief. Um diesen Innenhof gruppieren sich in der Tiefe die beiden Stockwerke für die verschiedenen Benutzergruppen. Bewachsen ist er mit einer Art Wald, darunter hohe, alte Kiefern, fast alle mit verspannten Stahlseilen einigermaßen senkrecht gehalten.

Über einen offenen, schmalen Gang geht es hinunter ins Rechteck zum Eingang. Taschenkontrolle. Man tritt auf den Teppich einer hohen, großen, sehr repräsentativen Eingangshalle. Dort müssen die Eintrittskarten gelöst werden. Drei Euro kostet die Tageskarte, 35 Euro die Jahreskarte. Von den 10 000 Benutzern pro Tag, von denen man spricht, sind nur wenige zu sehen. Aber die Anlage ist eben auch riesig. Es gibt Schalter, an denen Bibliothekare die verschiedenen Benutzergruppen beraten und an den rechten Ort schicken. Wer sich angemeldet hat, darf eine kostenlose Führung mitmachen.

Wir sind nur sieben. Die Kustodin, die uns leitet, heißt Béatrice, eine resolute, eher jüngere Dame, die uns so behandelt, wie sie wohl in der Schule behandelt worden sein mag, wo sie gewiss eine gute Schülerin war. Sie hat es zu etwas gebracht, warum sollte die Methode nicht auch für andere, noch Unwissende gut sein? Sie ist freundlich, mag aber keine Fragen, hinter denen sich

Kritik an der Bibliothek abzeichnet. Jeder weiß, dass diese Bibliothek mehr Kritik auf sich gezogen hat als jeder andere Großbau der Ära Mitterrand, dass man ihr über viele Zeitungsseiten, in vielen Manifesten, in viel gelesenen Büchern vorwarf, eine Missgeburt aus Größenwahn und Dysfunktionalität zu sein. Jeder weiß, dass sie in den ersten Wochen nach Eröffnung überhaupt nicht funktionierte. Ich habe das Gefühl, dass Fragen danach hier als grobe Unhöflichkeiten angesehen werden.

Unsere Führerin hält zum Auftakt frei und ohne Stocken ein Referat darüber, dass die alte Nationalbibliothek in der Rue Richelieu zu klein geworden sei und Mitterrand einen Neubau beschlossen habe, der aber nicht mehr nur den Wissenschaftlern vorbehalten sein, sondern allen offen stehen solle. Ein symbolisches Großprojekt der Demokratisierung des Wissens, eines von der Art, wie Mitterrand sie liebte. (Zur Strafe ist jetzt sein Name auf ewig mit dem Hause verknüpft.) Eine Bibliothek für das 21. Jahrhundert. Dann Zahlen zum Mitschreiben: Die Bibliothèque Nationale (die Nebenstellen eingeschlossen) verfügt über 13 Millionen Bücher, 250 000 Manuskripte, 350 000 Zeitschriften, 12 Millionen Photographien, 2 Millionen Musikstücke, 1 Million Tondokumente, die Karten, Pläne, Münzen, Briefmarken, Videos nicht mitgerechnet. Wie immer bei solchen Zahlen, wenn sie denn überhaupt greifbar werden, stellt sich das leichte Schwindelgefühl ein, das sich aus dem Missverhältnis ergibt zwischen dem, was man weiß, und dem, was man wissen könnte.

Wir bekommen erklärt, wie man die Probleme gelöst hat. Im oberen der beiden unterirdischen Stockwerke, für jedermann über sechzehn gegen Gebühr geöffnet, stehen in fünf nach Fächern gegliederten Lesesä-

len 200 000 Bände mit Basistexten jedes Fachs frei zugänglich zur Verfügung. Dazu ein großer Zeitschriften-
und Zeitungslesesaal, ein Computerraum zum Biblio-
graphieren und ein Raum zur Ansicht von Video- und
Tondokumenten. Insgesamt 1 600 sehr bequeme Arbeitsplätze. Ohne Fenster natürlich.

Ins Stockwerk darunter dürfen wir nicht. Er ist strikt
den Wissenschaftlern reserviert. 2 000 Plätze, die wie
alles andere um 20.00 Uhr geschlossen werden. Über
elektronische Bestellung haben sie Zugang zu allen Büchern und Dokumenten. Während der Erklärungen
laufen wir immer um den Kunstwald hinter Glas
herum, den ich schon von oben gesehen hatte. Wir laufen viel. Alle laufen hier viel. Der Wald, so unsere Béatrice, sei eine Art Klostergarten für fleißige Forscher unserer Zeit. So habe es sich Perrault gedacht, und so sei
es. Die hohen Bäume habe man eigens in der Norman-
die großgezogen und dann aufwendig hierher ver-
pflanzt. Perrault habe keine kleinen Bäume gewollt, und
mit dem Wachsen wäre es hier doch nicht so schnell gegangen. Ich frage, ob der Klostergarten zugänglich sei.
Nein, sei er nicht, wegen der Gefahr von Verschmut-
zung und Zerstörung. Warum so viele Bäume mit Sei-
len aufrecht gehalten würden? Der Boden sei natürlich
nicht tief. Und bei dem großen Sturm im Dezember
1999 sei unerwartet der Wind in die Gartengrube gefah-
ren und habe die meisten Bäume umgeworfen, viele in
die hohen Glasscheiben hinein. An Ersatz der entwurzelten Bäume sei einstweilen nicht gedacht, aber man
habe doch die verbliebenen sichern wollen.

Und die Schwierigkeiten mit dem eigens für die Bibliothek entwickelten Computersystem, das am Anfang
den Betrieb für Wochen lahm gelegt habe? »Das System
verwaltet alles, von den Bestellungen bis zu den Dienst-

plänen für die Bibliothekare. Es ist klar, dass es seine Zeit brauchte, bis es lief.« Kein Wort davon, dass die im Wettlauf mit Mitterrands Tod verfrühte Eröffnung und die mangelhafte Schulung des Personals Mitschuld am Eröffnungschaos trugen. Weil wir so wenige sind, dürfen wir ins oberste Stockwerk eines der Büchertürme fahren. Es scheint die Sonne. Deshalb schließen sich computergesteuert dicke, großformatige Holzblenden. Edle Holzblenden, schön und schlicht gestaltet, stufenlos und individuell regelbar. Drei davon stünden meiner Wohnung gut an, würden mich aber ruinieren. Hier gibt es Abertausende. Sie waren ursprünglich nicht vorgesehen, weil der Architekt die Büchertürme gern durchsichtig haben wollte. Der Blick auf die Stadt ist trotzdem wunderbar. Ringsum hängen große Reproduktionen von Photos der großen Dichter französischer Sprache. Ein erhebender Moment. Es wäre schön, hier zu arbeiten, konzentriert über einem der 13 Millionen Bücher, ab und an aber auch zerstreut hinausschauend über die Stadt.

Stattdessen sollten hier plangemäß die Bücher der Sonne ausgesetzt, das Gedächtnis Frankreichs ausgebleicht werden. Als große Namen der französischen Wissenschaft öffentlich an die Banalität erinnerten, dass Bücher Sonne nicht gut vertragen, eine Banalität, um die jedermann weiß, der über die Sommerferien einmal eines am Fenster liegen ließ, da wurden die Holzblenden eingebaut und die Klimaanlage und die Anlage zur Regelung der Luftfeuchtigkeit. Den Büchern soll es jetzt angeblich gut gehen. Nur die besonders wertvollen und manche Großformate hat man vorsichtshalber doch im Keller untergebracht. Alles geht. Mit diesem Aufwand ließe sich in Glastürmen auch ein optimaler Weinkeller einrichten. Und die Wissenschaftler wurden in den un-

tersten Keller verbannt und die anderen Benutzer eine
Kelleretage höher am Klostergarten hinter Glas. »Auf
den Füßen geht's nicht mehr, drum gehn wir auf den
Köpfen.« (Goethe, Faust I, V. 4370) Der unauffällige,
funktionale, beinahe intime Neubau der Deutschen Bibliothek in Frankfurt liegt an einer der viel befahrensten
Kreuzungen der Stadt, gegenüber eine Tankstelle und
der Friedhof. Niemand ist auf die Idee gekommen, sie
nach Helmut Kohl zu nennen. Er hätte sich wohl auch
kaum darüber gefreut. Mit Kultur hat sich die deutsche
Politik noch nie gern geschmückt. Seit dem letzten Krieg
auch nicht mehr mit Größe. Ist das besser? Oder
schlechter?

Zum Abschied frage ich das Computersystem danach, ob es mir das Buch von Jean-Marc Mandisio
mit dem Titel *L'effondrement de la Très Grande Bibliothèque
Nationale de France. Ses causes, ses conséquences* bereitstellen
könne. Eine scharfe, bisweilen unangemessen scharfe
Polemik gegen Planung und Realisierung der Bibliothèque François Mitterrand. Kein Problem.

Verlässt man die Bibliothek zur Avenue de France
hin, stößt man nach ein paar Metern auf einen großen
Baucontainer, dessen Adresse auf vielen Schildern im
Viertel angeschlagen ist. Die Semapa, die Gesellschaft,
die für den ZAC Rive Gauche verantwortlich ist, hat
hier eine aufwendig ausgestattete Informationsstelle,
eine Art Bürgerbüro, eingerichtet. Große, sorgfältig gestaltete und intelligent kommentierte Schautafeln infor-
mieren über die Geschichte des XIII. Arrondissements.
Ein riesiges Modell zeigt, was wo und wie geplant ist.
Man erfährt, dass die schöne neue Welt acht Hektar
Grünflächen enthalten soll, 15 000 Menschen neue
Wohnungen bieten und 60 000 neue Arbeitsplätze bereitstellen wird. Viel Betrieb ist nicht, die acht Angestell-

ten stehen gelangweilt herum und verweisen auf die Computer, aus denen man alle Informationen entnehmen könne. Schließlich findet sich eine junge Architektin, die kompetent Auskunft geben kann. Eine ZAC sei eine Zone konzertierter Stadtentwicklung, die der Kommune das Recht gebe, über alle wesentlichen Planungsdaten zu entscheiden: Verhältnis von Büros, Wohnungen, Läden, Größe der Gebäude, der Grünflächen, Breite und Verlauf der Straßen, Einrichtung von Schulen, Kindergärten, Kirchen. Hinter dem Namen Semapa verberge sich eine Kapitalgesellschaft aus öffentlichen und privaten Trägern mit sechzig Angestellten, die für die planerischen, die technischen und die juristischen Fragen zuständig seien. Präsident ist der Bürgermeister des Arrondissements. Die junge Dame ist offenbar wirklich begeistert von so viel Planung. Sie sucht mir alte Nummern der aufwendig gestalteten, regelmäßig erscheinenden und kostenlos verteilten Hochglanzbroschüre heraus, in denen man außer Interviews mit dem abgewählten Bürgermeister Toubon Artikel über die geplante Schule, geplante Brunnen, die geplante Stadtanbindung, die geplante Aufnahme des Universitätsbetriebs, die geplante Verlängerung der Météor-Métro und die geplante Fußgängerbrücke über die Seine zum Park von Bercy finden kann. Was denn außer der Bibliothek am schnellsten fertig geworden sei? Notre-Dame-de-la-Sagesse zum Beispiel, die neue Kirche. Wer die wohl »Unsere-liebe-Frau-der-Weisheit« getauft habe? Das weiß sie nicht, muss aber lachen. Die Hochglanzzeitung enthält auch zwei großflächige Seiten mit Stellungnahmen der Bürgerinitiativen, die mehr Platz für Fußgänger an den Seinequais verlangen, mehr Geschäfte, den Wiederaufbau einer alten Brücke. Sogar der Frigo, lange totgeschwiegen, wird jetzt stolz als Monument der Geschichte des Viertels abgebildet. Wäre es nach der Semapa gegangen, gäbe es das Gebäude längst nicht mehr. Es ist wie häufig in solchen Fällen: Der Widerstand der Frigo-Bewohner und der Bürgerinitiativen hat etwas bewirkt, aber nicht genau das, was man wollte.

Am liebsten redet meine Gesprächspartnerin von den Bäumen. So wie die Hochglanzzeitung gern von den Bäumen schreibt. Auf 130 Hektar Beton ist ein Gespräch über Bäume offenbar nahe liegend und ein Verbrechen gewiss nicht. Und seien sie hinter Glas wie am Gare de Lyon oder in der neuen Bibliothek. Sie weiß, wo die Bäume herkommen, aus einer großen Baumschule bei Grenoble, die die Zöglinge in ganz Europa ankauft, aufzieht und bis zur Reife führt, bis sie, nächstens eingepflanzt, die Straßen um die Bibliothek begrünen dürfen. 1 850 Exemplare, manche fast zwanzig Jahre alt. Am Ende sollen es 3 000 neue Bäume sein, Platanen, Buchen, Linden und sogar Ginkgos, alle speziell gegen Stadtluft abgehärtet und besonders widerstandsfähig. Schulklassen hätten sich im Rahmen des Biologieunterrichts an der Auswahl beteiligt.

Wirklich hübsch, diese Begeisterung. Ich muss an die unvollendete Betonplatte der Olympiades denken. Da stand am Anfang sicher auch Begeisterung. Immer das Gleiche, nur die PR-Arbeit verbessert? Hängt nicht dieses Großprojekt nach wie vor vom Machtgerangel von Parteifraktionen ab, so wie einst vom Machtgerangel zwischen Chirac, Tiberi und Toubon, alle drei dem rechten Lager angehörend und sich doch herzlich Feind? Entscheiden nicht letztendlich die privaten Investoren, von denen einige versucht haben, den Bürgerinitiativen die Einsprüche gegen Bauvorhaben abzukaufen? Das ist gewiss wahr, aber wie die Baustelle ist auch das ein weites Feld. Die PR-Aktionen beweisen immerhin, dass die Machthaber die Bürger ein wenig mehr fürchten als vor zwanzig Jahren. Natürlich werden die Bürgerinitiativen nur umarmt, damit sie ihre Arme nicht mehr erheben können. Aber diese Umarmung kostet auch etwas, so wie die Sozialpartnerschaft in Deutschland zwar nichts am Wirtschaftssystem geändert hat, aber doch Zugeständnisse notwendig machte, um den sozialen Frieden zu erhalten. Der Erhalt des Frigo, der Mühlen, die anständig konzipierten Sozialbauten und meinetwegen sogar die Bäume, das ist wohl das, was zu haben war. Wenn die Stadthistoriker der Zukunft aus dem ZAC Rive Gauche auf den Pariser Geist an der Wende zum 21. Jahrhundert schließen werden, dann kann es sein, dass sie diesen weniger in dem schon obsolet gewordenen Gigantismus der neuen Nationalbibliothek sehen als in den Versuchen, ein ursprünglich als Gewerbesteuermaschine geplantes Gebiet einigermaßen wohnlich zu machen. Die Zeiten der futuristischen Großutopien sind wohl nicht nur in der Politik, sondern auch in der Urbanistik vorbei. Einstweilen.

Als ich mich von Jean-Paul Réti vor dem Frigo verabschiedet hatte, war mein Blick auf die gläsernen Balkonverkleidungen der Sozialbauwohnungen gegenüber gefallen, in die mit großen Lettern Gedichtzeilen eingeätzt waren. Ich fragte, die Antwort schon wissend, ob sie von den Bewohnern stammten oder zumindest ausgesucht seien. So weit, sagte er, seien wir noch nicht.

SÜDEN

(V., VI. UND XIV. ARRONDISSEMENT)

Rive Gauche.
Besichtigung eines Mythos

Rive Gauche heißt »linkes Ufer« und meint viel mehr
als das linke Ufer der Seine in Paris. Und viel weniger.
Das dreizehnte Arrondissement um die neue Nationalbibliothek gehört ebenso wenig dazu wie das fünfzehnte
südwestlich des Eiffelturms, obgleich sie beide am linken Ufer der Seine liegen. Rive Gauche, das ist das
fünfte Arrondissement um den vom Panthéon gekrön-
ten Sainte-Geneviève-Hügel, das sechste um die Kirche
von Saint-Germain-des-Prés, der angrenzende östliche
Teil des siebten Arrondissements, bevor die Ministerien
anfangen, und ein kleiner Teil des vierzehnten um den
Boulevard Montparnasse. Rive Gauche, das bezeichnet
aber nicht in erster Linie einen geographischen Ort,
sondern einen Mythos, den Mythos nämlich, dass sich
hier die irdische Heimat des Geistes befände, der Umschlagplatz zwischen dem Denken und der Welt. Global
village des Denkens. Und mag dieser Mythos auch
einer rationalen Nachprüfung nicht mehr standhalten,
mag er ihr vielleicht nie standgehalten haben – Mythen
sind durch rationale Nachprüfung nicht einfach auf-
lösbar.

Mythen kann man auch nicht wirklich besichtigen.
Das macht die Schwierigkeit eines Stadtspaziergangs an
der Rive Gauche aus. Spaziergänge sind hier zuallererst

211

Gedankengänge. Der Rest ist, für Pariser Verhältnisse, eher enttäuschend, wenn sich das Interesse auf historische Denkmäler richtet. Das wohl bedeutendste Bauwerk des Viertels, die romanische Kirche von Saint-Germain-des-Prés, kommt Notre-Dame oder der Sainte-Chapelle an ästhetischer Kraft nicht gleich. Das Panthéon? Wirkt beeindruckend, aber auch ein wenig kalt. Sicher, es gibt am Seinequai gegenüber dem Louvre das Gebäude des Collège des Quatre Nations, in dem heute die Académie Française untergebracht ist, es gibt den Palais du Luxembourg an der Rue de Vaugirard, die Kirche Saint-Sulpice, aber das ist es nicht, was den Ruf des Rive Gauche begründet hat. Nichts, was dem Louvre entspräche oder Notre-Dame oder dem Eiffelturm. Nicht einmal einer der Großbauten der Ära Mitterrand findet sich auf dem linken Ufer, will man nicht Nouvels Institut du Monde Arabe am östlichen Ende des Boulevard Saint-Germain rechnen. Allenfalls wäre da ironisch der hässliche Montparnasse-Turm für das Rive Gauche in Anspruch zu nehmen, Wahrzeichen einer technischen Modernität, die schon überholt war, als man am Turm noch baute. Vielleicht ist es kein Zufall, dass die jugendlichen Touristen auf sommerlicher Paris-Erkundung schon am Haupteingang des Viertels, rund um den Brunnen von Saint-Michel, ihren Versammlungsplatz gefunden haben. Weiter drinnen gibt es für sie nur wenige Attraktionen mit Ausnahme des Jardin du Luxembourg, der aber auf strenger Ordnung besteht und abends seine Pforten schließt.

Sonst liegt da am Eingang des Viertels noch ein viel besuchtes Touristenghetto um die Rue Saint-Séverin. So mit Stimmung und Straßenmusik der lauten Sorte und Pizza und Gyros und auch sonst sehr griechisch für alle, die mit ihrer Seele das Land der Griechen in Paris suchen. Gegen den Geruch verbrannten Fleisches auf großen Spießen kommt selbst der Alexis-Sorbas-Frohsinn nicht an. Die Schlepper vor den Lokalen sprechen Deutsch. Die spätgotische Saint-Séverin-Kirche mit ihren zu Palmwedeln stilisierten Gewölberippen steht leer.

Nein, das Viertel um die Rue Saint-Séverin ist nicht »Rive Gauche«. Es ist einer der Orte, wo sich Paris den Touristen anbietet. Rive Gauche ist zum Beispiel, wenn man die nahe, nord-südlich verlaufende Rue Saint-Jacques hinaufgeht. Links ein teilweise renovierter Gebäudekomplex namens Collège de France. Dass es 1530 von Franz I. gegründet wurde, sieht man nicht. Man sieht beeindruckend hohe Gitter und einen offenen Innenhof, in den sich niemand zufällig verliert. Dabei würde er nicht gehindert. Ein öffentlicher Ort, der aber ebenso viel Schwellenangst macht wie die Modegeschäfte in der Avenue Montaigne, die auch allen Kunden offen stehen. Auch hier ist symbolische Macht abschreckend geballt, aber Macht anderer Art.

Rechts gegenüber, lang gestreckt an der Straße bis fast oben auf den Hügel ein Gebäudekomplex, dessen Namen jeder kennt, der schon einmal ein Kreuzworträtsel gelöst hat: die Sorbonne. Die Pariser Universität. Die zweitälteste Europas. Die Mutter aller Universitäten. Jeder bessere Reiseführer informiert darüber, dass Mitte des 13. Jahrhunderts Robert de Sorbon (1201-1274) hier ein Kolleg für mittellose Studenten gründete, aus dem heraus sich die Sorbonne entwickelte. Das Studieren hat er hier nicht erfunden und nicht das Unterrichten. Abélard hatte auf diesem Hügel schon Héloise unterrichtet und sich dabei bekanntlich auch von ihr instruieren lassen. Lombardus hatte seine Sentenzen längst verfasst, die Abtei von Sainte-Geneviève schon manchen Scholaren und Magister aufgenommen. Hier, auf diesem Hügel, lehrten Albertus Magnus und Thomas von Aquin und später Erasmus von Rotterdam, hier sang François Villon und soff François Rabelais. Im Mittelalter ein Ort der Gelehrten aus ganz Europa. Das waren damals wenige, die sich aber um so etwas wie »Nation« noch nicht scherten, sondern das Zentrum des Universums des Wissens suchten. Hier, auf dem Hügel über dem linken Ufer der Seine.

Der Anblick der Sorbonne macht es heutigen Passanten nicht leicht, etwas von der mittelalterlichen Universität wiederzufinden. Die Studenten, die hinein- oder herausgehen, sehen so aus wie die französischen Jugendlichen eben im Moment aussehen. Ihre Köpfe sind nicht größer als der Durchschnitt, der Blick nicht durchgeistigter; sie reden Französisch, eher nachlässig, gewiss nicht Lateinisch. Sie steigen nach der Vorlesung auf ihre Scooter und fahren heim. Notfalls nehmen sie die Métro. Nirgendwo wandeln hier Meister und Schüler im intensiven Gespräch über die letzten metaphysischen Fragen der Philosophie unter schattigen Bäumen langsam auf und ab. Es fehlt an allem, an den Meistern, den Schülern und den schattigen Bäumen. Genau genommen fehlt es sogar an den Spuren eines ordinären studentischen Campuslebens. Wenig Kneipen, wenig Studentenleben.

Freilich ist hier auf dem historischen Boden nur noch ein sehr kleiner Teil der Sorbonne. Sie wurde 1968 in dreizehn verschiedene Sorbonnes geteilt und großenteils ausgelagert. Die Sorbonne der Germanisten war somit lange Zeit im Grand Palais untergebracht, bevor sie zum Boulevard Malesherbes verlagert wurde – auf dem rechten Ufer und da nicht einmal in bester Lage. Die »neue Sorbonne« der Germanisten siedelte man gar

Luxus statt Literatur?
Das legendäre Café de Flore am Boulevard Saint-Germain

außerhalb der Stadtgrenzen in Asnières an. Der Hügel, den die Rue Saint-Jacques hinaufführt, hat nicht genug Platz für ein paar Millionen französischer und ausländischer Studenten der Gegenwart. Aber noch vor dem letzten Krieg waren 45,7 Prozent der französischen Studenten in Paris eingeschrieben und 91 Prozent der Absolventen der Grandes Ecoles.

Links dann ein Gymnasium, Louis-le-Grand. Viele Jahre lang bin ich immer mal wieder an diesen düsteren, vom Schmutz grau belegten Fassaden vorbeigegangen und habe mich gefreut, dass ich in diesem Gebäude nicht zur Schule gehen musste. Es sah so sehr nach den Schulkasernen des Wilhelminismus aus, die Heinrich Mann und Rilke und Hesse beschrieben haben. Heute, nach sandstrahlender Renovation, sieht es weniger fordernd, weniger erdrückend aus. Aber was es ist, dieses Gymnasium, sieht man von außen ohnehin nicht. Fünfhundert Meter weiter oben, auf dem Hügel, östlich vom Panthéon, liegt das Gegenstück von Louis-le-Grand, das Gymnasium Henri IV., in der bereits erwähnten ehemaligen Abtei Saint-Geneviève

Das Panthéon oben führt erst einmal hinaus aus dem Schulbezirk in den Bereich nationaler Größe. Der unglückliche König Ludwig XV. hat es in Auftrag gegeben, als er lange krank daniederlag und seiner Krankheit das Gelübde verordnete, die Kirche der Heiligen Genoveva zu erneuern. Aber dem Geschmack seiner Zeit lag nicht an der Erneuerung des Mittelalters. Der Geschmack der Zeit wandte sich unaufhaltsam in Richtung Republik, was immer die Könige auch wollten. Auf die römische zunächst und dann auf die französische, die sich bekanntlich von der römischen gern die Kleider borgte. Und so baute denn in königlichem Auftrag der Architekt Soufflot auf dem Grundriss eines griechischen Kreuzes kurz vor der Revolution einen klassizistischen Monumentalbau nach dem Vorbild des römischen Pantheons. Kein Wunder, dass ihn die französischen Republikaner in Besitz nahmen und dort ihre Ruhmeshalle einrichteten.

Voltaire liegt dort, dessen Leichenzug bei der Überführung tausende von Handwerkern aus den Vorstädten begleiteten; Rousseau natürlich; Victor Hugo, der angesehenste französische Dichter des 19. Jahrhunderts; Emile Zola, dessen *J'accuse* in der Dreyfus-Affaire die Geburtsstunde des modernen Intellektuellen anzeigt; Jean Jaurès, der historische Führer der französischen Sozialisten; Marie Curie, die erste Frau, die einen naturwissenschaftlichen Nobelpreis bekam; Jean Moulin, der für die Einheit des französischen Widerstands steht. Dies ist nicht einfach eine Ruhmeshalle großer Geister und auch nicht eine Ruhmeshalle großer Politi-

Blick aufs Panthéon

ker. Wer hier seinen Platz finden will, muss beides re-
präsentieren, eigenen Geist und den Geist der Republik.
Die Republik ist in Frankreich nach wie vor mehr als
eine Regierungsform, so hohl die Formel »Vive la République« aus Politikermund auch häufig klingen mag.
Sie ist mit dem ihr inhärenten Universalismus, mit
ihrem Laizismus, ihrem Egalitarismus, mit ihrem Frei-
heitssinn ein Wertesystem, an dem sich die französischen Eliten immer noch orientieren, die die Schulen
um das Panthéon besucht haben. Denn das gehört zusammen: die Schule und der Geist der Republik. Die
Lehrer waren je schon ihre treuesten Diener, so wie die
Priester die treuesten Diener der Reaktion waren. Die
Krise des Schulsystems, in Frankreich wie in Deutschland seit drei Jahrzehnten immer wieder Gegenstand er-
bitterter Debatten, wird in Deutschland vor allem als
Krise von Effektivität und Leistungsbereitschaft angesehen. Für die französische Öffentlichkeit aber ist zum

217

Beispiel die Gewalt an den Schulen der Vorstädte noch viel mehr: Sie ist das erschreckende Zeichen dafür, dass das klassische Instrument der Republik zur Integration aller Stände und aller Einwanderer nicht mehr richtig funktioniert.

Als hätte es der Weltgeist so arrangiert, ist das Panthéon umgeben von Gebäuden des Lernens oder der öffentlichen Angelegenheiten. Westlich liegen an beiden Seiten der Rue Soufflot symmetrisch einander gegenüber die rechtswissenschaftliche Fakultät und das Bürgermeisteramt des V. Arrondissements. Gute Nachbarschaft wirkt nicht immer läuternd: Jean Tiberi, der abgewählte Stadtteilbürgermeister, zugleich Ex-Bürgermeister von ganz Paris, hat, so weiß man, seine Wählerstimmen nicht immer auf ganz legale Weise gesammelt. Östlich das Gymnasium Henri IV., nördlich die wunderbar altmodische Bibliothek Sainte-Geneviève. Nur südlich liegen zwei alte Hotels. Aber auch nicht irgendwelche. Am Hôtel des Grands Hommes kann man auf einer kleinen Tafel lesen, dass hier André Breton und Philippe Soupault die *Magnetischen Felder* verfassten, einen Schlüsseltext des frühen Surrealismus. Kein Haus hier ist ohne Geschichte, kein Eingang, durch den nicht Menschen gegangen wären, deren Namen man im Lexikon findet.

Die Rue d'Ulm, die südlich vom Platz abzweigt, ist wieder eine dieser Straßen, wo sich dem Blick des Passanten nichts Merkwürdiges aufdrängt. Rechts eine hohe Schule für Chemie, links dann die Ecole Normale Supérieure, Rue d'Ulm Nr. 45. Draußen Gitter, eine leere Pförtnerloge, dahinter erneut eines dieser vage nach 19. Jahrhundert aussehenden, imposanten Schulgebäude. Über dem Eingang die Trikolore und ein paar Göttinnen. Eine »Weihestätte« französischen Geistes hat

Simone de Beauvoir dies hier einmal genannt. Aber nur für den, der die unsichtbare Kirche und ihre Regeln kennt, die hier ihre Weihestätte hat. Wer nicht weiß, dass hier (und an zwei, drei vergleichbaren Schulen) wohl alle aufgenommen werden wollen, die verstanden haben, wie das französische System der Elitebildung funktioniert, sieht wiederum nicht viel. Er sieht auf den Dächern nicht kurzsichtig den jungen Sartre zum Himmel stürmen, sieht nicht Celan aus dem Eingangsflur kommen, der hier das »Aquarium« heißt, sieht nicht Pasteur im Pförtnerhäuschen Experimente ausführen, sieht nicht Lacan mit seinem Kometenschweif von Verehrern, sieht nicht Althusser, der nach dem Mord an seiner Frau im November 1980 von der Polizei abgeführt wird. Nein, im V. Arrondissement gibt es nicht viel zu sehen außer Schulgebäuden. Höchstens in der Rue Mouffetard, die vom Lycée Henri IV. südlich den Hügel hinabführt. Einer der schönsten Pariser Märkte. Was auch die Reisebusse wissen, die an ihrem unteren Ende warten.

Der Mythos, durch den unser erlebnisarmer Spaziergang führte, hat einen strengen, beinahe sakralen Code, wie alles Heilige unverständlich für jeden, der nicht eingeweiht ist. Unverständlich für Ausländer, es sei denn, sie sind es schon nicht mehr so ganz. Unverständlich, dass jeder – ja, ich denke: jeder – französische Geisteswissenschaftler, der nicht durch die Ecole Normale Supérieure gegangen ist, dies lebenslang als Makel empfinden wird, sei er später auch noch so erfolgreich und berühmt und international anerkannt. Die jüngere französische Soziologie der Bourdieu-Schule hat den Mythos untersucht und ausführlich beschrieben. Außer Kraft gesetzt hat Bourdieu ihn nicht. Er war selbst Normalien und hat alles dafür getan, dass sein Sohn ebenfalls in der Rue d'Ulm Nr. 45 aufgenommen wurde. Für einmal ein kritischer Denker, der sich privat auf seine Forschungsergebnisse verlässt …

Mythen leben erst so recht durch ihren epischen Variationsreichtum. Deshalb gibt es unendlich viele Geschichten in vielen Büchern über die Menschen, die auf dem Hügel der Sainte Geneviève gelernt haben. Aber Mythen haben auch Strukturen. Wir wissen es nicht erst seit Barthes oder Lévi-Strauss, die die Mythen zugleich analysieren und in ihnen auftreten. Zu dieser Struktur gehört zuallererst das republikanische Prinzip der Egalität. Dann das republikanische Prinzip der Elitebildung durch Schulerfolg. Und drittens das Prinzip der Nation. Diese drei Faktoren zusammen ergeben ein allgemeines Schul- und Universitätssystem, an dessen Ende die besten französischen Schüler ungeachtet ihres Geschlechts, ihrer Rasse, ihrer sozialen oder regionalen Herkunft die besten Plätze in Staat und Gesellschaft erhalten und möglichst dem Ganzen dienen. Die Idee, das muss man zugeben, ist bestechend. Damit sie realisiert werden kann, muss es landeseinheitliche Lehrpläne geben und landesweite Prüfungen, die genaue Platzierungen von hunderttausenden von Kandidaten ermöglichen. So im Zentralabitur. So auch, wenn es um die Anstellung als Lehrer geht. Man lässt in zentralen Prüfungen zur gleichen Zeit unter gleichen Bedingungen alle Kandidaten gegeneinander antreten. Damit es keine Schiebung gibt, müssen die schriftlichen Arbeiten anonym sein und von einer zentralen Prüfungskommission anonym korrigiert werden. Es bestehen so viele, wie es freie Stellen gibt. Basta. Gegenüber dem unübersichtlichen Kuddelmuddel der deutschen Kultusverwaltungen bei der Lehrereinstellung ein klares und gerechtes Verfahren.

Natürlich hat das Konsequenzen für die Auswahl des prüfungsrelevanten Wissens. Mathematik und messbares Faktenwissen eignen sich natürlich besonders. Da die Ergebnisse einer so einseitigen Auswahl aber zu einseitige Eliten produzieren würden, muss das Wissen auch in Form gebracht werden, etwa in die Form eines Aufsatzes oder eines Textkommentars, die strengen, aber keineswegs abwegigen Regeln gehorchen. Grob gesagt: Viel Wissen plus Rhetorik. Dummheit und akademische Günstlingswirtschaft haben es da eher schwer, Kreativität allerdings auch, wenn sie sich nicht früh den Regeln zu fügen weiß.

Der wichtigste Effekt des hier nur grob skizzierten Ganzen: Weil das System allen zugänglich ist und alle den gleichen Auswahlbedingungen unterliegen, wird es von allen anerkannt. Man wird anerkannt, indem man anerkennt. Links wie rechts. In Lille wie in Nizza, in Nantes wie in Straßburg. Am Ende steht eine durch immer neue Wettbewerbe auf immer höheren Ebenen schulisch konstituierte Gesellschaftspyramide, in der jeder seinen Platz hat, die Basis und die Spitze aber unendlich weit voneinander entfernt sind – nicht unbedingt nach Einkommen übrigens, gewiss hingegen in den Dimensionen schulisch beglaubigten Wissens.

Kurz: Alle Franzosen, die davon etwas wissen, sind wie selbstverständlich seit dem Mittelalter davon überzeugt, dass auf dem Hügel von Sainte-Geneviève die klügsten Geister der Nation, wenn nicht der Welt, lehren und lernen. Wenn es gut gehen soll, dann müssen sie hier lernen, und wenn es dann sehr gut weitergeht, dann können sie hier später lehren oder forschen. Der ideale Parcours verläuft durch die Gebäude, an denen wir vorbeigegangen sind. Zunächst kommt es darauf an, in eine der Klassen von Louis-le-Grand oder Henri

IV. aufgenommen zu werden. Diese beiden Gymnasien stellen allein mehr als die Hälfte der Schüler der Elitehochschulen, ihre Schüler gewinnen die meisten Preise des nationalen Schülerwettbewerbs Concours Général. Hier aufgenommen zu werden, ist entsprechend schwer. Es gibt Eltern, die seit der Geburt ihrer Kinder darauf hinarbeiten. Durch Erziehung, durch Wahl aussichtsreicher Schulen der Kollegstufe, sogar durch Umzug. Die Versuche, durch List das gültige Prinzip der Einschulung in das dem Wohnort am nächsten gelegene Gymnasium zu unterlaufen, gehören bei ehrgeizigen Eltern zur Karriereplanung und sind ein Volkssport der Mittelschichten. Ehrgeizige Eltern aus der Provinz – und Provinz ist alles außer Paris – brachten ihre Kinder früher in den schuleigenen Internaten unter, spartanisch, unter strenger Aufsicht, in gefährlichem Alter ganz auf das Lernen ausgerichtet. Denn die Karriere hat erst angefangen. Alles kommt nämlich darauf an, nach dem Abitur in so genannte Vorbereitungsklassen aufgenommen zu werden.

Vorbereitungsklassen für die Aufnahmeprüfung in die Grandes Ecoles. Nur wenige, traditionelle Gymnasien haben solche Vorbereitungsklassen. Henri IV. und Louis-le-Grand haben die besten. Diese classes préparatoires sind das Härteste, was das französische Schulwesen zu bieten hat: Kleine Gruppen intelligenter, hoch motivierter Schüler werden von ausgesuchten Gymnasialprofessoren, deren ganzes Wissen und deren ganzer Ehrgeiz ihren Schülern gilt und die alle Schwächen dieser Schüler kennen, Schultag um Schultag in eine erbarmungslose Konkurrenz geschickt, um sie auf den Wettbewerb zur Aufnahme in eine Grande Ecole vorzubereiten. Dabei ist die Spezialisierung noch wenig ausgeprägt. Aus den Vorbereitungsklassen haben viele französische Intellektuelle ihr breites Grundwissen. Dass nicht immer Zeit ist, es zu verdauen, versteht sich von selbst. Nach einem Jahr die Zwischenprüfung. Diejenigen, die sie nicht schaffen, gehen ab, zumeist auf die Universität. Außer in den Fächern, die keine Grandes Ecoles kennen (Medizin zum Beispiel), gelten die ersten Jahre des Universitätsstudiums in Frankreich als zweitklassig. Zu locker, zu wenig Konkurrenz, zu wenig Kritik, zu wenig Korrekturen. Klar, fünfzig korrigierte Aufsätze pro Jahr statt fünf auf der Universität, das macht einen Unterschied.

Und dann kommt die Aufnahmeprüfung. Die Besten absolvieren die Aufnahmeprüfungen der drei angesehensten Schulen, der ENA (Ecole Nationale d'Administration), aus der die Staatseliten und Spitzenpolitiker heute zumeist kommen, der Ecole Polytechnique, der angesehensten Ingenieurhochschule, die aber auch Führungskräfte der Wirtschaft, der staatlichen zumal, ausbildet, und die der Ecole Normale Supérieure (ENS) für Geistes-, aber auch Naturwissenschaften. Bestehen sie mehrere Aufnahmeprüfungen, das gibt es, ist ihre schließliche Wahl ein sicheres Kriterium dafür, welche der Hohen Schulen zum gegebenen Zeitpunkt das meiste Prestige hat und verspricht. Wahrscheinlich werden sie heute die ENA wählen.

Aber es bestehen nur ganz wenige überhaupt. Um die geistes- und sozialwissenschaftlichen Plätze der ENS bewarben sich zum Beispiel 1989 genau 190 Kandidaten aus ganz Frankreich. Aufgenommen wurden schließlich 19, mehrheitlich aus Paris. Die Aufnahme garantiert dem Kandidaten im Falle der ENS ein festes, aber keineswegs üppiges Gehalt, gegen das er sich verpflichtet, künftig dem Staat seine Dienste zur Verfügung zu stellen, und sie garantiert ihm optimale Betreuung.

Tutoren, die weltbekannte Professoren sein können, aber auch Akademische Räte und Lektoren, die hier lieber die treuen Korepetitoren einer Elite sind, als anderswo Professoren. Celan war hier Lektor für Deutsch. Beckett für Englisch. Althusser paukte Philosophie. Jean-Pierre Lefebvre lehrt hier, einer der produktivsten französischen Deutschlandkenner der Gegenwart, der sich um eine Berufung zum Professor einen Dreck schert, solange er hier nur forschen und schreiben kann. Das symbolische Kapital, das er hier erarbeitet, ist nirgendwo anders zu erwerben.

Die Schule verleiht kein Diplom. Sie ist nur eine Art intellektuelles Hochleistungszentrum, das Nachhilfestunden gibt für diejenigen, die die Nachhilfe am wenigsten nötig haben. Am Ende konkurrieren die Zöglinge mit allen anderen, »nur« an der Universität ausgebildeten französischen Kandidaten um die Agrégation, um das Staatsexamen in ihrem jeweiligen Fachgebiet, das im Gegensatz zu Deutschland eine feste Anstellung im Schuldienst garantiert und darüber hinaus die Voraussetzung für eine akademische Karriere ist. Selten, dass die wenigen Normaliens nicht unter den ersten bestehen. Sie sind 22, 23 Jahre alt und haben einen schwindelerregenden Ausleseprozess hinter sich: Nur wenige kommen auf die besten Gymnasien, von denen nur sehr wenige in die Vorbereitungsklassen, von denen nur sehr sehr wenige in die Elitehochschulen, und die, die da übrig bleiben, werden durch einen letzten nationalen Wettbewerb ordentlich gereiht.

Entscheidend ist nicht nur, dass man – nehmen wir den Fall der ENS – eine Anstalt durchlaufen hat, wo schon Michelet und Sainte-Beuve, Pasteur und Taine, Bergson und Rolland, Roger Martin du Gard und Anatole France, die Nobelpreisträger, Edouard Herriot und

Léon Blum, Jean Jaurès, Charles Péguy, Jules Romains, Jean Giraudoux, wo Touraine und Bourdieu, Le Goff und Le Roy Ladurie, wo Derrida und Foucault, Fabius und Pompidou, wo Régis Debray und Berhard-Henri Lévy unterrichtet wurden, entscheidend ist, dass auf den gemeinsamen Schulbänken und in den gemeinsamen Lernstuben lebenslange Beziehungsgeflechte entstehen, Seilschaften wie Feindschaften. Man war in den gleichen Klassen, bei den gleichen Lehrern, auf den gleichen Universitäten, schreibt später in den gleichen Zeitschriften. So zum Beispiel der berühmte Jahrgang 1925 der ENS: Raymond Aron, Paul-Yves Nizan, Jean-Paul Sartre. Zum Jahrgang 1925 gehörten René Maheu, der spätere Generalsekretär der UNESCO, und Jacques Monod, Direktor des Pasteur-Instituts. 1926: Maurice Merleau-Ponty. 1928: Robert Brasillach und Simone Weil. Das gleiche Prinzip herrscht heute auch in der Politik: Ein Großteil derjenigen Mitglieder der abgelösten Regierungsmannschaft von Jospin, die nicht auf der ENA waren, sind peu à peu ausgeschieden und durch Absolventen der Schule ersetzt worden, aus der der gaullistische Präsident wie der sozialistische Ministerpräsident kamen.

Aber die meisten, die auf dem Hügel von Sainte-Geneviève ausgebildet worden sind, wollen auch dorthin zurück: als Gymnasialprofessoren, als Universitätsprofessoren oder, am liebsten, auf einen Lehrstuhl des Collège de France. Wer hierher durch Kooptation berufen wird, gilt als der Erste seiner wissenschaftlichen Disziplin und genießt völlige Freiheit. Die Vorlesungen sind öffentlich. Ganz ganz oben ist der Geist sogar frei von Examina und Wettbewerben. Darüber liegt dann nur noch ein Platz im Panthéon. Aber das ist ja auch in der Nähe.

Kenner des französischen Unterrichtswesens, die mir bis hierher gefolgt sind, werden meine Skizze undifferenziert und unkritisch finden. Sie haben Recht. Wäre dies hier eine Abhandlung über die Soziologie der französischen Nationalerziehung, dann müsste in den Blick geraten, dass von gleichen Bildungschancen nicht die Rede sein kann, wo Ungleiche gleich behandelt werden. Aus Deutschland freilich dürfte eine solche Kritik nach den Ergebnissen der PISA-Studie nicht kommen, die zeigt, dass der Wissenszugang in Deutschland noch weniger demokratisch geregelt ist. Es müsste auch über die Anstrengungen gesprochen werden, die Eliteschulen zum Teil in die Provinz zu verlegen, etwa einen Teil der ENA nach Straßburg, der ENS nach Lyon. Es müsste gesprochen werden über die Versuche, die französischen Hohen Schulen auch für ausländische Studierende zu öffnen, die wohl über herausragendes wissenschaftliches Potenzial verfügen, aber nicht über die Französischkenntnisse, die zum Bestehen der schwierigen Wettbewerbe nötig sind. Das System öffnet sich, wenn auch unter heftigen Auseinandersetzungen zwischen den Verteidigern des Alten und den Modernisierern, Fronten, die mit denen zwischen links und rechts keineswegs übereinstimmen. Aber um einen bildungssoziologischen Essay ging es hier nicht. Es ging um einen ersten Anlauf, den Mythos der Rive Gauche zu erläutern, der an den Fassaden nicht abgelesen werden kann.

Der Mythos der Rive Gauche hat neben dem Hügel von Sainte-Geneviève noch einen zweiten Ort, Saint-Germain-des-Prés im angrenzenden sechsten Arrondissement. Der eine ein Ort der Wissenschaft, der andere ein Ort der künstlerischen Avantgarde, beide tief in der Geschichte wurzelnd, beide über gute Strecken des 18.,

Lektüre im Lärm der Großstadt. Bouquinist am Ufer der Seine

19. und 20. Jahrhunderts der geistige Mittelpunkt der
Welt. Oder: der Mittelpunkt der geistigen Welt. Denn
das eigentlich suchen wir hier, häufig, ohne es so recht
zu wissen: die letzte Zeit der Kulturgeschichte, in der
Geist noch einen Ort hatte, einen kleinen Ort, ein Dorf
in einer Hauptstadt, das die Welt war. Das wollen sich
auch die Modeboutiquen, die hier aufmachen, verspätet
auf ihre teuren Fähnchen schreiben. Das versuchen die
reichen Zweitwohnungsbesitzer, die hier jetzt siedeln,
mit der Adresse zu kaufen. Das bereitet die Enttäu-
schung, wenn man im Café de Flore rund vier Euro für
einen Kaffee bezahlt und dafür nur ältere Herrschaften
gehobener Einkommensschichten gesehen hat.

Die Gegend eignet sich für gebildete Spaziergänge
von Französisch-Leistungskursen auf Klassenfahrt. Den
Beginn werden dann allemal die Bouquinisten mit ihren
grünen Kästen am Quai des Grands Augustins oder am
Quai de Conti machen. Paris, Stadt der Literatur, sollen

sich die Schüler merken. Dabei ist die Literatur in den grünen Truhen meist teuer und präsentiert sich immer häufiger durchmischt mit dem Touristenschund, den es überall in Paris gibt. Wer keine Zeit hat, sieht nicht, was er nicht schon von Photos kennt, und macht schon lange keinen Fund. Wer aber Zeit hat, der stößt dann und wann auf ein paar Süchtige, die wie alle Süchtigen zwanghaft auf der Suche sind und es zu verschleiern versuchen. Hier sind es Büchersüchtige. Teure Bücher, billig erstanden, weil es der Bouquinist nicht weiß. Ein Triumph, selten genug. Nur weil man weiß, dass für diese oder jene Erstausgabe in Katalogen inzwischen Hunderte von Euro verlangt werden, ist man um die Hunderte von Euro reicher, wenn die grünen Kästen geschlossen werden. Aber niemals, wenn man denn ein Süchtiger ist, wird man dieses Geld einlösen. So kommen prächtige Bibliotheken zusammen, Mobiliar der Einsamen, die dann manchmal wieder hier anlanden, teurer natürlich.

Das Institut de France muss von unserer Schulklasse besehen werden, der zur Seine hin offene Barockbau, der die fünf großen französischen Akademien beherbergt, darunter die Académie Française, die jeden Donnerstag über die französische Sprache wacht. Den Schülern wird das anachronistisch erscheinen, so wie die Uniformen und die Degen, die die Akademiemitglieder zu hohen Anlässen tragen. Der Gedanke, dass hier eine Ordnung bewahrt wird, die sich durch das Prinzip des Wirtschaftsliberalismus allein nicht bewahren lässt, ist noch zu schwer für sie.

Die Spaziergänge in den Querstraßen zwischen den Seinequais und dem parallel verlaufenden Boulevard Saint-Germain geben noch einen Eindruck vom Paris der Zeit vor Haussmann. Er hat im sechsten und vierzehnten Arrondissement nur wenige breite Schneisen schlagen lassen: nord-südlich den Boulevard St-Michel, ost-westlich den Boulevard Saint-Germain, von dem südlich die einander in der Mitte kreuzenden Rue de Rennes und der Boulevard Raspail abgehen, um dann wieder in den quer verlaufenden Boulevard de Mont-parnasse zu münden. So stehen hier in den schmalen Straßen des linken Ufers nahe der Seine dicht gedrängt noch Haus an Haus würdige alte Gebäude, jedes anders, jedes auf seine Art gealtert und doch eingefügt in ein Ganzes.

Man kann in diesen Straßen herumstromern, wie man in einer Anthologie blättert. Gehen wir links hinein in die Rue Bonaparte, dort, wo die Kunsthochschule inmitten eines Viertels für teure Antiquitäten liegt. Gleich wieder zur linken Seite in einer Querstraße (Rue des Beaux Arts) liegt klein, unauffällig und sehr chic »L'Hôtel«, wo man heute unter 500 Euro kaum eine Bleibe findet. Im Jahre 1900, als hier Oscar Wilde starb, hieß es noch »Hôtel d'Alsace«. Gebrochen von der Verfolgung durch die englischen Puritaner, von seiner Inhaftierung wegen Homosexualität sei er gewesen, schreiben seine Biografen. Aber kann man gebrochen sein, wenn man zur geschmacklos hässlichen Tapete seines Sterbezimmers zu sagen vermag: »Du gefällst mir nicht. Einer von uns beiden muss weichen«? Ein letzter Sieg des Esprit über die Materie, der Schönheit über die Hässlichkeit angesichts des sicheren und endgültigen Triumphs des Todes wie der hässlichen Tapeten über Geist und Schönheit. Das hätte von Heine sein können, der hier im Viertel einen seiner vielen Pariser Wohnsitze hatte, Opfer von Verfolgung in seinem Heimatland auch er.

Parallel, in der Rue Visconti Nr. 17, hat Balzac zwei

Jahre lang gelebt, bevor er berühmt wurde. In der Numéro 19 verbrachte Racine die letzten sieben Jahre seines Lebens. In den Gärten, die sich damals bis zur Rue Jacob (Nr. 20) zogen, liegt das Haus, das die exzentrische amerikanische Autorin Natalie Barney bis zu ihrem Tod im Jahre 1972 bewohnte und wo sie einen der letzten großen literarischen Salons von Paris führte. Rodin war da zu Gast, Paul Claudel, Anatole France, André Gide, Marcel Proust, Paul Valéry, Jean Cocteau, Colette ... Barney war bekannt für ihre unzähligen Frauenaffären. Sie war lesbisch wie viele der berühmten Amerikanerinnen ihrer Zeit, die in Paris einen Ort fanden, ihre Sexualität zu leben, den es in den weiten USA nicht gab.

An ihrem östlichen Ende trifft die Rue Visconti auf die Rue de Seine. Nummer 57 lebte eine Zeit lang Baudelaire. Sein Prosagedicht »Ein Uhr nachts« gibt einen Eindruck vom inneren Leben im äußeren. Im Hôtel Louisiane, Nr. 60, hat Simone de Beauvoir viele Jahre lang gewohnt, bevor sie sich vom Goncourt-Preis eine kleine Wohnung in der Rue Schoelcher am Montparnasse-Friedhof kaufen konnte. La Palette, Rue de Seine Nr. 43, ist schon so lange als Künstlercafé in allen Reiseführern der Welt verzeichnet, dass man fast wieder hingehen kann, ohne enttäuscht zu werden. Die Liste berühmter Gäste ist lang und fängt mit A wie Apollinaire an.

Eine paar Schritte weiter östlich geht von der parallel verlaufenden Rue Mazarine die gepflasterte, ruhige Passage Dauphine aus. Alles strahlt hier Tradition und Wohlhäbigkeit aus. Sie geht in die Rue Christine über, wo in Nummer 5 Gertrude Stein wohnte, zunächst mit ihrem Bruder, dann mit ihrer Freundin Alice B. Toklas. Auch sie gehört zu diesen reichen, gebildeten Amerikanerinnen, die ihre Freiheit, die künstlerische wie die der Lebensführung, zu ihrer Zeit nur hier auf dem Pariser linken Ufer finden konnten. Als Autorin nur schwer zugänglich, wurde sie berühmt als Sammlerin von Bildern der frühen Moderne, Cézanne, Matisse, Modigliani, Cocteau, Picasso ... In Sechserreihen sollen die Bilder in ihrer Wohnung übereinander gehangen haben, und wenn einer der Maler zu Besuch kam, dann wurde umgehängt, damit sich der Gast auch würdig präsentiert fühlte. Picasso kam häufig, nicht nur wegen seines berühmten Porträts von Gertrude Stein. Schließlich war er Nachbar. Von 1936 bis 1955 hatte er sein Atelier im Hôtel de Savoie-Nemours (7, Rue des Grands-Augustins). Guernica ist dort entstanden. Ob er wusste, dass in seiner Straße, Nr. 25, La Bruyère gewohnt hat und ein Jahrhundert später im gleichen Haus Heinrich Heine?

Keine Straße hier ist ohne Bewohner aus der Literatur-, der Kunst- und der politischen Geschichte aller Herren Länder. Aus der Rue des Grands-Augustins heraus rechts in die Rue Saint-André-des-Arts beginnt gleich linker Hand eine kleine Passage mit Namen Cour du Commerce Saint-André. Hier hat der Dr. Guillotin seine praktische Enthauptungsmaschine erfunden, die während der Revolution rastlos tätig war. Ein deutscher Schreiner namens Schmidt, der seine Werkstatt hier hatte, fertigte das erste Exemplar. Gutes Handwerk braucht sensible Hände. Das Haus Nr. 8 beherbergte die Druckerei von Marats Zeitschrift *L'Ami du Peuple*. Jean-Paul Marat selbst wohnte gegenüber dem südlichen Ausgang der Passage am Carré de l'Odéon in einem 1876 abgerissenen Haus, das dort stand, wo sich heute die Medizinische Fakultät befindet. Dort hat ihn Charlotte Corday in seiner Wanne erdolcht. Vom Haus wissen wir durch eine Zeichnung von Meyron und von Photographien, die sich im Musée Carnavalet befinden. Peter Weiss hat sie bei den Arbeiten an seinem Marat-Stück ausgegraben. Und auf Weiss' Wegen durch Paris sind schon wieder jüngere Forscher gegangen. So ist es mit Danton, der 1794 hier im Hôtel Mouliné verhaftet wurde, um dann unter der Erfindung der Herren Guillotin und Schmidt zu sterben. Jener Danton, der im Gefängnis von Saint-Germain und im Karmeliterkloster während des September 1792 vierhundert Gefangene ermorden ließ, die Revolution rettete und dabei die Lust an ihr verlor – Gegenstand von Büchners Drama *Dantons Tod*, das bis heute gültig die Dialektik aller Revolutionen zur Anschauung bringt, seinerseits Gegenstand immer neuer Aufführungen und immer neuer Untersuchungen. Was in diesem Viertel gedacht und gemacht wurde, strahlte immer wieder in die ganze Welt aus.

Wenn man, immer noch im Cour du Commerce Saint-André, vor der Rückseite des Café Procope steht und sich vorstellt, dass hier, im ältesten Café von Paris, 1686 gegründet, Diderot, Voltaire und Rousseau über die Zukunft der Menschheit diskutierten – oder, wer weiß, auch nur über ihre Zahnschmerzen –, dass hier Benjamin Franklin und Thomas Jefferson über die Freiheit der neuen Welt nachdachten – oder, wer weiß, auch nur dem Rotwein zusprachen –, dass Hugo hier seinen Kaffee trank und George Sand die Männerwelt provozierte und Zola scheel auf Maupassant schaute und noch scheeler auf Huysmans, den Décadent, oder auf Sainte-Beuve, den Literaturkritiker, dann verknäulen sich die Geschichten und die Zeitalter im Kopf, und kein Anfang ist sichtbar und kein Ende absehbar, wenn man auch immer gern glauben mag, die großen Geister des eigenen Zeitalters stünden nur klein auf den Schultern der vorausgegangenen.

Was Spurensuche in diesem Viertel so eigentümlich macht, ist wohl nicht nur ihre Dichte, sondern die Tatsache, dass die Spuren umspült werden von einer Stadt, die noch lebt und in der die meisten Menschen, die man ihren Beschäftigungen nachgehen sieht, sich nicht im Mindesten um diese Spuren scheren. Der Markt in der Rue de Buci ist nobler als vor zwanzig Jahren, das Gemüse teurer und gefälliger drapiert, aber es ist doch immer noch eine Marktstraße. Man muss nicht weitergehen zum kleinen Place de Furstenberg – Namenspatron war Wilhelm von Fürstenberg –, dem schönsten unter den kleinen Plätzen von Paris, wo Delacroix sein letztes Atelier hatte und jetzt ein schönes, intimes Museum, ein kammermusikalisches Gegenstück zum großen Orchester seiner letzten großen Fresken in der nahen Kirche Saint-Sulpice. Man muss nicht über den Boulevard in Richtung Odéon gehen, wo in der gleichnamigen Straße, Nr. 12, Sylvia Beach ihren Buchladen hatte, in den zwanziger Jahren Hauptanlaufstelle für alle Amerikaner in Europa, Sylvia Beach, deren Arbeit das Erscheinen von Joyces *Ulysses* am 22. 2. (19)22 zu verdanken ist.

Ein Element des Mythos von Saint-Germain-des-Prés jedenfalls ist bis hierher schon zutage getreten: die hohe, aber tief in die Geschichte reichende Konzentration von außergewöhnlichen Künstlern auf dem knappen Raum eines kleinen Großstadtviertels. In Deutschland gibt es nichts Vergleichbares, in Berlin nicht und nicht in München und nicht in Hamburg. Weimar vielleicht, zwischen Goethe und Gropius. Aber was war Weimar, als Racine hier lebte oder La Bruyère? Und sogar: Was war Weimar, als Danton die Revolution rettete? Und schließlich: Was war Weimar, als Paris von den deutschen Soldaten besetzt und das KZ Buchenwald von deutschen Soldaten bewacht wurde? Sicher, es gab das Berliner Romanische Café. Es gibt auch auf dem Weg von meiner Frankfurter Wohnung zur U-Bahn das (eher banale) Haus zu zeigen, in dem Jürgen Habermas wohnt. Und schräg gegenüber das blau gefliese Sigmund-Freud-Institut, von Mitscherlich gegründet. Es gibt jenseits der Bockenheimer Landstraße das Café Laumer, wo Adorno und Horkheimer und Benjamin einkehrten. Es gibt ein paar Schritte weiter in der Lindenstraße den Suhrkamp Verlag. Aber eine solche Dichte, eine solche historische Tiefenstruktur intellektueller und künstlerischer Avantgarde wie am linken Ufer der Seine wird man nirgends in Deutschland, nirgends in Russland, in Italien, in Spanien, wird man nicht einmal in London finden.

Dabei haben wir den Hauptort des Mythos von Saint-Germain bisher ausgelassen. Er liegt, jeder weiß es, an der Place Saint-Germain-des-Prés vor dem Kirchenportal und wird bezeichnet durch drei Lokale: das Deux Magots an der Ecke, das Flore auf dem Boulevard daneben und die Brasserie Lipp gegenüber. Die Brasserie war, wie viele in Paris, elsässischen Ursprungs. Ein Bierlokal mit Sauerkraut. Die Keramiken stammen von Léon Farge, dem Vater des Léon-Paul Farge, dessen *Der Wanderer durch Paris* immer noch zu den besten Texten des Genres gehört. Das Deux Magots wurde in den zwanziger Jahren als Treffpunkt der Surrealisten zum Kultort. Das Flore, in dem um die Jahrhundertwende Maurras die Action française gründete, wurde zuerst durch die Groupe Octobre, die Prévert-Bande, berühmt. Wirklichen internationalen Ruhm aber erlangte das Flore erst als Hauptquartier der Sartre-Familie während der deutschen Besatzung und dann nach der Befreiung bis in die frühen fünfziger Jahre.

Cour du Commerce Saint-André

Soziologisch gesehen, ist die Erfolgsgeschichte dieses Saint-Germain rasch erzählt. Zur Soziologie gehört, dass im Fußmarschradius alle bedeutenden französischen Verlage lagen und liegen. Das Haus Gallimard mit der Literaturzeitschrift *NRF*, das den französischen Literaturmarkt von den zwanziger Jahren bis in die sechziger hinein dominierte. Die Editions du Seuil mit der benachbarten Zeitschrift *Esprit*, der Verlag Grasset. Galligrasseuil, wie Spötter sagen, machen unter sich immer noch die angesehensten französischen Literaturpreise aus. Aber auch der Großverlag Hachette, der Kleinverlag Editions de Minuit, aus der Résistance entstanden und verlegerische Heimat von Beckett wie der Autoren des Nouveau Roman, sie alle liegen hier konzentriert in einem Arrondissement. Das größte Verlagsviertel der Welt.

Zur Soziologie des Viertels gehört auch, dass Schriftsteller, so individualistisch und so internationalistisch, so neidisch und so konkurrent sie auch sein mögen, sich nach den gleichen Regeln verhalten wie andere soziale Gruppen: Man wohnt denn, wenn es irgend geht, dort, wo die anderen auch sind. Das unterscheidet sie nicht von den Reichen in den Beaux Quartiers und nicht von den schwarzen Einwanderern von Barbès.

Zur Soziologie gehört ebenfalls ein Lebensstil, der mit seinen ökonomischen Grundlagen verschwunden ist: Viele Künstler, vor allem die ärmeren, die unverheirateten und die noch nicht bekannten, lebten in winzigen Hotelzimmern und hielten sich deshalb einen Gutteil des Tages in Cafés auf. Nicht nur zum Schwatzen und nicht nur, um Hof zu halten, sondern vor allem auch, um zu arbeiten. Sartre und Beauvoir haben einen großen Teil ihrer wichtigen Texte über mehr als zehn Jahre in Cafés geschrieben, die sie nutzten wie öffentli-

Café Les Deux Magots

che Bibliotheksräume. Und sie waren nicht die einzigen. Natürlich hatte das auch mit einem frei gewählten Lebensstil zu tun. Die beaufsichtigten Lernkasernen hatte man höchst erfolgreich hinter sich gelassen. In die bürgerliche Enge der Elternhäuser, aus denen man kam, wollte man nicht zurück, und man wollte sie auch nicht imitieren. Und große Palais konnten sich nur reiche Amerikaner wie Natalie Barney leisten. Da kamen die Hotels und Cafés gerade recht: Literatur, Philosophie, Kunst, die sich dem Leben aussetzten, denen das Leben die Feder führte, das war das Programm.

Ein solcher Lebensstil setzt natürlich billige Hotels, billige Cafés und billige Restaurants voraus. Und die gab es. In einem schäbigen Hotel zu wohnen, war bis in die fünfziger Jahre hinein hier auch für Dauerkunden die wohlfeilste Unterkunftsmöglichkeit. Heute wäre das völlig undenkbar. Ein Jahr in Wildes L'Hôtel – das würde auf rund 140 000 Euro kommen. Ein Jahr in Beauvoirs Louisiane heute gewiss noch auf 50 000. Dazu zweimal am Tag Geld für Essen im Restaurant, viele Cafés, viele Gläser Wein – so etwas kann sich kein Autor mehr leisten, und wenn er es kann, dann wird er es nicht tun, so wie Umberto Eco, der eine Eigentumswohnung nahe der Kirche Saint-Sulpice besitzt. Hotelzimmer als Wohnung, das ist heute etwas für Menschen mit dem Einkommen von Woody Allen, der eine Dauersuite im Ritz haben soll. Wie dramatisch sich vor allem die Hotelkosten in dem an hübschen kleinen Hotels besonders reichen VI. Arrondissement verändert haben, musste jeder erfahren, der dort über die letzten drei Jahrzehnte immer mal wieder ein paar Tage im Hotel verbrachte: Das große, wenn auch nicht eben luxuriöse Dachzimmer in »meinem« Hotel in der Rue Jacob mit freiem Blick auf den Turm von Saint-Ger-

Das Viertel der Verlage. Rue des Saints-Pères

main-des-Prés kostete vor dreißig Jahren nach heutigen Begriffen etwa 60 Euro. Beim letzten Mal hatte es sich auf wundersame Weise in drei Hotelzimmer mit jeweiligem Miniaturbad verwandelt, zu klein, um auch nur drei Schritte auf und ab zu laufen. Preis pro Nacht: 160 Euro. Was Wunder, dass das den Charakter des Viertels verwandelt.

Besonders prekär waren die Lebensbedingungen der Künstler während der Besatzungszeit. Es gab wenig zu essen, die Hotelzimmer blieben ungeheizt. Simone de Beauvoir, die alles notierte und alles veröffentlichte, hat überaus genaue Beschreibungen der Schriftstellerleben während jener Jahre hinterlassen: Ihr Umzug aus einem Hotelzimmer auf dem Montparnasse in ein anderes, ebenso bescheidenes in der Rue de Seine wurde auf einem hölzernen Karren bewerkstelligt, dessen Pferd sie selbst war. Im strengen Winter 1942 fehlte es dann im Hôtel Louisiane erneut an Kohle wie an Elektrizität.

Also stand sie jeden Morgen schon vor der Tür des Flore, wenn aufgeschlossen wurde, um sich den Platz neben dem Kohleofen zu sichern. Auch Sartre arbeitete dort, schmächtig, schielend, ein Gymnasiallehrer mit Krawatte, der zwischen Telephon und Toiletten, zwischen zugiger Kälte und warmem Gestank nimmermüd über das Sein und das Nichts schrieb. Man sage nicht, es sei egal, wo man einen Gedanken hat. Die Gedanken nehmen verschieden Gestalt an, je nachdem, ob sie im Mief des Dickichts der Stadt oder in harziger Schwarzwaldluft gedacht werden.

Aber weder die deutsche Besatzung noch die Unbequemlichkeiten haben damals das Bewusstsein ankränkeln können, das das Flore, das Deux Magots und das Lipp das Zentrum der intellektuellen Welt markierten. Wer hätte das zwischen den beiden Weltkriegen bestritten? Wo, bitte schön, hätte es sonst liegen sollen? Im nationalsozialistischen Berlin, im stalinistischen Moskau? Und die Engländer, die Iren, die Amerikaner? Waren sie nicht alle in Paris gewesen? Von Wilde bis Joyce, von Hemingway, der im Dôme und in der Rotonde und im Select und in der Closerie des Lilas, alle vier am Boulevard Montparnasse gelegen, große Teile von *Wem die Stunde schlägt* schrieb, bis Henry Miller, dessen *Im Wendekreis des Krebses* mit den Erinnerungen an den Besuch seiner Frau June in Paris beginnt, von Dos Passos bis Fitzgerald. Von Barnes und Barney, von Stein und Tolkin und Sylvia Beach war schon die Rede.

Und die Russen? Vor 1917 waren Lenin und Trotzki und alle Verbannten des Zarismus in Paris gewesen und dann, nach 1917, die adeligen Verbannten der Verbannten und die Botschafter der neuen Sowjetrepublik wie Ehrenburg und Elsa Triolet, die Frau von Aragon und Schwester von Lili Brick. In der Coupole hielten sie Hof, Konspirateure einer Zukunft, die keine war.

Und die Deutschen? Frankreich war das privilegierte Exilland der deutschen Intellektuellen zwischen 1933 und 1939. Alle, fast alle, die damals die deutsche Literatur ausmachten, kamen nach Paris und kamen durch Paris. Beim Schriftstellerkongress zur Verteidigung der Kultur im Juni 1935, der in der Mutualité stattfand, sprachen Musil und Max Brod, Heinrich Mann, Klaus Mann, Feuchtwanger, Becher, Kisch, Seghers, Weinert, Brecht, Alfred Kantorowicz, Gustav Regler, Ernst Bloch ... Im Hotel Lutetia am Boulevard Raspail, heute das einzige Grand Hotel auf dem linken Ufer, kam im September 1935 eine Gruppe von Emigranten zusammen, die unter dem Vorsitz von Heinrich Mann versuchte, ein gemeinsames Programm, eine gemeinsame Front der tief verfeindeten deutschen Antifaschisten zu gründen – vergeblich. Solche Großereignisse sind einigermaßen erforscht, wenn auch noch nicht lange. Ihre Spuren in der Stadt freilich haben sich verloren. Keine Spur mehr von der Ausstellung »Das freie deutsche Buch«, auf der sich, Boulevard Saint-Germain Nr. 184, zum ersten Mal die deutsche Exilliteratur dem französischen Publikum präsentierte. Keine Spur mehr von den Editions du Carrefour am Boulevard Montparnasse, von Münzenbergs erfolgreichem Exilverlag. Und keine Spur mehr von den unendlichen Caféhausgesprächen der Entwurzelten, dem ohnmächtigen Politisieren, den sinnlosen Abgrenzungen von den anderen Ohnmächtigen, die alle doch nur die Verzweiflung eindämmen sollten darüber, dass alles verloren war und keine Aussicht auf rasche Änderung. Das alles hat die Stadt weggespült bis auf ein paar bedruckte Seiten.

Aber nicht nur die großen Länder und Literaturen dieser Welt suchten am linken Ufer von Paris ihren Platz. Cioran trug seine helle Verzweiflung hierher, Paul

Celan seine dunkle; Pablo Neruda kam aus Chile, Jorge Amado aus Brasilien. Die Literaturgeschichte des Exils, die sich hier abgespielt hat, ist lang, ist elend und großartig zugleich. Und es war ja nicht nur eine Geschichte der Literatur und Philosophie, sondern auch der bildenden Kunst, der Picasso und Modigliani, der Man Ray und Giacometti, die zumeist zunächst auf Montmartre ihre Ateliers hatten, dann um den Ersten Weltkrieg herum auf den Montparnasse zogen und schließlich, während der dreißiger Jahre, ins angrenzende Saint-Germain. Sartre, dessen Lebensprinzip bis zum kranken Ende die Offenheit war, die Verweigerung aller geistigen Erstarrung bei allem Engagement, die Neugierde, die Beweglichkeit, wusste genau, dass die Verwurzelung in einem, in seinem Pariser Milieu die Grundbedingung dieser Offenheit, dieser Furchtlosigkeit war. Und so hat er dann selbst in den Zeiten, als wegen seiner Haltung zum Algerienkrieg Bombenanschläge auf ihn verübt wurden, den Gedanken des Exils heftigst verworfen, wie Simone de Beauvoir in ihren Memoiren schreibt: »Mit jeder Faser lehnte er den Gedanken an das Exil ab. … Er war der Überzeugung, dass, wer immer – auch aus den triftigsten Gründen – ins Exil geht, seinen Platz auf der Erde verliere und ihn nie zurückgewinnen werde.« Auch die Spur dieser Bombenanschläge hat die Stadt ausgelöscht. Dabei fanden sie mitten in Saint-Germain statt. Von der Terrasse des Deux Magots aus sieht man das Haus Ecke Rue Bonaparte/Place Saint-Germain-des-Prés, wo Sartre damals bei seiner Mutter wohnte. Dort explodierte die Bombe. Im Erdgeschoss liegt das Café Bonaparte – aber das ist schon wieder eine andere, weit verzweigte Geschichte mit anderen Akteuren.

Saint-Germain, das ist der Name einer beispiellosen

Verdichtung von Kunst und Literatur in Zeit und Raum. Am dichtesten ist die Zeit zwischen der Besetzung von Paris durch Hitlers Soldaten und dem Beginn der fünfziger Jahre. Das kulturelle Leben war unter der Besatzung ja keineswegs völlig zum Erliegen gekommen. Vielleicht haben es der äußere Druck, die politische wie die materielle Not paradoxerweise sogar gefördert. So etwas wie die »Fiestas«, bacchanalische Feste, die bis zum frühen Morgen gehen mussten, weil man nach der Sperrstunde nicht mehr auf der Straße angetroffen werden durfte, waren nur unter dem großen Druck von außen so denkbar: Meist fanden sie bei den Leiris statt. Es gab eine Nacht, da improvisierte man die Vorführung eines Stücks von Picasso mit dem Titel *Wie man Wünsche beim Schwanze packt*. Sartre war unter den Schauspielern, Camus inszenierte. Unter den Zuschauern Picasso natürlich und Braque, Jean-Louis Barrault, Jacques Lacan, der die Freudsche Psychoanalyse revolutionieren sollte, und Georges Bataille, dem er die Frau nahm. Die großen Linien der Ethnologie, der Literatur, der Philosophie, der Malerei der Nachkriegszeit für einen Abend verknotet.

Aber das war nur einer von vielen Orten des Viertels, wo sich etwas ganz Neues aus dem Alten schälte. Beim Flore um die Ecke in die Rue Saint-Benoît hinein, einem der letzten preiswerten Bistros des Viertels, dem immer noch existierenden Petit Saint-Benoît gegenüber, hatte Marguerite Duras ihre Wohnung in einem Haus, in dem schon Sainte-Beuve und Léo Larguier gelebt hatten. Mitterrand ging hier ein und aus. Duras soll ihn vor den Deutschen versteckt haben, bevor er seinerseits ihren geschiedenen Mann Robert Antelme aus einem deutschen KZ befreite, jenen Robert Antelme, der später die Welt der Konzentrationslager beschreiben sollte.

Aber nicht nur Mitterrand, sondern auch Claude Roy, Dionys Moscolo, Edgar Morin, Jean-Toussaint Desanti, Jorge Semprun, Maurice Merleau-Ponty, Clara Malraux, Françis Ponge, Georges Bataille, Maurice Blanchot, Raymond Queneau, Boris Vian. Das exzentrische Fräulein Donnadieu, Sekretärin beim von den Deutschen kontrollierten französischen Verlegerverband, war damals die Unbekannteste unter all diesen Herren, berühmt schon oder auf dem Weg dorthin.

Fast alle Genannten rechneten sich dem Widerstand zu, obwohl die Grenzen zur Kollaboration, zu Brassilach und Drieu La Rochelle und selbst Céline, zu Breker und Jünger durchaus nicht so scharf waren, wie der historische Rückblick es gerne hätte. Die Autoren, die damals lebten, kooperierten alle auch irgendwo mit Institutionen, die von den Deutschen kontrolliert wurden. Sartre veröffentlichte sein erstes Stück, *Die Fliegen*, während der Okkupationszeit. Simone de Beauvoir machte Musiksendungen für das von den Deutschen kontrollierte Radio. Paul Claudels *Der seidene Schuh*, inszeniert von Jean-Louis Barrault, wurde in der Comédie-Française heftig von deutschen Offizieren beklatscht. Die Aufführung Giraudoux' *Sodom und Gomorrha*, inszeniert von Jean Vilar mit dem damals unbekannten Schauspieler Gérard Philippe, hatte das Plazet der deutschen Besatzer, ebenso wie Stücke von Anouilh oder Sacha Guitry.

Dies alles und vieles, vieles mehr hat eine neue intellektuelle Generation seit den siebziger Jahren nicht immer ohne Häme herausgestellt, um den Mythos der Neugeburt der französischen Republik aus dem Geist der Résistance, von den Gaullisten wie den Kommunisten gleichermaßen sorgfältig gepflegt, für immer zu kompromittieren. Es ist gut, dass er einer differenzierteren Betrachtung Platz gemacht hat. Frankreich, das war nicht nur Widerstand, sondern auch Vichy, nicht nur Jean Moulin, sondern auch Papon. Die Grenzen zwischen Mitmachen und Verweigerung, zwischen Anpassung und Widerstand mussten individuell gezogen werden. Und nicht selten war der Heroismus des Widerstands gegen den Faschismus eng verknüpft mit der Blindheit gegenüber der Gewalt des Stalinismus. Nicht selten war es auch so, dass die Widerstandshandlungen – etwa die der Sartre-Gruppe – von gefährlichem paktischem Ungeschick und Wirkungslosigkeit zugleich zeugen. Aber es bleibt, dass die Intellektuellen von Saint-Germain, von den wenigen Kollaborateuren abgesehen, die Befreiung von Paris als einen beispiellosen Rausch von Freiheit erlebt haben. Zahllos die Texte, die das festhielten. Zahllos die Anekdoten. Die von Picasso zum Beispiel, der im Moment, als seine Rue des Saints-Augustins befreit wurde, an seinen »Bacchanalen« nach Poussin malte. Oder die von Hemingway, der in dreckiger, blutiger amerikanischer Uniform im Jeep zurückkehrte in Sylvia Beachs Buchhandlung in der Rue de l'Odéon und den Befehl gab, die letzten deutschen Schützen auf den Dächern zu vertreiben, bevor er sich mit den Worten verabschiedete, nun wolle er erst einmal den Weinkeller des Ritz befreien.

Aus dem glanzlosen Zusammenbruch des alten Frankreich der Dritten Republik, aus der Erfahrung von Besatzung, Widerstand und Befreiung erwuchs das, was an Sartres Philosophie populär wurde und sich unter dem Markenzeichen »Saint-Germain-des-Prés« von Paris über die Welt verbreitete. Auf ihrem Grund ist der Satz Antoine Roquentin aus *Der Ekel*: »Ich existiere – die Welt existiert, das ist alles.« Allein zu sein, ohne Entschuldigung verantwortlich für die eigene

Existenz, den eigenen Entwurf von sich selbst, das ist der Ausgangspunkt. Ein Gefühl der Freiheit und der Leere. Das Faszinierende war: Da nahm es ein kleiner Mann ohne die Krücken überlieferter Moral oder Heilsgewissheit auf sich, dem Schrecken der Autonomie standzuhalten. Wie Frankreich: befreit, aber ohne Wissen wozu. Es ist leicht, die Schwächen dieses Denkens zu zeigen: Von Sartres Ausgangspunkt kann man Gesellschaft nicht denken. Mehr noch, der Mensch ist nicht frei und ist häufig nicht einmal Subjekt. Die ihm folgende Generation der Meisterdenker hat es unter dem Signum des Strukturalismus immer erneut gezeigt. Foucault hat dem Subjekt den Prozess gemacht, Lévy-Strauss hat die anthropologischen Grundlagen unserer Existenz freigelegt, Lacan die unbewussten Strukturen des Begehrens, Barthes die der Sprache, Bourdieu die der Gesellschaft. Kein Ende der Bedingtheiten. Und dennoch bleibt etwas von Sartre, das, was die 50 000 Menschen meinten, die am 15. April 1980 seinem Sarg folgten: Der Mensch muss von der Möglichkeit seiner Freiheit ausgehen, so klein sie auch sei, um nicht im Konformismus unterzugehen.

Sartres Philosophie traf den Nerv der Nachkriegszeit, und sie traf den Nerv der Jugend. Sie ist in ihrer Verzweiflung und in ihrem Narzissmus und in ihrer Energie eine Philosophie der Jugend gegen den Konformismus der überkommenen Institutionen. Und: Sartre versuchte zu leben, was er dachte. Er wollte trotz glänzender Examina kein Philosophieprofessor werden, sondern freier Schriftsteller, unglaublich großzügig mit seinem Geld, wenn er denn welches hatte. Er war nicht verheiratet und zeugte keine Kinder. Seine »Bande«, Simone de Beauvoir zuerst, Bost, Pontalis, Pouillon, später Lanzman, war seine Familie, das Hotel sein Haus, das Café seine Bibliothek. Er schlief mit Tausenden von Frauen, nicht zuletzt mit den Schülerinnen, die Beauvoir ihm zuführte, er soff und schluckte Pillen, er mischte sich ein, nicht immer mit Weitsicht, aber immer mit allem, worüber er verfügte.

Was hatte er den Herren der Elfenbeintürme zu neiden, wenn er für die ersten Nummern seiner Zeitschrift *Les Temps Modernes* Leiris und Queneau und Camus für die Literaturredaktion, Merleau-Ponty für die Philosophie und Raymond Aron für die Sozialwissenschaften gewinnen konnte? Die *Temps Modernes*, die Picassos Covergestaltung ablehnten und Manuskripte von Beckett. Wer, außer Sartre, hat je den Literaturnobelpreis zurückgewiesen? Und zugleich verkehrte er mit Boris Vian, dem Trompeter, der im Club Saint-Germain mit Ellington, Charly Parker und Miles Davis spielte. Und vor allem mit dessen Frau, bis zu seinem Lebensende seine Geliebte. So konnten sich die Massenkultur und die Jugendkultur an das anschließen, was dann »Existenzialismus« hieß und sich auf Sartre berief. Die Illustrierte *France-Dimanche* brachte in über einer Million Exemplaren eine Titelgeschichte »Sartre, der Unverstandene«, die ihn natürlich beim Eintritt ins Flore zeigt, die Zeitung *Samedi-Soir* beschäftigte sich mit seinen Liebesaffären. Ein »existenzialistischer« Kleidungscode entstand, schwarz und schwärzer, weite Röcke, Ballerinaschuhe, die ersten Blue Jeans. Natürlich kleideten sich Sartre und Beauvoir nicht so. Ganze zwei Mal waren sie im Tabou, dem legendären Nachtklub der Zeit. Aber die Bilder einer neuen Freiheit gingen um die Welt und faszinierten eine Generation, auch und nicht zuletzt in Deutschland, wo alle Tradition unbrauchbar geworden war.

Opposition gegen die Normen des bürgerlichen Le-

Straßenszene in Saint-Germain

bens, gegen die Pflicht zum Eigenheim und zur Treue, gegen Beamtensicherheit, gegen die Zwangsliebe in der Ehe. Sexuelle Libertinage bei absoluter Wahrhaftigkeit. Gleichberechtigte, intensive Kooperation zwischen Mann und Frau. Dass das geht, für diese Idee mussten Sartre und Beauvoir einstehen, das intellektuelle Traumpaar des 20. Jahrhunderts. »Mindestens zwei Generationen«, so schrieb der französische Literaturkritiker Bertrand Poirot-Delpech über die Beziehung Sartre-Beauvoir, »haben sich in ihr wiedererkannt und davon geträumt, sie zu verlängern.« Man weiß heute, dass dieser Mut zum neuen, zum eigenen Leben mit der absoluten Unterstellung Beauvoirs unter Sartre erkauft war. Man weiß spätestens nach der posthumen Veröffentlichung der Briefe Beauvoirs an Sartre, dass in der Sartre-Familie gelogen und geheuchelt, übel nachgeredet und ausgebeutet wurde, dass es Neid und Eifersucht, Kuppelei und Niedertracht gegenüber Abhängigen gab. Kein Idealbild – und doch der mutige Beginn von etwas Neuem.

Der berauschende Moment der Freiheit, die hohe Zeit der universalen und totalen Intellektuellen der Nachkriegszeit hat nicht sehr lange ungeteilt gedauert. Die Geister schieden sich an dem, was sich an Sartres Philosophie nicht anschließen ließ, was aber gerade als Leerstelle immer mehr seine Aufmerksamkeit auf sich zog, das Engagement. Und jedes Engagement, auch in Saint-Germain, stieß damals in Frankreich notwendig auf die Kommunisten und über die Kommunisten auf Stalinismus und Terror. Der Antifaschismus hatte als gemeinsamer Nenner von Gruppen wie den Surrealisten, der Prévert-Bande, der Kommunistischen Zelle (die übrigens damals ihren Versammlungsort genau in der Mitte zwischen dem Bonaparte und dem Deux Magots hatte) und der Sartrianer dienen können. Der Kommunismus der KPF und der KPdSU taugte dafür nicht. Die lange Geschichte des Abschieds der französischen Intelligenz vom Kommunismus begann und wollte kein Ende nehmen.

Und zugleich begann, markiert durch Beauvoirs Buch *Das andere Geschlecht* (1949) in Saint-Germain eine andere Befreiung: die Gleichstellung der Frau. Beauvoir, die brillanteste Philosophiestudentin ihrer Zeit, war darin vorangegangen. Es ist kaum mehr vorstellbar, in welcher Abhängigkeit bürgerliche Frauen ihrer Generation noch leben mussten. Bis 1965 durften die Frauen in Frankreich kein eigenes Bankkonto haben. Der Mann hatte das Recht, ihren Aufenthaltsort zu bestimmen. Vom Recht auf Abtreibung nicht zu reden. Wenn stimmt, was Georges Duby gesagt hat, dass nämlich das in langer historischer Perspektive gesehen wichtigste Ereignis des 20. Jahrhunderts die Emanzipation der Frau ist, dann wäre *Das andere Geschlecht* das Grundbuch einer epochalen Wende. Wenn man auf dem Friedhof von Montparnasse ans Grab von Simone de Beauvoir tritt – natürlich neben dem Sartres gelegen –, dann findet man auf der Grabplatte Blumen, vor allem aber kleine Zettel, aus einem Notizbuch herausgerissen oder aus der Tiefe eines Rucksacks gezogen. Kleine Briefe auf Japanisch, auf Polnisch, häufig auf Englisch, manchmal auch in schlechtem Französisch: Frauen bedanken sich bei Simone de Beauvoir für das Beispiel, das ihr Leben war, für ihre Schriften, die Mut zur Selbstbefreiung gemacht haben. Auf keinem anderen Grab dieses Friedhofs, wo so viele große Künstler, Wissenschaftler und Politiker begraben sind, liegen solche Briefe. Sie beglaubigen für einmal den Traum von Saint-Germain, dass Literatur im Leben etwas bewirke.

Wer, die Geschichte und die Geschichten von Saint-Germain-des-Prés im Kopf, durch das Viertel schlendert, sich ins Flore oder ins Deux Magots oder ins Lipp setzt, hat Mühe, sich vorzustellen, was hier vor einem halben Jahrhundert noch war. Er befindet sich in einem gepflegten, ruhigen Nobelviertel. Hier sind die Mieten und die Quadratmeterpreise unterdes höher als im bürgerlichen XVI., rund doppelt so teuer wie im XIX. Arrondissement. Das Viertel hat zwischen 1954 und 1990 die Hälfte seiner Bewohner verloren. Man kann sich leicht vorstellen, welche. Der Anteil der Arbeiter ist im gleichen Zeitraum von 19 Prozent der hier wohnhaften Beschäftigten auf 5 Prozent gesunken, der leitender Angestellter von 12,5 Prozent auf 44 Prozent gestiegen. Entsprechend hat sich der Anteil von Ausländern erhöht, aber nicht aus Ländern der Dritten Welt, sondern aus den Reihen eines wohlhäbigen, kosmopolitischen Bürgertums. Viele Wohnungen sind Zweitwohnungen derer, die es sich leisten können und wollen. »Da drüben«, hat mir mit vager Geste ein Schuhhändler, der schon seit dreißig Jahren im Viertel lebt, beim Anprobieren gesagt, »da haben Belmondo und die Deneuve noch ihre Wohnungen, aber sie sind kaum mehr da.«

Kein neuerer Reiseessay über Paris ohne Aufzählung der Beispiele, wo und wie sich Luxusgeschäfte dort eingenistet haben, wo einst Literatur, Kunst und urbanes Leben ihren Platz hatten. Dior ist in die Räume in der Rue de l'Abbaye gezogen, wo einst die von Gallimard gehaltene Buchhandlung Le Divan war, Cartier ist eingezogen, wo bei Raoul-Vidal einst Platten verkauft wurden. An der Ecke Boulevard Saint-Germain/Rue de Rennes, dort, wo der Drugstore über geschätzte dreißig Jahre bis in die Nacht mit allem versorgte, was man einzukaufen vergessen hatte, ist jetzt ein riesiger Armani-

Laden. An der nächsten Ecke, der zur Rue des Saints-Pères, verkauft jetzt Sonia Rykiel. Die Rue des Saints-Pères hinunter, wo sich ein kleiner Laden mit schönem Papier immerhin gehalten hat, kommt dann Yamamoto, an der Kreuzung zur Rue de Grenelle Yves Saint-Laurent, gegenüber Prada. An weiteren Beispielen ist kein Mangel. Auch die verbliebenen Geschäfte verändern ihren Charakter so wie das öffentlich-rechtliche Fernsehen unter dem Druck des privaten. Die Lebensmittelabteilung des Kaufhauses Monoprix in der Rue de Rennes hat unterdes ein Angebot, das sich mit dem von Fauchon und Hédiard an der Madeleine messen kann.

Bürgerinitiativen mit berühmten Repräsentanten wurden gegründet. »SOS Saint-Germain-des-Prés«, mit der Ehrenpräsidentin Juliette Gréco, und »L'Esprit des lieux«, die Catherine Deneuve, Charles Aznavour und Jean-Paul Belmondo zu ihren Mitgliedern zählt, streiten gegen die Verwandlung des Viertels in ein Luxusghetto, das »Comité Saint-Germain« organisiert die Interessen derer, die mit dem Markenzeichen »Saint-Germain« ihre Geschäfte schmücken möchten. Die Stadtregierung mischt mit. Zum Beispiel durch die Ausstattung der Métrostation Saint-Germain-des-Prés mit Photos und Texten der Geistesheroen, die man mit dem Viertel assoziiert. Oder, besonders dämlich, durch die Umbenennung eines kleinen Stücks Bürgersteig vor dem Deux Magots zum Platz »Jean-Paul Sartre/Simone de Beauvoir«. Sartre hätte sich amüsiert. Der Denkmalschutz greift ein und schützt einige historische Cafés. Wofür? Um welchen Preis? Das heutige Flore, das die Tassen und Teller mit dem Aufdruck des Hauses in einer separaten Boutique teuer verscherbelt, hat auch äußerlich nicht mehr viel zu tun mit dem Flore von 1945, das auf alten Photos so aussieht wie heute nur noch populäre Cafés in kleinen Dörfern des tiefsten Frankreich.

Toujours Paris.
In der Place des Vosges

Kurz: Das Viertel verbürgerlicht, und die Lebensstile ändern sich entsprechend. Der Luxuskommerz kauft sich mit der Adresse den Ruf der Kreativität. Was lebendig war, kommt unter die Schutzglocke des Musealen. Aber groß kann sie nicht sein. Großstädte bewegen sich allemal. Wer freilich in der Verwandlung von Saint-Germain den Triumph eines Neoliberalismus feiert, der auf den Ruinen von Vian, Prévert, Picasso und Sartre mit Armani, Cartier, Dior und Saint-Laurent Festungen der Ewigkeit errichtet habe, der dürfte nicht nur von der Geschichte blamiert werden, sondern auch schon von der Geschichte des Viertels, in dem neben den Luxusinseln am Boulevard Saint-Germain, um Saint-Sulpice und um Teile der Rue des Saints-Pères noch viele Quartiere unbekümmert um den Tourismus aller Art fortexistieren. Moden ändern sich schnell, historisch tief verwurzelte Stadtviertel nicht. Bei den Dreharbeiten zu einem Film, den wir über Simone de Beauvoir machten, haben wir Zeitzeugen und Experten interviewt. Jean Pouillon in seiner Wohnung, Claire Etcherelli im kleinen Redaktionsbüro der *Temps Modernes*, Claude Lanzman zu Hause, Liliane Kandel im Café, Pierre Bourdieu in seinem Büro im Collège de France, Elisabeth Badinter in ihrer Privatwohnung. Die junge polnische Kameraassistentin, zum ersten Mal in Paris, fand die Stadt sehr klein und sehr praktisch: »Die wohnen ja alle im gleichen Viertel.« Rive Gauche, im V., im VI. und im XIV. Arrondissement.

Nach der Statistik gehören sie, fast alle, die wir befragten, in die Gruppe der Freiberufler oder höheren Angestellten. Elisabeth Badinter, Professorin und Erbin einer der größten französischen Werbeagenturen, verheiratet mit einem ehemaligen Minister Mitterrands, dem, der die Todesstrafe abschaffte, zählt gewiss auch hier zu den Reichen. Auf die Aktualität von Beauvoir befragt, zuckte sie die Achseln. »Wir haben es so viel leichter als sie. So vieles ist banal geworden, was damals ein Kampfziel war. Aber den großen Streit, den sie der Frauenbewegung hinterlassen hat, den zwischen den Parteigängerinnen der Gleichheit (der Geschlechter) und denen der Differenz, der hat sich zur Jahrtausendwende eher generalisiert: Zerfallen die europäischen Staaten in ethnische, in religiöse Gruppen, die alle nach ihren besonderen Traditionen leben, oder gelten die Menschenrechte für alle, erhalten alle die gleiche schulische Erziehung?« Während sie das sagt, schauen wir aus dem Fenster der im sechsten Stock gelegenen Wohnung über den Jardin du Luxembourg auf das Panthéon. Die Aufklärung, das Gleichheitspostulat der Revolution, der Republikanismus haben tiefe Wurzeln in diesem Land. Auch in den guten Wohngegenden.

Eine Gestalt von Saint-Germain, eine historische Konfiguration des Intellektuellen ist alt geworden und kann von niemandem zurückgeholt werden. Aber keine noble Schaufensterdekoration schützt den Blick noch der reichsten und dümmsten Kundin davor, sich plötzlich im Spiegel der Scheibe zu sehen und, die noblen Einkaufstüten schwer in der Hand, dem Gedanken Roquentins zu begegnen: »Ich existiere, die Welt existiert – das ist alles.«

Literatur

Wer über Paris schreibt, steht auf vielen Schultern. Das gilt auch für mich. Genannt wird im Folgenden nur die zitierte Literatur.

Augé, Marc, Ein Ethnologe in der Metro. Frankfurt und New York 1988

Ben Jelloun, Tahar, De la médina à la Goutte d'or: la médina, une mère possessive qui ne voyage pas. A la recherche de l'urbanité. Savoir faire la ville, savoir vivre à la ville. Catalogue de la Biennale de Paris. Paris 1980

Ehret, Marie-Florence, Salut Barbès. Paris 1988

Fierro, Alfred, Histoire et dictionnaire de Paris. Paris 1996

Jünger, Ernst, Das erste Pariser Tagebuch. Tübingen 1949

Perec, Georges, Espèces d'espaces. Paris 1974

Pinçon, Michel, Pinçon-Charlot, Monique, Paris mosaïque. Promenades urbaines. Paris 2001

Mandisio, Jean Marc, L'Effondrement de la Très Grande Bibliothèque. Paris 1999

Sieburg, Friedrich, Gott in Frankreich? 10. Aufl. Frankfurt am Main 1978

Sombart, Nicolaus, Pariser Lehrjahre 1951–1954. Hamburg 1994

Stierle, Karlheinz, Der Mythos von Paris. Zeichen und Bewußtsein der Stadt. München 1993

Weiss, Peter, Die Ästhetik des Widerstands. Frankfurt am Main 1975, 1978 und 1981

Wiedemann, Conrad (Hg.), Rom – Paris – London. Erfahrung und Selbsterfahrung deutscher Schriftsteller und Künstler in fremden Metropolen. Stuttgart 1988